HR SHARED SERVICE

The Overall Structure
and Upgrading Driven
by Digital Technology

HR
共享服务

整体架构与数智技术下的升级

张正堂　刘　宁——著

中国人民大学出版社
·北 京·

本研究受
国家自然科学基金重点项目（72132003；71832007）
江苏高校哲学社会科学研究重大项目（2019SJZDA041）
资助

序

传统的金字塔管理架构，试图实现集团从上到下对下属企业的人力资源进行管理的构想。但在现实中由于管理跨度大、机构庞大臃肿，人力资源运营效率非常低下。看上去人力资源管理人员并不少，但实际上由于机构分散和重设，时间、精力被很多行政事务占用，无法形成合力，造成低效率运营。那么，该如何提高人力资源运营效率，使人力资源管理人员摆脱行政事务，将人力资源管理的重心转移到更高附加值的业务上并提升对业务的贡献？近年来人力资源（human resource，HR）三支柱转型提供了一种变革思路。HR 三支柱模型把公司的人力资源管理架构分为人力资源共享服务中心（HR shared service center，HRSSC）、人力资源专家中心（HR center of expertise，HRCOE）和人力资源业务伙伴（HR business partner，HRBP）三个部分。HRSSC 是一个区域或一个国家的共享服务中心，为不同地方或不同的业务部门（研发、售前、售后服务等）提供统一的人力资源管理服务。HRCOE 将公司内精通员工安置、员工发展、薪酬、组织绩效、组织设计、员工关系和组织关系等方面的专家或小组集中到一起，以便让业务部门充分利用这些资源来解决业务问题。HRBP 要求工作人员对人力资源工作要有综合知识，主要负责本地或本部门的人力资源工作，把人力资源实践工作与业务目标相结合，把多样化的人力资源工作与业务焦点主动联系在一起，并诊断其组织能力，建立具有竞争力的组织。

HRSSC 的构建已成为优化、提升企业人力资源管理的关键因素。早在 2016 年，德勤发布的《2016 年中国地区人力资源共享服务调研报告》就明确指出，近七成受访大型企业已设立或计划在未来两年内设立 HRSSC。该报告表示，随着企业业务的不断扩展，HR 共享服务将会成为这些大型企业进一步提升人力资源管理的重点。调研中，超过九成的受访企业认为，HR 共享服务将是中国企业未来人力资源管理优化的发展方向。

对于很多《财富》世界 500 强企业而言，建立 HRSSC 几乎成为人力资源战略转型的标配。早在 20 世纪 60 年代，国外一些大型公司就提出了“一个公司”（one corporation）战略，通过加强内部管理来提高总公司内部各个职能部门以及各子公司的运行效率。在此基础上，基于 HR 共享服务的管理模式开始受到各大公司的关注，飞利浦、西门子、福特等大型跨国公司都成立了独立的 HRSSC。还有相当多的跨国公司的 HRSSC 在中国境内设有分支机构。

在我国，构建 HR 共享服务的热潮可以说近年才逐渐在一些规模较大、人力资源管理成熟度较高的企业内兴起。从 2015 年开始，越来越多的中国企业在尝试构建 HR 共享服务。特别是 2018 年以来，伴随着智能技术的发展，我国企业勇于探索、不断创新，在 HR 共享服务领域实现了快速发展，走完了许多跨国企业十年甚至更长时间才走完的路。这其中，一方面涌现了一些优秀的本土企业，不仅完成了 HR 共享服务的构建，还在某项领域特别突出和有特色；另一方面，更多的企业在构建 HR 共享服务的过程中遇到了各种困难甚至是挫折。目前，我国还有更多的企业处在不断摸索、尝试构建 HR 共享服务的阶段。

为了更好地帮助这些企业和相关的实践从业者，让后来者少走弯路，适时地总结国内外企业构建 HR 共享服务的实践，提炼 HR 共享服务的管理架构、内容与运营模式，是非常必要的。正是出于这样的目的，我们创作了本书。

本书的逻辑架构如下图所示。首先，第 1 章对 HR 共享服务兴起的背景进行了介绍。之后，第 2 章阐述了 HR 共享服务的价值、构建基础，并提出 HR 共享服务的整体架构模型（下图虚线框内的模型）包括战略定位、业务设计、组织设计、人员管理和运营管理五个方面。然后，用五章篇幅（第 3 章到第 7 章）并结合企业实践案例，详细、深入地介绍了 HR 共享服务整体架构的五个方面。在此基础上，全书完成了对 HR 共享服务完整架构的梳理、提炼和阐释。最后通过综合案例呈现了世茂集团 HRSSC 的运营实践。

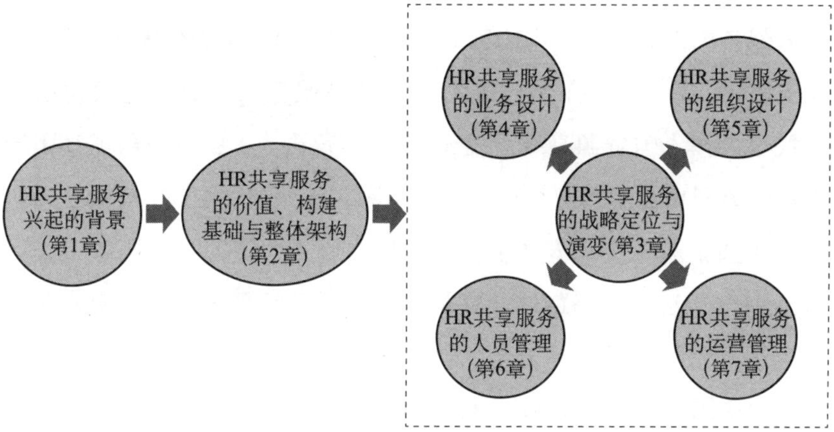

本书逻辑架构图

在写作过程中，我们收集了企业 HRSSC 建设实践的二手案例资料，也对我国多家典型企业的 HRSSC 展开了调研。对这些企业（包括世茂集团、华为、腾讯、快手、海尔集团、绿城服务集团、华夏幸福、蒙牛集团、无极限（中国）公司、飞利浦、法国液化空气集团、施耐德电气、西门子、DHL 等）的 HR 共享服务实践的介绍、总结和分析，有助于更多企业做好 HR 共享服务的建设。

本书作者之一张正堂于 2018 年完成《 HR 三支柱转型：人力资源管理的新逻辑》一书，后受上海踏瑞计算机软件公司朱营总经理的邀请，参与制定了教育部“1+X”证书项目《人力资源共享服务职业技能等级标准（2021 年 1.0 版）》。为配合这项等级考试，张正堂还牵头和 HR 业界专家共同完成了国内第一本 HR 共享服务教材《人力资源共享服务》(职业基础、初级)，作为 HR 共享服务技能等级考试的配套教材。

与此同步，我们在进一步调查研究的基础上，完成了本专著。撰写过程中，我们参考了国内外相关研究资料，特别是德勤、HR 智享会等公司对中国 HR 共享服务的调研报告，在此表示感谢。在调研过程中，我们还得到了诸多业界人力资源同行的支持。他们是：世茂集团助理总裁兼人力行政管理中心负责人刘明广，原世茂集团人力资源共享服务中心负责人刘冬扬；海尔电器中国区 HRD 董海星，海尔集团海创汇控股有限公司 HRD 邬宪贺，海尔集团人力资源共享服务中心链群主蔡萌萌、任荣；快手科技人力资源高级总监（HRSSC 负责人）张贤；徐工集团泽汇人力资源公司副总经理邱杨、经理王永军；无限极（中国）有限公司全球人力资源共享服务负责人林岳；协鑫集团原人力资源共享服务中心运营高级经理李勤奋；上海踏瑞计算机软件公司总经理朱营。感谢这些业界人力资源专家无私的知识分享，让我们可以把理论和实践更好地结合起来，助力中国企业人力资源管理的发展。

作为较早探索和研究 HR 共享服务的专著，书中肯定还有不足之处，欢迎读者提供宝贵意见（联系方式：njzzt2005@126.com)，欢迎更多优秀的企业贡献自己的实践智慧，帮助我们持续完善本书。

张正堂

目录

01

第 1 章

HR 共享服务兴起的背景

近年来，越来越多的跨国公司采用共享服务这种组织重构形式。共享服务的业务从最初的财务和会计职能发展到人力资源（HR）、采购、信息技术（IT），以及法律、投资、研究与开发等。根据德勤咨询和国际数据公司对《财富》世界 500 强企业所做的调查，早在 2003 年就已经有超过 60%的世界 500 强公司设立了共享服务中心。据《花旗集团商业服务年度调查报告》，2002 年欧洲就有超过 90%的世界 500 强企业已经或计划建立共享服务中心。随着跨国公司在中国的业务扩张，许多跨国公司也在中国设立了离岸共享服务中心，如汇丰设立的数据服务中心、泰科国际设立的 HR 共享服务中心，摩托罗拉、飞利浦、美国铝业、百特等也都在中国设立了共享服务中心。

1.1 共享服务的兴起与价值

一、共享服务的兴起

在组织规模不断扩大的过程中，业界“巨无霸”企业的组织结构重复建设，许多功能相似的部门会产生无效劳动。出于对成本控制以及服务水平改进的要求，企业越来越重视对后台功能进行优化整合，共享服务中心便应运而生。美国福特公司是第一家建立共享服务中心的公司（Gunn et al.，1993）。[①]之前，福特公司采用的是分权事业部制，各部门规模小、效率低，导致部门和人员设置、资本投入等的重复。为了取

① Gunn R W，Carberry D P，et al. Shared services：major companies are reengineering their accouting functions. Management Accouting，1993，75（5）：22－28.

得业务处理的规模效益，20 世纪 80 年代初期，福特公司在欧洲成立了财务共享服务中心。随后，杜邦、通用电气、惠普、IBM 等公司相继做出类似的决定。如今，几乎所有的世界 500 强企业都已经建立了共享服务中心，覆盖财务、信息技术、人力资源、供应链等领域。

共享服务是指企业将原来分不同业务单元（business unit，BU）“分散式”进行的事务性或者需要充分发挥专业技能的活动（如财务、人力资源管理、信息管理技术和法律等），从原来的业务单元中分离出来，交给专门的部门运作，从而最终达到整合资源、降低成本、提高效率的目的。Bergeron（2004）认为，共享服务是一种将一部分现有的经营管理职能集中到一个新的、半自主的业务单元的合作战略。这个业务单元就像在公开市场展开竞争的企业一样，设有专门的管理结构。他认为共享业务单元以客户为中心，以最佳实践为基础，运用现代技术和多种信息化手段，集中处理非战略性、非核心的业务，从而实现规模效应。刘汉进（2004）则认为，共享服务是在具有多个运营单元的公司中组织管理功能的一种方式，它是指将原来分散在不同业务单元中进行的财务、人力资源、信息技术等事务性或者需要充分发挥专业技能的活动，从原来的业务单元中分离出来，由专门成立的独立实体提供统一的服务。Andrew（2005）等认为，共享服务并非对重复性工作的简单合并，而是必须建立一个具有稳定成长性的内部经营机构，并借助有竞争力的业务流程来降低交易成本。

Moller（1997）定义了共享服务中心——一个独立组织实体，为企业内不止一个业务单元（分子公司或业务部）提供明确的活动支持。因此，所谓共享服务中心（shared service center，SSC），就是将企业原分属于不同业务单元的职能管理（如财务、人力资源、信息技术等）领域的工作分离出来，形成专门的组织进行运作，以确保跨组织的协同，履行专业化、简单化和标准化的管理原则，保障职能管理的高度和深度，实现卓越职能中心。同时解放业务单元，使得业务单元将精力转移到主价值链，聚焦于实现主价值链上各职能领域的增值能力和效用。共享服务中心负责管理针对内部客户进行的服务活动的成本、质量以及时效。它拥有确定的资源，与服务对象通常存在正式或非正式契约（通常称为服务水平协议）。这种方式一旦由第三方提供，就形成了业务流程外包（business process outsourcing，BPO）。

业务流程外包与共享服务中心的唯一区别是服务提供者不同。业务流程外包是指企业把本方业务流程中的部分或全部非核心流程交由第三方操作，将公司有限的资源从非核心业务中解放出来，集中到核心业务上，从而提高客户流程自动化的能力。共享服务中心通常为独立的事业部或独立的子公司，是充分利用计算机和互联网等信息技术推动的企业生产组织形式或运营模式的变革与创新。企业信息化建设，包括建立企业资源规划系统（ERP/SAP 系统）是实施共享服务的基础和前提。公司通过共享服务中心与内部业务客户签订合同，在提供服务时共享组织成员和技术等资源，能够为内部客户提供统一的专业化和标准化服务。

二、共享服务的价值

共享服务是一种创新的管理模式，本质是由信息网络技术推动的运营管理模式的变革与创新。它不同于传统的集中式或分散式管理模式，而是以客户需求为导向，通过将企业各业务单元“分散式”进行的某些重复性业务整合到共享服务中心进行处理，以促进企业集中有限的资源和精力专注于核心业务，创建和保持长期竞争优势，并达到整合资源、降低成本、提高效率、保证质量、提高客户满意度的目的。

1. 利用集中化和规模化，降低运营成本

德勤咨询和国际数据公司通过对世界 500 强企业的调查表明，共享服务项目的投资回报率平均为 27%，实施后员工人数可以减少 26%

（Tim，2000）。[①] 美国管理会计师协会（Institute of Management Accounting，IMA）的一项研究对世界 500 强企业中实施和未实施共享服务的公司进行了比较，研究结果表明，前者所选择的六项共享功能的成本平均下降 83%（Denburgh & Denis，2000）。[②] 美国运通公司最初有 46 个业务处理站，分布不均匀，各站点的系统重叠且不统一，效率低下、成本很高。当时处理业务的人员有 4 200 人，费用高达 4 亿多美元。通过推行共享服务，美国运通公司将全球业务处理合并为三个财务中心，实行标准化的流程管理，此举获得了规模效益，降低了成本。仅仅是对旅行服务业务操作流程的合并，就使全球员工减少 1 000 人，节省成本 8 000 万美元。此后业务量每年上涨，员工数量却逐年减少。

2. 加速企业的标准化进程，提高服务质量与效率

Hirschfield（1996）认为，除了节约成本以外，共享服务中心通过合并原先散布在组织中的行政和交易行为，能够在优异的工作、技术专家、技术发展水平之间取得平衡以提供最理想的服务。[③]Forst（2001）进一步认为，客户满意而不是降低成本，应该成为共享服务的总目标。[④]

共享服务中心为企业内部服务工作流程的标准化以及各种管理数据的统一、综合提供了平台。否则，每个业务单元，或是地理上或是由于业务的不同会各有各的行为方式。以渣打银行为例，在建立共享服务中心之前，每个国家和地区的银行系统都采用不同的电脑管理软件，每个下属银行根据自己的需求增加新的应用软件，造成提交的管理报表无法及时汇总。而在建立共享服务中心时，为了使所有银行前台输入的数据

---

① Tim R. Tech report：shared services share where?. CFO，2000，16（10）：101－106.

② Denburgh E V，Denis C. Doing more with less . Electric Perspectives，2000，25（1）：44－55.

③ Hirschfield R. Shared services save big money. Datamation，1996，42（15）：76－78.

④ Forst L I. Shared services：a leg up on acquisition payoffs，mergers & acquisitions.The Dealer Makers Journal，2001，36（4）：26－30.

能立即为共享服务中心所用，渣打银行重新对各银行的计算机系统进行检查和整合，并在设计共享服务中心的技术支持系统时，将其作为整个银行系统技术标准化的第一步。

通过集中规模把复杂的工作变得更简单、更标准、分工更细，工作效率和质量进一步提高，它把人事服务变成了“人事管理工厂”，把传统的会计记账变成了“会计工厂”。在规模服务经营过程中，可以引进六西格玛质量管理理念，开通客户服务热线，在共享下把服务作为工作重点，一切聚焦在服务上。世界上最大的企业软件供应商甲骨文公司（Oracle），经过 6 年时间在全球建立了 3 个区域化的共享服务中心，只用 9 天时间就可完成全球 65 家子公司的年末结账与合并。该公司的财务报告流程之所以有如此效率，共享服务做出了很大的贡献。

3. 强化内部管理，塑造企业核心能力

共享服务平台为处理一些烦琐、重复性强的业务，提供了一个标准的工作程序，各业务单元能够更专注于自己的核心业务。Donna & Hirschfield（1996）指出，采用共享服务可以使业务经理从日常任务中脱离出来而集中于战略性的业务规划。[①]Kris & Fahy（2001）提到，财务共享可以使各类大型企业不必将时间和精力聚集在繁杂的事务中，从而将眼光直接放在运营效果和业务增长上。[②]Jia（2012）描述了财务共享后提升企业财务管理工作系统性、效率性的有效方法，将各大企业从无序的管理中解救出来。[③]Cai（2017）表示，财务共享模式的形成是为了扩大企业规模，促进成本节约，提高运营效率，改进或解决制约企业发展过程的问题；通过逐步剥离和整合许多企业的非核心业务，将主要

① Donna K，Hirschfield R. The benefits of sharing. HR Focus，1996，73（9）：15－16.

② Kris A，Fahy M. Shared service centres：delivering value from more effective finance and business processes.The Journal of Finance，2001，43（3）：567－591.

③ Jia S Q. Problems and solutions of financial management transformation under the establishment of financial shared service center.Open Journal of Social Sciences，2012，8（3）：89－93.

能源和资源纳入核心业务，同时也优化了企业的管理成本。[①]

共享服务平台还可以避免地区和业务部门之间出现标准执行的偏差和内部管理的“黑洞”现象，强化内部管理。Connell（1996）指出，共享服务通过利用大公司和小组织的协力，将在提高生产率、提高客户满意度、降低成本等方面产生效果。[②]Li（2020）表示，大型企业建立财务共享中心的举措可以减少其内部资本支出，优化内部工作安排机制，在激烈的市场中具有明显竞争力。[③]

此外，企业通过共享服务可以增强敏捷性与灵活性。Martin & Mark（1999）指出，共享服务提高了组织增加新业务单元、整合兼并、迅速扩张的灵活性，并使业务单元专注于核心业务和追逐新机会。[④]Denburgh & Denis（2000）指出，共享服务可以增强重组、兼并和分拆的灵活性，能够在不增加支持人员的条件下适应公司发展。[⑤]

三、共享服务的理论基础

1. 规模经济理论

规模经济理论是指某一特定时期内，企业在经营规模扩大的同时平均成本下降，导致企业利润增加，即在总固定成本保持不变的情况下，每个产品分摊的单位成本会随着企业产品数量的不断增多而呈现不断降低的趋势。随着单位成本降低，企业的利润相应增加。需要强调的是，企业利润率与企业规模呈正相关关系，但并不是任何条件下都适用。企

① Cai Z X. Research on management cost control based on financial sharing model. Science Innovation，2017，5（6）：63－66.

② Connell R. Learning to share. Journal of Business Strategy，1996，17（2）：55－58.

③ Li L. On the influence of financial sharing center on enterprise financial management.Value Engineering，2020，6（7）：68－73.

④ Martin J F，Mark D.Shared service centres the Irish experience.Accountancy Ireland，1999，31（4）：7－9.

⑤ Denburgh E V，Denis C. Doing more with less.Electric Perspectives，2000，25（1）：44－55.

业利润会随着企业规模的扩大而增加仅限于一定限度内。超过此限度，企业的经济利润非但不会增加可能还会随着企业规模的扩大而减少，这时盲目扩大企业规模，很可能适得其反。

共享服务的规模效益主要来源于：一是机构精简，减少了企业相关的基础投资，降低了投资成本；二是对重复程度较高的业务进行流程化管理和批量处理，提高了工作效率，降低了服务成本；三是随着共享服务规模的扩大，平摊到每个服务产品上的固定成本就会降低。不过，如果共享服务的规模过大，也可能带来成本的再增加。

2. 资源整合理论

资源整合是指企业对不同来源、不同层次、不同结构、不同内容的资源进行识别与选择、汲取与配置、激活与有机融合，使其具有较强的柔性、条理性、系统性和价值性，并创造出新资源的复杂的动态过程。资源整合的目的是将企业资源整合成一个统一的、为实现企业战略目标而服务的系统，最终取得“1+1>2”的效果，为企业带来核心竞争力，使企业获得更多的市场价值、更大的市场竞争力。

共享服务中心把各种各样的相关资源重新组织和配置，配置完成后的资源适用性更强、灵活性更高、运用更加有效。资源整合是企业构建共享服务平台不可忽略的一个环节。

3. 流程再造理论

流程再造是指企业为了提升业务流程的运行效率，对业务流程的各个环节重新规划，可能是对原本流程顺序的改变，也可能是对流程内容的重新创造。企业原本通过职能的不同进行流程的分配。而基于流程再造理论，企业将流程看作一个整体，寻求其最优组合。

流程再造理论强调了流程整体的最优结构。共享服务中心将流程再造理论运用于整合重复性高的业务上，通过对业务流程的拆分重组，建立一套标准化的业务流程。共享服务中心对于流程再造理论的运用不单单是寻求流程整体最优结构，理论上还要求新设计的业务流程适用于企业旗下所有子公司的特定业务。

四、共享服务的适用范围

一般而言，共享服务的管理模式能较大程度提高企业的经营效率、降低成本，但它也不是放之四海而皆准的模式。企业在决定是否采用共享服务模式时必须考虑变革成本与收益（包括直接的和显性的收益，也包括间接的和隐性的收益）的关系。

从业务范围上看，共享服务适用于大量重复性的工作。共享服务构建的基本动因是将分散在企业不同业务单元的资源、业务整合到一起，采用相同的运营模式、业务流程和规则。这就要求这些业务必须是可以或容易进行标准化的业务，这也是适用共享服务模式的基准条件。企业中的服务职能如财务、人力资源、供应链、信息技术、客户关系和金融业后台处理的职能都可进行共享。价值链核心环节中大量可标准化、重复性高的工作也能通过抽离进行共享。根据这些业务的不同，目前全球企业建立起来的共享服务中心可分为财务共享服务中心、信息技术共享服务中心、人力资源共享服务中心、客户服务共享服务中心、采购 / 供应链共享服务中心和行业性服务共享服务中心等。德勤 2021 年的全球共享服务调研显示，采用共享服务模式最多的领域是财务（94%），接下来是人力资源（57%）、采购（54%）和信息技术（52%），这种情况与这些领域的易于整合、标准化的特质有关。[①] 因此，一般认为，企业经营实践中表 1－1 所列的业务比较适合应用共享服务模式（陈虎，孙彦丛，2014）。[②]

① Deloille. 2021 global shared services and outsourcing survey report. 2021：6.

② 陈虎，孙彦丛 . 财务共享服务 . 北京：中国财政经济出版社，2014：29.

表 1-1　共享服务的常用范围

服务职能				供应链核心环节		
财务	供应链	信息技术	人力资源	市场	研发	销售
应收账款	订单管理	软件专利权管理	工资奖金	市场调研	基础代码编写	客户关系管理
应付账款	采购管理	支持与维护	招聘	竞争情报分析	系统测试	客户服务
资产管理	客户服务	用户培训	社保			用户回访
总分类账	配送管理	系统测试	入职离职			
费用报销	库存管理		档案管理			
现金管理	合同管理					
内部审计	固定资产					
财务报告	后勤					

从业务的价值差异来看，企业大量采用的共享服务模式主要集中在非核心关键业务流程上，以对各核心业务模块提供高效的支持和服务，如信息技术、财务、客户服务、人力资源、采购/供应链等，而企业对非核心、非关键业务流程已大量采用外包的模式进行处理（见图 1-1）。

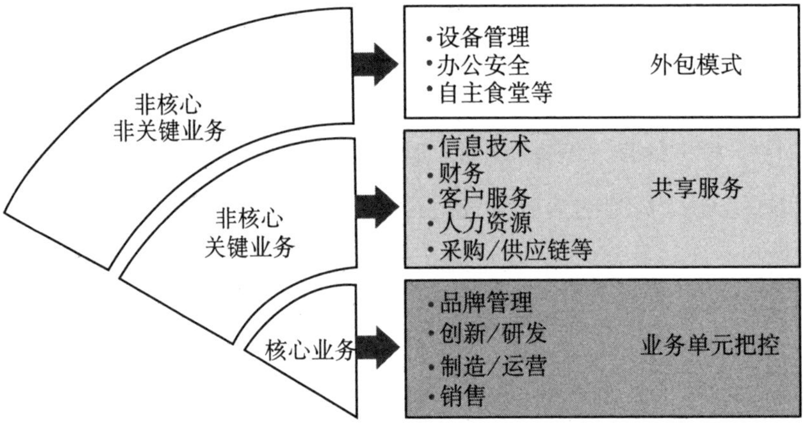

图 1-1　业务价值差异与共享范围

总体来看，共享服务管理模式主要适用于大型跨国企业、跨地区企业。这是因为企业规模比较大，一方面，将各业务单元的非核心业务整合到共享服务中心可大大减少业务人员数量，降低人力成本；另一方面，各业务单元的非核心业务整合后有利于快速统一服务标准、行为方式、业务规则等，继而大大提高效率和标准化程度，形成规模效应，间接降低企业成本。另外，共享服务中心还适用于那些重组、并购、变革比较频繁的企业。由于后台支撑部门都被整合到共享服务中心处理，所以企业在建立新业务、扩大规模时不必考虑为新业务（或新业务单元）建立财务、人力资源等支撑职能。这样既可大大降低管理难度，也能促进新业务的快速整合。

1.2 HR 三支柱转型的推动

一、HR 三支柱的内容

戴维·尤里奇（David Ulrich）提出，人力资源部门应当像企业一样运营，应该对人力资源管理的角色进行分工：有人负责客户管理，有人负责专业技术，有人负责服务交付。在《人力资源最佳实务》中，尤里奇最先提出了人力资源部门的组织结构再设计框架。[①] 几经完善，变成了目前大型企业中流行的 HR 三支柱模型（见图 1-2）。三个支柱分别是人力资源业务伙伴（HR business partner，HRBP）、人力资源专家中心（HR center of expertise，HRCOE）和人力资源共享服务中心（HR shared service center，HRSSC）。三支柱模型也被称为 3D 模型，这是因为 HRBP 的职能是发现（discover，即挖掘业务部门的需求），

① Ulrich D. Human resource champions：the next agenda for adding value and delivering results.Harvard Business Review Press，1997.

HRCOE 和 HRSSC 的职能分别是设计（design）和交付（deliver）。简单来看，就是把最贴近现场的人力资源管理者手中的事务集中为 HRSSC，而通过能力的提升把他们转换为 HRBP，把总部的战略人力资源管理角色转换为 HRCOE。当然，HR 三支柱模型的内涵比这个简单的转变要更复杂、更充实。

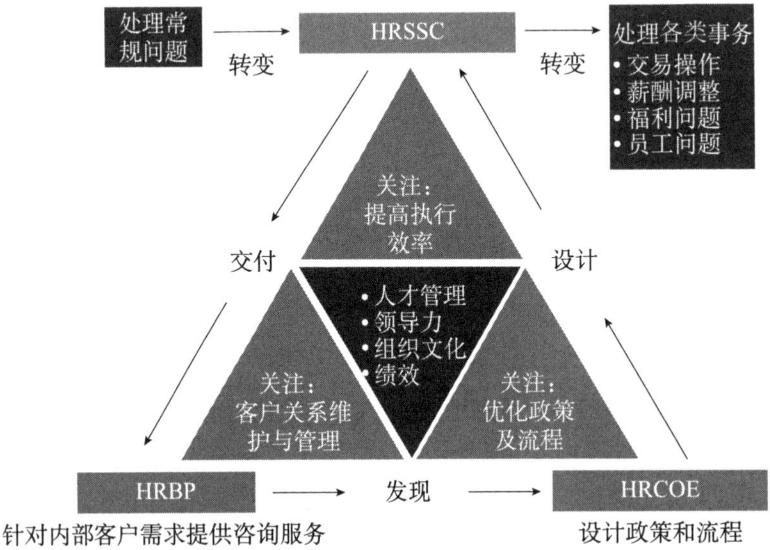

图 1-2　HR 三支柱模型

HR 三支柱模型本质上是基于互联网技术改变公司内部人力资源的传统垂直分工。新的分工如下：

1. HRBP 提供符合业务需要的人力资源支持

作为人力资源部门和业务部门沟通联系的桥梁，HRBP 是进驻业务部门的人力资源管理者。它通过深入到业务部门调研，与业务部门一起工作。HRBP 处理各业务单元中日常出现的较简单的问题，做到将人力资源职能和业务需要相吻合，协助业务经理更好地使用各种人力资源制度和工具管理员工；从人力资源视角出发参与业务部门的管理工作，向业务部门提供个性化的人力资本服务，将人力资源管理和本业务部门的人才吸引、保留、激励工作结合起来，制定出符合本部门的人才方案；强化 HRSSC 与服务对象的沟通与协调，与 HRCOE 和 HRSSC 合作，在能力范围内推进人力资源管理的实务工作。

一般而言，HRBP 的定位主要是“业务伙伴”：确保业务导向，贴近业务。一方面提供统一的服务界面，提供端到端的人力资源解决方案；另一方面为公司核心价值观的传承和政策落地提供组织保障。

2. HRSSC 提供服务平台

基于共享服务思想，HRSSC 借助现代化的信息技术平台，整合人力资源流程，将企业不同地域或业务单元中的与人力资源管理有关的基础性、操作类行政工作合并。比如，HRSSC 把员工招聘、薪酬福利的核算与发放、社会保险管理、人事档案、人事信息服务管理、劳动合同管理、新员工培训、员工投诉与建议处理、入职 / 离职、差旅报销、咨询服务等集中起来，通过建立一个服务中心来统一进行处理。它是直接面对客户提供服务的操作层，帮助公司更有效地管理人力资本，为员工和经理提供更为便捷的人事信息获取方式，解决了日常工作中反映出来的常规操作性和事务性问题，以提升人力资源的组织运行效率。HRSSC 通过集中化操作、简单化的工作助力企业获取规模效益，通过标准化的规范操作提升运营效率。例如，利用交互语音系统和互联网技术通过在线知识数据库和人力资源管理数据库来服务客户，如政策的查询、工资的查询等。

一般而言，HRSSC 的定位主要是“标准服务提供者”：确保服务交付的一致性，提供标准化、流程化的服务，使主管和人力专员从操作性事务中解放出来，解决重复性的人事问题，提升整体服务效率。

3. HRCOE 发挥专业才华

HRCOE 根据公司整体的战略目标，基于需求或从问题出发，通过战略、策略、政策、机制的构建，为公司人力资源领域或人力资源领域内的细分项进行整体方案的设计。HRCOE 的主要职责是为各业务单元提供人力资源方面的专业咨询；根据公司整体的战略目标，为公司制定整体的人力资源政策，包括人力资源规划、招聘与人才测评、培训开发、薪酬福利、企业文化、在职与离职管理、员工关系管理、企业工会、高潜质人才管理、职业健康管理、企业并购支持、高管薪酬等专业性较强的工作。HRCOE 是三支柱模型的战略层，帮助 HRBP 解决业务单元遇到的人力资源管理方面的专业性较强的难题，并从专业角度协助企业制定和完善人力资源管理方面的各项规定；指导 HRSSC 开展服务活动等。HRCOE 相当于 HRSSC 的“指挥中心”。

一般而言，HRCOE 的定位主要是“领域专家”：确保设计的一致性，建立人力资源专业能力，提升公司人力资源政策、流程和方案的有效性，并为 HRBP 服务业务提供技术支持，为 HRSSC 提供流程服务规范。

案例：腾讯公司 HR 三支柱的转型

腾讯公司成立于 1998 年，发展至今已经成为拥有七大事业群、中国领先的互联网增值服务提供商。2021 年，公司全年总收入为人民币 5 601.2 亿元，拥有员工约 11 万人，平均年龄 29 岁。随着规模的扩张和业务的多样化发展，腾讯的人力资源管理经历了三个不同的阶段：第一阶段是以人力资源部的建立为标志的人力资源管理建立期（1998—2003 年）；第二阶段是以企业文化管理委员会和腾讯学院的建立为标志的人力资源管理发展转型期（2003—2009 年）；第三阶段是以三支柱为标志的人力资源管理新型组织结构的建立期（2009 年至今）。近年来，随着企业规模的扩大，公司的业务和员工对人力资源管理的需求日益多元化和差异化。公司期望人力资源体系能够支持业务的发展，既符合大公司的特点，又能灵活应对不同事业群的需求；不仅能快速响应业务，而且能快速制定方案，从而深入挖掘人力资源附加价值。腾讯的总体改革思路遵循了三支柱模型（见图 1－3），强调人力资源运营模式应从业务需求出发，并衡量人力资源部门的价值定位。

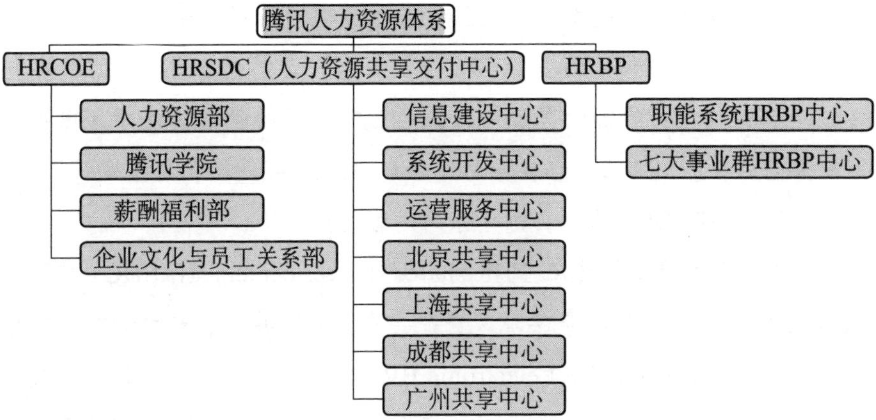

图 1－3　腾讯的 HR 三支柱架构体系

1. 腾讯 HRCOE（负责人力资源管理系统的研发设计）

HRCOE 负责前瞻性研究，确保与公司的战略发展紧密关联，研发出未来更适合腾讯的模式；参与并解读公司战略，实现对接；规划人力资源战略；制定人力资源制度和政策；作为智囊团，提供人力资源专家支持。HRCOE 下设各专业管理模块，主要负责该模块的规划发展、制度建设、政策制定、流程梳理和建设。在战略、制度层面上，HRCOE 能提高人力资源管理的价值，提升内部客户的满意度。

2. 腾讯 HRBP（满足现场的业务需求）

腾讯针对总部职能系统、事业群设置了 HRBP，其主要职责是负责沉入各业务，诊断业务发展，管理好业务现场的不同需求，给出个性化的解决方案与项目管控，提供人力资源方面的专业分析和支持；协助各业务部门的负责人以及管理干部在员工发展、梳理需求、发掘人才、整合资源、培养能力等方面的工作。公司要求 HRBP 不能被动等待内部客户提出人力资源要求，而是要积极主动发挥人力资源的专业价值，针对不同事业群业务部门的个性化需求，提供专业的解决方案，从专家角度帮助各个事业群分析人员需求、招聘计划、培训要求，帮助进行绩效考核，贯彻薪酬福利政策，关注员工关系等，在各业务部门落实与推广公司的人力资源政策、制度、规范，帮助业务部门各级干部培养和发展人力资源管理能力，并协助业务部门开展人力资源管理工作。HRBP 要把人力资源和其自身的价值真正内嵌到各业务部门的价值模块中，保障人力资源在业务部门的工作，提升内部客户的满意度。

3. 腾讯 HRSDC（人力资源体系的运营支撑）

人力资源共享交付中心（HR shared deliver center，HRSDC）被称为 HRSSC 的升级版，目标是实现“资源共享、团队共享、能力共享、信息共享”。通过高效的 E-HR（electronic HR）系统，为各部门提供一站式服务，在不同区域实现操作流程的规范化、标准化，并提高工作效率。其主要职责是负责人力资源管理的日常职能性工作；承接并落实 HRCOE 要贯彻的人力资源战略；在各事业群的 HRBP 对其人力资源需求进行分析后，HRSDC 要交付招聘、培训、员工关系等人力资源需求。

总体上，HRCOE 作为专业领域专家，负责人力资源战略与政策的制定、方法论和工具的研究及指导、公司级人力资源的项目策划和主导。HRSDC 是共享交付平台，是区域人力资源管理的共享业务平台、人力资源信息化建设的信息技术支撑平台、人力资源运营管理的共享服务平台。HRBP 是业务部门的专业人力资源顾问，满足业务部门的个性化需求。

二、三支柱转型下的人力资源管理架构

传统意义上的人力资源管理架构是按职能根据人力资源管理工作的过程链条划分的，比如按传统的六大模块，将招聘、培训开发、薪资福利、员工关系等划分为不同的职能板块。三支柱本质上是对人力资源管理业务流程、组织和管控模式的创新，意味着人力资源管理职能和架构的变化，以及人力资源管理系统横向分工和纵向分工的调整，如图 1 - 4 所示。其中，公司总部的人力资源部划分为三个角色群体，即 HRSSC、

事业部/分公司的HRBP、专业人力资源职能顾问（HRCOE）。强调结果并不代表HR三支柱推翻了传统的人力资源管理职能模块，而是以职能为工具，按照三支柱的分工更好地进行人力资源管理活动。职能模块被嵌入HR三支柱模型的某个支柱里，即每个支柱内部依然会从事与人力资源职能相关的招聘、培训、开发、薪酬、绩效、员工关系等工作，只是每个支柱的工作侧重点不同而已。一般而言，HRCOE内部仍然按照职能模块分工，属于人力资源专才；HRSSC通过把事务标准化和流程化，一定程度上降低了对专业能力的要求，其工作人员如何分工往往取决于共享中心的规模；HRBP则通常是人力资源通才，全权负责所辖业务单元的人力资源工作。

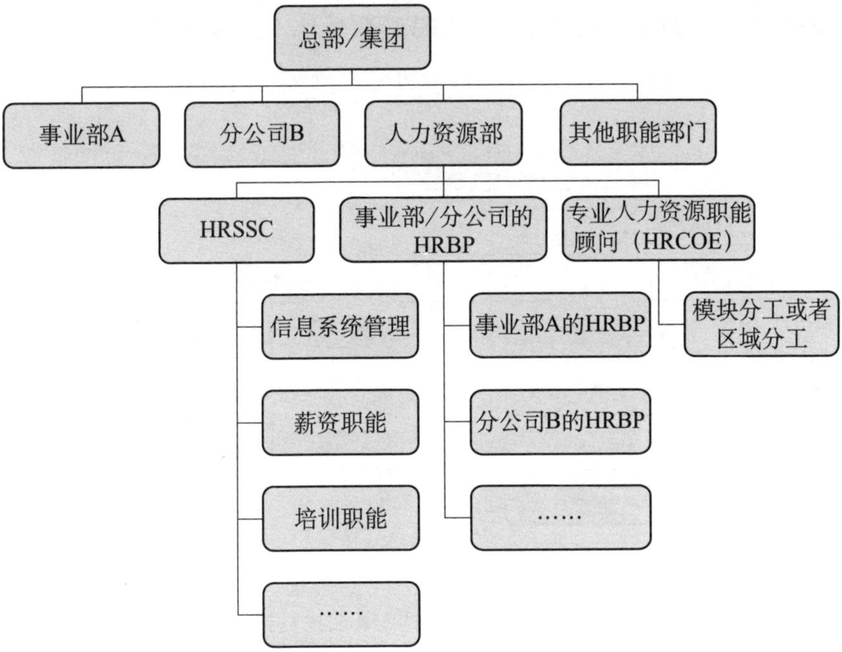

图 1－4　三支柱模型下人力资源管理架构的典型范例

案例：华为公司 HR 三支柱的架构

华为公司是全球领先的信息与通信技术（ICT）解决方案供应商，专注于 ICT 领域，在电信运营商、企业、终端和云计算等领域构筑起端到端的解决方案优势，为运营商客户、企业客户和消费者提供有竞争力的 ICT 解决方案、产品和服务，并致力于使能未来信息社会、构建更美好的全联接世界。华为约有员工 18 万名，业务遍及全球 170 多个国家和地区，服务全世界 1/3 以上的人口。

华为 2008 年正式进行 HRBP 运营模式实践，2009 年开始落地推动三支柱模型，2013 年基本完成人力资源转型。有研究提到，华为是国内最早提出 HRBP 思路的公司。① 华为基于三支柱的人力资源管理架构如图 1－5 所示，其中 HRCOE 按照业务模块进行再分工，HRSSC 按照地域再分工，HRBP 则按照业务部门绩效再分工。根据华为公司最新的《人力资源管理纲要 2.0》，华为对人力资源管理提出了更高的要求，将持续激发组织活力作为第一要务，华为的人力资源管理正向第四阶段迈进。

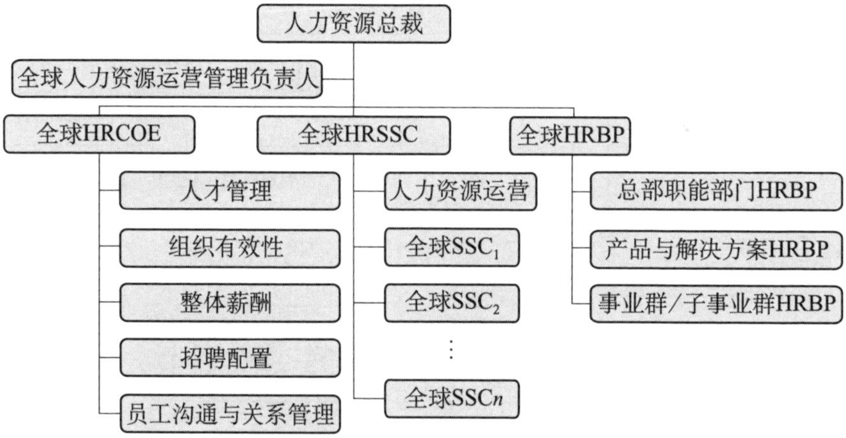

图 1－5 华为公司的 HR 三支柱架构

资料来源：马海刚，彭剑锋，西楠 .HR+ 三支柱：人力资源管理转型升级与实践创新 . 北京：中国人民大学出版社，2017：75.

① 宋晓波 .HRBP 人力资源管理新模式案例研究 . 广州：广东工业大学，2012.

02

第 2 章

HR 共享服务的价值、构建基础与整体架构

在全球竞争和信息技术迅猛发展的冲击下，速度和效率是企业在激烈的市场竞争中取得竞争优势的关键。如何提高服务的质量和效率，为企业提供更多的增值服务，是摆在所有企业人力资源专业人员面前的一个重要命题。自 HR 三支柱模型引入国内以来，一些大型企业纷纷探索如何对人力资源管理架构进行转型，创建 HRSSC。HRSSC 作为一种新的高效管理模式——将人力资源中的战略性工作和事务性工作分离，人力资源部的重心向战略性工作转移，而事务性工作由集中的 HRSSC 来承担——已经被很多全球性或集团性公司采用。根据有关统计调查数据，有超过 50% 的世界 500 强企业正在应用共享服务，90% 的跨国公司正在建立 HRSSC。其价值已为壳牌、通用电气、惠普、康明斯、ABB 等世界知名企业所证实。德勤《2020 年中国地区人力资源共享服务调研报告》表明，2015—2017 年中国企业搭建 HRSSC 迎来第一次小高潮，而 2018—2019 年则迎来第二次高潮，特别地，建设 HRSSC 的国有企业比例从 2018 年的 5% 迅速提升到 2020 年的 14%。

2.1 HR 共享服务的定位与价值

一、HR 共享服务的定位与职能

在传统的人力资源管理分工下，企业的各个业务部门和职能部门都配备了一定比例的人力资源工作人员。员工在遇到人力资源的相关问题时，可以找一名人力资源专员为其提供人力资源服务。这样的服务交付方式非常昂贵。首先，员工的问题具有高度的重复性，人力资源专员要和不同的员工重复解释很多遍同样的答案，效率低下。其次，由于每一名人力资源专员只能负责一定数量级的员工和问题，面对同一个问题，不同人力资源专员的操作可能呈现出不一致性，导致不公平，使员工体验受损。另外，在这种模式下，一名人力资源专员通常要执行全部的常规任务，对人力资源专员的要求比较高，既提升了招聘的难度，也增加了企业人力成本的负担。

在 HR 共享服务模式下，企业集团将各业务单元中与人力资源管理有关的行政事务性工作（如员工招聘、薪酬福利核算与发放、社会保险管理、人事档案信息服务管理、劳动合同管理、新员工培训、员工投诉与建议处理、咨询与专家服务等）集中起来，建立一个共享服务中心。该中心的基本定位是从过去的人力资源管理者转变为人力资源服务提供者，即为集团的业务单元提供人力资源服务。企业集团的人力资源部门则专注于战略性人力资源管理的实施，提高人力资源的运营效率，更好地服务业务单元，使人力资源管理实现战略转型。这个角色的变化，使整个共享服务中心的运营与管理产生了根本性变革。共享服务中心要通过建立专业化的人力资源服务队伍，制定专业的服务流程和服务标准，来满足内部客户的需求。共享服务中心通过服务创造价值，它的本质是通过信息及网络技术推动管理模式的变革和创新。

根据定位，企业 HR 共享服务中心一般具有以下职能（刘凤瑜等，2020）①：

（1）人力资源客户伙伴。共享服务中心的人员根据业务部门的发展需要进行调研，了解其人力资源管理需求和员工的需求，制定解决方案，调整人力资源政策或与咨询服务部门的专家一同提出解决方案，人力资源行政事务性处理中心负责执行。

（2）人力资源事务的咨询服务。过去，当员工或业务经理遇到与人

① 刘凤瑜，等．人力资源服务与数字化转型．北京：人民邮电出版社，2020：18.

力资源管理相关的问题时，只能找支持其业务活动的人力资源经理来咨询和解决。现在，对于员工和业务经理提出的这类问题，将由处于人力资源管理平台（后线）的人力资源服务人员来提供专业咨询服务。人力资源事务的咨询服务一般采取员工呼叫中心服务的方式完成。员工呼叫中心通过客户关系管理（CRM）等系统为员工问询打造诸如人力资源网站、电子邮件、咨询热线等沟通渠道。

（3）人力资源行政事务性服务。共享服务中心需要对接由人力资源领域专家启动的人力资源管理工作中的流程性、行政事务性操作服务。例如，下列人力资源服务均由行政事务性处理中心按照一定的工作流程通过标准化的服务实现：对接企业招聘部，完成招聘信息的发布、候选人简历的筛选、招聘系统的操作、面试活动的安排、聘用意向书的签署、外籍员工工作签证的申请、候选人的背景调查以及新员工入职手续的办理乃至试用期的考核等工作；对接薪酬福利部，完成员工工资的发放、社保与公积金的缴纳、各项福利及休息休假的管理与执行、员工的内部调动等工作；对接学习与发展部，完成员工培训方案和预算的执行、培训课程的实施与管理等工作；对接员工关系部，完成员工档案的管理、员工自愿和非自愿离职的支持、员工离职手续的办理、员工工伤鉴定等的处理、劳动关系稽核等工作。

（4）人力资源运营管理服务。共享服务中心作为一个服务组织，也需要借鉴完善的现代化工厂生产线的经营理念和方法，对服务质量、内控、数据、技术（包括自助服务）和供应商进行管理。共享服务中心需要对客户服务质量做出承诺，尽力提高客户满意度；通过人力资源风险管理确保人力资源服务得到合规和良好的内控；通过人力资源信息系统（HRIS）或基于云计算技术的人力资源信息平台、大数据以及人工智能等技术和手段，使 HR 共享服务不断自动化、人性化、移动化和智能化，从而提高共享服务中心的整体服务水平和效率；通过将相关人力资源服务外包给专业的人力资源服务商，提高人力资源服务的专业化水平。

和传统管理模式相比，HR 共享服务实现了“三个转变”：

（1）人力资源服务方式由“高频的面对面接触”（high touch）转变为“高科技的接触”（high tech）。对于传统的人力资源服务工作，员工大多通过和人力资源工作人员的面对面接触来满足相关需求。基于互联网技术的发展，共享服务中心建立后，大多数服务会被纳入信息平台。员工通过自助、在线互动等方式可以解决大多数需求。

（2）服务质量由“个性和随意化”转为“标准和规范化”。从集团化管控的角度来看，共享服务中心显著提高了人力资源管理的标准化，保证了各分支机构管理的规范性。在分支机构所有人力资源业务都进入共享服务中心后，服务的流程、标准是一致的，相应地，服务水准也是一样的，这有助于改变过去不同分支机构的服务差异性较大的现象。

（3）部门定位由管理者转变为服务者和支持者。共享服务中心使得人力资源工作者的角色发生了转变，从管理者变为服务者。例如，某央企成立共享服务中心时，从人力资源部抽调员工到服务中心工作，但是人力资源部的员工都不愿意去——原因是工作调动后，自己的角色从“干部”变成了“服务员”。

德勤 2020 年的调研表明，不同类型的企业构建 HR 共享服务的目的表现出差异性：跨国公司的目的主要是实现全球管理的可控性和一致性、实现操作标准化、增强服务水平、追求规模效益和更低的成本；民营企业的目的主要是支持公司业务快速发展、实现公司收购并购后的有效整合、提升服务体验及效率、实现管理可视与科学决策；而国有企业的目的则是实现运营可视、管理透明、流程优化、风险控制，最终获得全国最佳实践。

腾讯公司于 2010 年设立了 HRSDC，被认为是 HRSSC 的升级版，其职责定位是：通过对集团各区域共性解决方案的集成、E-HR 信息化的集成、人力资源运营服务的集成，实现对业务端共性需求的标准交付、员工端基础事务的及时受理、HRCOE 及 HRBP 端人力资源运营工作的有效剥离与整合支撑。HRSDC 强调在共享和服务的基础上，推进对共性业务的支撑、标准化流程的管控，以及专业化整体解决方案的落地、服务效率和满意度的提升。无论是对公司、业务单元，还是对 HRCOE 和 HRBP 而言，HRSDC 都是“可依赖、可减负、有长效运营机制和支撑能力”的可实现资源共享、能力共享、团队共享的交付平台，是专业的伙伴式服务和咨询中心。

新奥集团[①]HRSSC 的价值定位包括以下内容：（1）愿景：共享集团人力资源基础业务，建立人力资源人才基地。（2）定位：以开放的心态、协同的思想，提供专业化的人力资源基础业务共享服务，成就业务伙伴。（3）核心价值观：在合法合规的前提下，理解客户需求，高效服务客户。（4）服务理念：借助全方位一站式服务、专业化标准化操作、个性化解决方案设计，创建快速、创新、灵活、改进的学习型组织文化。

二、HR 共享服务的特征

HR 共享服务颠覆了传统人力资源部门的工作方式，借助精细化的专业分工、标准化的流程和发达的信息技术，以“服务”为定位从事业务，服务的客户越多，显现出来的规模优势就越为明显，共享服务也就越有生命力。尽管 HR 共享服务在发展的不同阶段，在服务对象、服务方式上会展现出各自的差异，但是从宏观层面来看，其特征是始终保持一致的（见图 2-1）。[②]

（1）规模性（规模优势）：共享服务管理模式最具吸引力的部分在于，它能够通过合并以前协调性非常差和迥异的业务活动来形成规模效应，从而降低企业的交易成本。

（2）专业性：共享服务中心是一个相对独立的运行主体，拥有专业化的知识和人员来为客户提供专业化的共享服务。

① 新奥集团成立于 1989 年，是一家包含互联网、能源、文化等多元化产业的集团性公司，从燃气业务起步，目前员工总数超 4 万人，业务遍及全国。

② 陈虎，孙彦丛 . 财务共享服务 . 北京：中国财政经济出版社，2014：27.

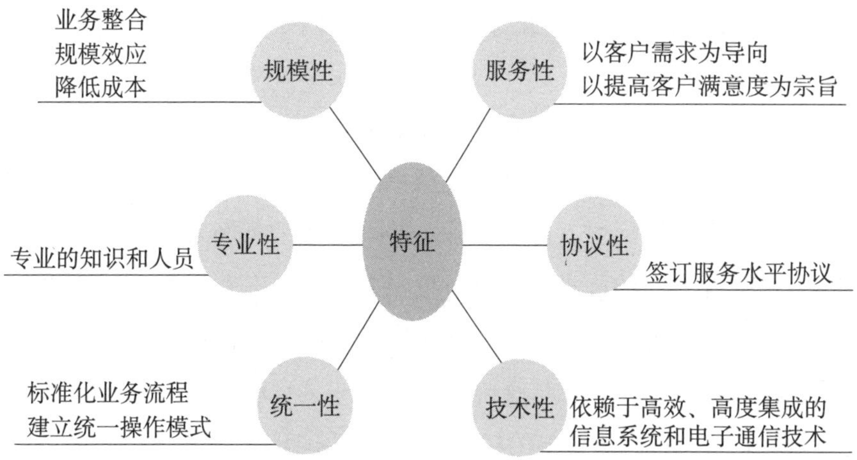

图 2－1　HR 共享服务的特征

（3）统一性：共享服务中心对集中起来的不同业务单元的非标准化业务流程进行标准化，建立统一操作模式，运作统一流程，执行统一标准，这样既可降低管理成本，又有利于企业的规模扩张。

（4）技术性：共享服务中心很大程度上依赖于高效、高度集成的信息系统和电子通信技术。目前智能技术的发展与应用，更是加速了共享服务中心的发展。

（5）协议性：通过签订服务水平协议（service level agreements，SLA），界定了共享服务中心与客户的实际关系，明确了提供服务的内容、时间期限和质量标准等。

（6）服务性（服务导向）：以客户需求为导向，以提高客户满意度为宗旨，为公司客户提供服务，按照事先签订的服务协议收取费用。从理念上将业务变成服务，把服务变成商品，以服务为中心。

三、HR 共享服务的价值

共享服务中心作为一个共享服务部门，其职责一般是向内部其他部门提供低成本、规模化、标准化和专业化的人力资源服务。共享服务中心的运营如同经营一个公司，因为它在公司内是一个独立的运营体。在共享服务模式下，人力资源部门已不再仅仅是传统的成本中心，即使它不产生利润，但至少能做到收支平衡，也有的共享服务中心用收益和损失来评估运营的财务结果，这为公司节省了许多财务成本。这一管理模式下公司将市场机制引入内部运营，并采用政策条例来管理公司其他部门在人力资源方面的需求，使得所提供的服务更有章可循、更专业。它与其他部门是平等的业务关系，共享服务中心要对自己提供的服务承担责任，其他业务部门有权选择外部外包，即共享服务中心与外部外包商是竞争关系，这区别于传统的只作为管理职能部门存在的人力资源部门。

1. 集中服务，降低人力资源运营成本

始于共享服务中心的 HR 三支柱转型大多是成本导向的。企业创建共享服务中心后，公司内部业务单元的人事行政工作将集中起来统一由共享服务中心来完成。共享服务中心不行使人力资源管理职能，它与业务单元是服务与支持关系，根据业务单元的需要，提供服务。集中服务有利于资源的集中利用，从而形成规模效应，实现从规模中取得效益的同时降低成本。根据怡安翰威特的调研①，共享服务中心可以带来 25% ～ 40% 人力资源运营成本的下降。这种成本降低不仅包括人力资源团队因自身效率提升带来的成本降低，也包括因帮助业务主管、员工从事务性工作中解脱出来带来的成本降低。《商业周刊》2007 年的调研表明，采用共享服务中心模式，能够节省 21% ～ 80% 的运营费用。

（1）运营成本降低的实现途径。首先，工作事务的规模效应降低了人员配置和用工成本。一般而言，在资源、业务集中之前，公司需要为每个单元或地区设置相同的岗位、人员，员工工作量很有可能不饱和。但是，把资源、业务集中到共享服务中心处理后，将进行重新分工，一个员工就可以处理几个单元或地区相同岗位的业务，从而实现业务量不

---

① 根据 https：//www.aon.com/china/human-resources/thought-leadership/china-connect/201211/hrssc.jsp 相关资料整理。

变的前提下业务人员减少，或者是业务量增加而人员不变。因此，规模效应使得相关人员的工作负荷相对饱满，降低了人员配置和用人成本。以某大型企业集团为例，从人员配置来说，按照传统的直线管理模式，即使一个分支机构只有百十人，也需要配置人力专员。建设完成共享服务中心后，该公司员工人数从不到 4 000 人发展到如今的 5 500 人，但公司人事岗位的人数反而下降了。最终，人力资源工作效率大大提高、作业成本明显降低。

其次，工作事务的流程化消除了多余作业、降低了用人标准。通过对业务流程、规则进行标准化管理和流程优化，消除了多余的协调以及重复的、非增值的作业，极大提高了效率，间接降低了成本。实施共享服务后，业务操作得到细化、标准化，甚至有的操作被简化和相对简单化，相应地某些岗位对人员的学历、技能等要求会有所降低，低层次的人员就可以胜任。另外，共享服务中心大多建立在成本较低的地区，这些都在很大程度上降低了运营成本。

最后，之前人力资源事务性工作分散在各个分支机构，往往面向诸多的外包提供商。采用共享服务中心会提升公司总体的谈判地位，避免重复购买和重复沟通的事务。

（2）运营成本降低的学习曲线。随着时间的推移，共享服务不同发展阶段的成本降低表现出差异化特征：在启动期，最为直接的成本降低是通过集中、整合的方式，利用规模效应来降低多余的管理成本，可以实现 10% ～ 20% 的成本降低；在成长期，通过流程改进和流程再造寻找最佳实践，实现服务标准化，可以实现 15% ～ 50% 的成本降低；在成熟期，通过长时间的（至少要 5 年以上）运营，积累了丰富的管理经验后，成本管理更为精细化，共享服务中心走向成熟，最终达到“学习曲线”的后端（见图 2－2）。[①]

① 陈虎，孙彦丛．财务共享服务．北京：中国财政经济出版社，2014：37.

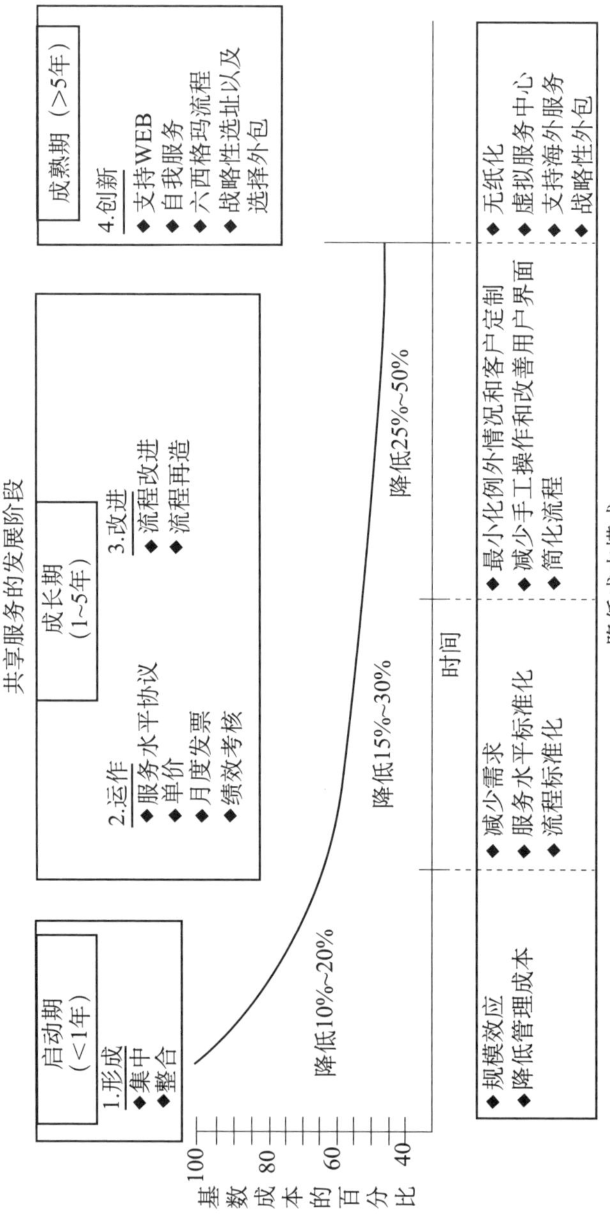

图 2-2　实施共享服务后运营成本降低的学习曲线

需要强调的是，从企业实践来看，创建共享服务中心带来的成本降低并不是立竿见影的。在创建初期，大多数公司会投入高额的启动成本，用于人力资源流程的标准化、信息化以及人力资源业务主体的变更等。启动成本的高低取决于组织和业务单元的关系、合同的期限和所提供服务的范围。特别是与外包模式相比，建立一个共享服务中心的造价可能相当昂贵。因此，创建一个共享服务中心非常类似于创办一个企业，它通常要花费一年甚至更长的时间来达到盈亏平衡点或者取得利润。因此，寄希望于短期内很快取得成本的降低，是不现实的。

2. 服务的专业化和标准化有助于改善服务质量、提高效率

共享服务中心通过建立统一的服务标准和流程，进行集中服务。共享服务中心通过专业分工及打造专业化队伍来提供专业服务，减少和避免以前分散在各业务单元中因人力资源工作标准不统一造成的不公平性和执行标准不一致造成的偏差。因此共享服务中心提高了人力资源政策执行的公平性，提高了员工满意度。

尽管人力资源管理者越来越被认为是战略业务合作伙伴，但他们仍要花费大量的时间在诸如记录、合规和提供服务之类的传统人力资源工作上。专业化、标准化的集中服务，提高了运营效率，也使公司人力资源部门摆脱了行政事务从而专注于战略性人力资源管理，聚焦于员工能力提升、团队建设和战略绩效的落实。建立共享服务中心后，业务单元可以更加专注于核心业务的开展，提高运营效率，从而更加专业化，更具有竞争力。同时，共享服务中心在服务过程中也增进了与业务单元的合作伙伴关系。

以中兴通讯公司[①]为例，公司把“为公司员工提供满意的 HR 共享服务”作为设立 HRSSC 的价值目标。HRSSC 明确了服务规范标准，服

① 中兴通讯是全球领先的综合通信解决方案提供商。公司成立于 1985 年，是大型通信设备公司。公司通过为全球 160 多个国家和地区的电信运营商和企业网客户提供创新技术与产品解决方案，让全世界用户享有语音、数据、多媒体、无线宽带等全方位沟通。目前中兴通讯在全国拥有 28 个省级公司，在海外拥有 15 个研究所、120 多个分支机构，提供的产品和服务包括有线及无线产品、业务产品和终端产品等。

务质量、服务态度、处理效率、信息反馈等方面有了明显改善；成立了“机要文控室”，规范了人事档案管理，并逐步实现了档案数字化、信息化管理。除了传统的柜面服务，HRSSC 还开展了多样化的服务，设有 7 000 多条服务热线并针对贵宾推出上门服务等方式，进行“入职服务前后延伸”，为新员工办理入职、参加培训、融入组织提供便利和保障。HRSSC 在流程梳理、服务延伸及创新、服务范围拓展等方面开展的工作，确保了员工满意度的提升。2009 年上半年，公司 HRSSC 客户综合满意度为 91.38%，比年初确定的目标值高出 6.38 个百分点，较成立之前提升了 13 个百分点。

3. 流程的标准化和统一化有利于公司管控

当公司没有建立共享服务中心时，各个分支机构的人力资源政策缺乏一致性。以一个有诸多法律主体的集团企业为例，受人力资源管理者知识、经验和阅历的影响，加上流程颗粒度的不同，其流程一般都有很大的提升空间，给企业管理造成了不少漏洞从而容易产生风险，同时也不利于总部的管控。而一旦集中到共享服务中心，集团内部各不同法律主体人力资源业务的流程标准化和规范化程度均会有不同程度的提升，这就为企业的风险控制提供了很大的可能。而且共享服务中心提供集中的服务内容，并与提供服务的内部客户订立完整的服务水平协议，其运营更加透明化，也因此更利于公司总部对人力资源业务的审计和监控。同时其专业化的分工、明确的职责与角色，也可增强企业（或集团）对劳动力的分布、预测和规划。

共享服务中心的建立还可以改善企业的风险管控。针对各国（各地区）法律、法规的变化，如何及时和有效地审核这些分支机构的变化请求，及时和准确地顺应这些要求，往往是一个跨国（跨地区）集团企业的困难所在。传统的管理模式或是缺乏管控，或是不能及时响应，造成运营风险。充分利用共享服务中心对相关国家（地区）的法律、法规和薪酬管理较为熟悉的特点，可以从专业上给领导层提供参谋和咨询服务。将所有下属分支机构的变化需求，统一通过共享服务中心的渠道进行申请，共享服务中心再根据相关国家（地区）分支机构提交的法律法规文件进行预审。对于不是法律法规要求的变更，共享服务中心则根据集团的相关政策、其他国家（地区）的做法，甚至人力资源管理系统的特点，提出建设性修改意见。与相关国家（地区）的分支机构讨论达成一致意见之后，共享服务中心再给管理层提供咨询意见，作为科学决策的参考。

案例：DHL 实施人力资源转型的运行效果

DHL 是世界物流行业的领导者德国邮政敦豪集团的一部分，旗下包含快递业务、DHL 全球货运和运输业务、供应链业务、邮递业务四个集团。DHL 1986 年进入中国，与中国对外贸易运输（集团）总公司各注资一半，成立了合资公司。[①] 建立 HRSSC 后，其运行效果 [②] 可从以下对比分析中体表现出来：

（1）薪酬福利方面，对薪酬福利团队的人员及其工作进行高度整合，成立共享服务中心后人员效率提升了 16.7%，在全国范围内进行劳务薪酬支付，提供个税网上申报及远程报表填报、年假信息管理及薪酬福利问题解答服务、薪资变化保密沟通服务等。

（2）招聘方面，转型前全国 34 名人力资源专员的平均支持比例为 209 人。转型后由 10 名招聘人员负责全国所有岗位的招聘及相关操作流程，平均支持比例为 605 人，参与招聘的人员数量减少了，招聘效率明显提高。同时，按照管理和非管理岗位划分工作职责，实现了有针对性的人员招聘和人员共享；建立 E-Recruitment 网上招聘系统，从对外发布、筛选简历，到通知、推荐候选人，全部实现了系统化操作，同时网上在线人才库节约了简历筛选和资料输入的时间。借助 HRSSC，招聘流

① 公司信息来自 DHL 公司官网（https：//www.dhl.com/cn-zh/home.html）。

② 梁淑巍 .DHL 公司人力资源共享服务中心建立研究 . 长春：吉林大学，2012：35. 本书作者进行了整理压缩。

程中候选人数量与面试数量的比例、面试数量与聘用数量的比例、聘用人员留任的比例等都有不同程度的提高。

（3）培训及绩效发展方面，该团队减少了2名管理人员和2名专员。沟通层级也减少了，从四级沟通（总部—区域—分区—员工）改为直接与员工沟通。通过 E-Learning 网上培训系统，将各分公司分别组织的通用培训纳入培训系统，避免了各行其道，员工可根据实际情况选择合适的学习时间、地点和进度。在线课程均采用标准化设计和大规模开发，学员均摊的生产及服务成本相当低廉，也节省了学员的出差成本。

2.2 HR 共享服务的构建基础

在正式着手构建 HR 共享服务之前，企业必须进行必要的准备，确保具备所需的基础。基于当前对企业实践经验的发掘和总结，我们概括了三个重要基础：一是有足够规模的组织，使得构建 HR 共享服务能形成规模效应；二是有统一流程所需的人力资源技术基础，即建立“一个公司”的共享服务愿景；三是拥有信息技术支持。相应地，很多企业在构建 HR 共享服务时也容易在这些方面受到挑战。

一、公司规模足够大，以实现规模效应

只有实现了规模效应、降低了人力资源运营成本才有构建 HR 共享服务的必要。因此，HR 共享服务通常更适合大型集团企业，并不适合单一机构的公司。大型企业员工规模庞大，工作地点分布广泛，通常在每个业务单元设立人力资源组织，工作流程不统一且运营成本高。把各

级子公司重复性的事务集中处理，更容易产生整合规模效应，从而降低单位成本。有了标准化的基础，服务体量越大，越能够体现规模效应的成果。例如，从薪资流程处理来看，一名薪资专员处理 500 人的薪资和 1 000 人的薪资，其步骤和流程基本一样，在有标准化流程和工具的前提下，花费的时间差别不大。

积极创建共享服务中心的组织大多有以下特征：一是企业集团（包括分公司和分支机构）员工数量庞大；二是企业在全国各地或者世界各地设立数量众多的子公司或分支机构；三是人力资源部门员工数量庞大，例如在子公司或者分支机构中都设立人力资源部；四是企业集团重视人力资源及其政策的执行，重视对人员的保留和发展，强调员工信息管理和员工对公司的满意度、归属感；五是企业集团有从提高人力资源管理效率为出发点来提高企业竞争力的愿望。特别地，业务复杂度越高的企业，人力资本发挥的作用越重要。因此需要将员工服务和效率、成本放在较重要的位置，而建立共享服务中心可以带来明显的收益。20 世纪 80 年代，美国福特公司成为第一家建立共享服务中心的公司，随后，通用电气、杜邦等公司也陆续成立了类似于共享服务中心的机构。目前，国内大多数企业的 HR 共享服务还处于初级阶段，少数大型公司例如华为、腾讯已经有了较为成熟的经验。

HRSSC 适合于大型企业，对于那些规模较小但成熟度较高的企业来说，一个不错的选择是外包服务。小公司内部没有足够的规模效应，但外包公司就有规模效应。一项针对亚洲领先企业的调研显示，81% 的企业设立或正在设立 HRSSC，其中 31% 的企业选择自建，14% 的企业选择将人力资源事务性工作外包，36% 的企业选择混合模式，即部分自建、部分外包。

二、“一个公司”的共享服务愿景

1.“一个公司”管理模式下的流程标准化

虽然成本是企业建立 HRSSC 时考虑的重要因素，但根据怡安翰威特的全球调研，一致性和质量而非成本是实施全球共享服务的关键驱动因素。尤其是在中国，由于和发达国家相比存在人力成本优势，所以提升服务质量和客户满意度往往是主要驱动因素。此外，跨国公司在业务规模扩张的背景下容易出现各个业务单元目标各异、各自为政、管理重复、资源共享利用低效率的状况，因而整合资源、实现“一个公司”(one company）管理模式成为公司管控的迫切需要。HRSSC 的创建在很大程度上也是大规模企业实行“一个公司”战略、提升人力资源服务质量和客户满意度所驱动的结果。

共享服务愿景就是告诉员工共享服务中心将要做什么，以及不做什么。它将告知全体员工共享服务中心是一个什么样的组织——包括共享服务中心将以何种形式提供哪些服务，目的或作用是什么（如创立一种统一的、高品质的服务交付途径，发挥规模效应等）。共享服务愿景还要向员工解释企业为何要创建共享服务中心，即创建共享服务中心的背景——响应“一个公司”战略。在越来越多的对多元化母公司价值的质疑声中，企业为了保持竞争力，转而开始寻求协调与统一（Nilsson & Rapp，2005；Lindeberg & Malmlöv，2011)，“一个公司”战略应运而生。在“一个公司”战略下，那些集团化公司、跨国公司在公司战略与具体经营战略间建立起清晰的联系，制定了一致的战略和统一的控制方式，从而实现了品牌体验、合规性、供应链协作、跨国界创新和销售渠道的整合等优势（Accenture，2010)，最终成为真正意义上的同一家公司。它在很大程度上改变了公司原有的管理控制模式，也推动了管理信息技术的发展。共享服务中心正是“一个公司”(也有可能是“one HR”，即仅仅是人力资源工作的统一）要求下的产物，其实质是企业对人力资源管理职能的整合优化，以及对人力资源管理成本和服务质量的统一控制。而共享服务中心的集中化属性也决定了其只能在“一个公司”的战略背景下存在。例如，2005 年，ABB 提出“一个 ABB”（One Simple ABB) 战略，并于次年在中国建立了共享服务中心。2006 年联合利华在人力资源领域落地“一个联合利华”（One Unilever）战略。为了响应“一个西门子”（Siemens One）战略，西门子将其人力资源部重组为全球战略组织、人力资源业务伙伴、全球服务共享组织三个部分。IBM 的 COE 采用“一张脸”模式，非常看重全球政策、方案的一致性，这也构成了 HRSSC 的前提，同时一致性也为 IBM 带来了成本降低和效率提升。

2. 流程标准化遇到的挑战

人力资源日常运营流程上的统一是建立共享服务中心的前提条件，内部服务工作流程的标准化以及各种管理数据的统一可以有效避免不同地区、分（子）公司或者不同部门之间执行标准的偏差。在“一个公司”战略推动下，整合业务流程是建立共享服务中心的必要环节。因此，从这个角度来看，共享服务中心的创建很容易受到两个方面的挑战：

一是管理基础配套的挑战。人力资源服务流程的标准化程度在很大程度上决定了是否能够实现规模效应。如果不同业务部门或者不同分支机构的内部政策以及流程无法实现统一和标准化，那么共享服务就无从谈起。

二是劳动政策法规方面的限制和障碍。公司在劳动合同管理、社会保险管理等方面由于受到国家相关劳动政策法规的限制，如属地管理规定、需要人力资源服务人员亲自到政府部门办理相关业务等的规定，使得某些 HR 共享服务还无法实现跨地域的集中管理，或者降低了标准化的业务范围，所有这些都会影响共享服务中心的搭建。

案例：飞利浦 HRSSC 的建立背景与内容

飞利浦在发展过程中的权力下放使得下属分支机构的管理差异较大，各行其道。以薪酬体系为例，飞利浦下属的各个公司经营内容不同（如灯具、医疗机械等），行业差别较大，实行不同的薪酬体系。飞利浦中国总部便提出了“一个飞利浦”（One Philips）理念，即追求简单化，综合集团的力量统一管理和部署。飞利浦中国总部于 2003 年底在上海成立了共享服务中心（Shared Service），包括人力资源、政府网络关系、财务、营销以及整个客户服务领域。共享服务中心作为一个整合的团队，为飞利浦（中国）的分支机构提供人力资源产品与服务。飞利浦（中国）的人力资源部改为人力资源共享服务中心，作为常设机构，其人员固定，为工厂的人力资源管理提供服务，并按照专业模块划分设定了招聘、员工组织发展、报酬三个业务模块。例如，飞利浦的中国招聘服务中心集中了集团的力量，建立了共享网络、共享简历库。下属业务单元（或分公司）的人力资源经理直接向自己业务单元的上级汇报。在分工上，飞利浦中国总部负责整个体系的资源共享，强调公司体系的整体一致性，比如不同职级人员的角色和工资标准的一致性。但不同地区的工厂、当地政府的政策、当地人员所需要的人力资源服务都会有很多差异。工厂的人力资源经理在为当地员工提供服务时，应该根据当地政府的政策、生活环境、文化背景等各个方面进行适当的调整。比如，业务单元里有些职位（如医疗系统销售人员）的薪酬标准可能有些差别，会按照市场标准进行调整，但是最终不会超出总部制定的该级别限制。业务单元的人力资源经理在策略统一的大前提下拥有一定的灵活性。

案例：施耐德电气 HRSSC 转型的背景

总部位于法国吕埃的施耐德电气有限公司（Schneider Electric SA）是世界 500 强企业，是全球能效管理领域的领导者，为 100 多个国家和地区的能源及基础设施、工业、数据中心及网络、楼宇和住宅市场提供整体解决方案。自 1987 年在天津成立第一家合资厂，施耐德电气（中国）根植中国三十余载，拥有 26 000 名员工、3 个主要研发中心、1 个施耐德电气研修学院、26 家工厂、8 个物流中心、5 个分公司和 40 个办事处，从最初的中低压配电及工业自动化行业领先者，发展成能够为能源与基础设施、工业、数据中心与网络、楼宇和住宅五大市场的客户提供全生命周期的能效解决方案。中国已经成为集团在全球的第二大市场。[①] 在公司快速并购发展的过程中，施耐德电气很多事业部的系统、政策都未与全球总部实现统一。为了让公司更彻底地整合并购活动和企业文化，施耐德电气从全球总部角度出发，推行了“一个公司”项目，其中包括建立 HRSSC，从而开启了人力资源部门的转型。

施耐德电气建立 HRSSC 主要基于以下需要：

（1）管理规范性的要求。施耐德电气在全球没有统一的人力资源信息系统，各地的人力资源管理流程也相对不规范、不一致。因此 HRSSC 的建立不仅可以帮助人力资源管理实现全球一致性，还能够配合业务部门更好地进行企业战略分析研究。

（2）薪酬福利管控的要求。施耐德电气的薪酬福利管控在各个国家并不一致，工资核算系统也不尽相同，有些甚至外包出去。公司通过 HRSSC 的建立对薪酬福利实现了系统化管控。

（3）人力资源整合的要求。施耐德电气的人力资源管理存在较强的地域概念，每个国家衡量绩效的做法也都不尽一致，资源不能实现共享，通过 HRSSC 的建立可以进行整合、共享。

（4）以客户为导向的服务体验提升的要求。HRSSC 的建立促使人力资源部门树立客户导向理念，充分了解公司内部的客户需求，提供更好的服务体验。

三、组织的信息技术支持

1. 人力资源信息化是 HR 共享服务的基础

信息技术的发展改变了人力资源管理的工作方式，档案管理、薪酬

① 公司资料来自施耐德电气（中国）公司官方网站。

计算等事务性工作如今通过人力资源信息系统就能完成。HR 共享服务的一个主要任务是为全公司人力资源政策的制定提供数据和信息，以及通过电话中心或内部网络与直线经理和员工互动（Reilly & Williams，2000）。在进行这些大量的、标准化的或者可以复制的工作时（比如培训、人员数据的维护），就必须用到远程信息技术（Cooke，2006）。HR 共享服务的前提之一是人力资源信息化。实现人力资源管理、数据从线下往线上转移，需要人力数据集中、准确。中国的员工更习惯于“面对面”而非“自助式”的服务，主要原因是信息技术没有得到充分运用。实现共享服务的前提是要有实现共享业务的信息技术系统做支撑，通过自助服务系统来减少事务处理的工作量，实现效能提升。

所以，构建 HR 共享服务首先必须对公司人力资源信息系统进行全面升级，扩大适用范围。例如，作为全球顶尖的电子制造龙头，富智康[①]拥有强大的信息技术研发团队。富智康共享服务中心通过积极导入各项系统来处理与人力资源相关的数据与信息，全部系统均为内部自行开发，以达成人力资源选、育、用、留各大模块的电子化、数字化（见表 2－1）。这些数据形成了内部闭环，并且通过自行开发的人力资源服务软件，建构人力资源整合服务云平台，为员工提供全覆盖的人力资源线上服务。

表 2－1　富智康的部分人力资源信息系统

模块	信息系统
选	● DL 招募管理系统：普工需求及招募管理 ● FSK 招聘网：蓝领招募平台 ● IDL 招募智能云体系：工程师 / 校招招募平台

① 富智康集团有限公司（FIH Mobile Limited）是一家移动通信研发制造企业，为港交所上市公司。富智康以廊坊为全球总部，建立起纵横亚洲和美洲的研发、制造国际化营运体系。在北京、台北、南京、深圳建立了软硬件研发中心，在廊坊、北京、贵阳、深圳建立了生产制造基地，从事无线通信、消费电子产品的设计、生产与制造。资料来源：HR 智享会，德勤．“人力资源共享服务中心价值大奖”获奖案例集，2019.

续表

模块	信息系统
育	• 教育训练系统：组织发展及员工培训管理平台 • 敏捷绩效互动平台：OKR 管理工具 • 绩效考核系统：绩效管理及人才发展 • 晋升系统：记录员工的晋升轨迹 • 人力资源全球文控系统：人力资源标准作业程序文件管理平台 • 联络单位 E 化系统：项目文件签核流程 E 化
用	• 考勤系统：记录并处理员工的考勤数据 • 自助服务平台：个人信息查询（员工）、部门出勤、人力报表等 • 薪资系统：记录员工的薪资福利、加班费、津贴等数据 • 组织系统：部门组织及费用代码管理平台 • 人事系统：员工个人的信息数据库 • 人资综合办公平台：办理与打印员工公积金 / 收入证明 / 社保等 • 国内 / 海外差旅系统：国内及海外出差申请及签核、报销 • 调动系统：跨部门调动流程及签核 • 一卡通管理平台：一卡通办理、挂失、消费查询
留	• 人资管控系统：人资管控及员工异常动态追踪 • 奖惩系统：员工奖惩流程签核及公告 • 问卷调查系统：满意度调查、活动报名等的宣传 • 员工投诉平台：员工投诉处理平台 • 离职签核系统：离职申请及签核、离职率分析与改善

2. 基于信息技术的 HR 系统架构

在共享服务模式之前，企业的每个分公司或业务单元都有独立的人力资源部门，每个部门各自拥有 E-HR 系统，它们之间开放的功能并不统一，无法实现共享。在共享服务模式下，每一个业务子系统不能再是信息孤岛，必须严格按照流程连接起来。只有这样，效率才能提高，流程才能固化，共享服务才能出效益。在实践中，可以考虑建立统一的人力资源信息平台，通过信息系统来规范流程的执行，并且帮助进行变革管理，因为通过系统本身传递的信息是最直接、最准确的。

整个人力资源共享系统就是基于信息技术搭建而成的，并且通过不断加持各种新兴的智能技术而得到进一步发展。公司需要借助智能化、数字化等先进的互联网技术，帮助企业构建一体化的人力资源服务与管控平台，助力 HR 共享服务的构建。首先，平台通过业务整合实现了基础事务的统一规范，不断夯实基础数据，解决了集团人力资源管理统一管控的难题；其次，平台助力人力资源管理从职能型模式向“三支柱”共享服务模式转变，实现了人力资源管理流程的优化重组及企业资源的协同共享，简化了流程，提升了员工体验，从而解决了员工服务满意度不高的问题；最后，平台整合了各渠道的人力数据进行全数据分析，通过人才画像及组织画像等打造持续、健康的人才供应链，不断提升组织能力，为业务赋能、战略落地提供了有力保障。图 2-3 是 HR 系统平台示例，平台最前端通过各种渠道实现了对员工和业务单元的服务对接。而支撑全渠道 HR 共享服务则需要依靠以开发配置平台为基础的各种平台（例如集成平台、服务配置平台、智能技术、SSC 工作台等）和场景化服务产品的提供。

图 2-3　公司 HR 系统平台示例

资料来源：翰智公司官方网站（http：//www.hanzhigroup.cn/rlgxpt.html）。

2.3 HR 共享服务的整体架构

HR 共享服务的整体架构包括战略定位、业务设计（内容、流程与智能化）、组织设计、人员管理和运营管理五个方面（见图 2-4）。HR 共享服务的战略定位处于架构的关键位置，从战略层面决定了整个共享服务的导向，指导其他模块的实施不偏离既定的轨道，始终与组织战略保持一致；业务设计、组织设计、人员管理、运营管理四个模块则是共享服务架构的四根支柱，支撑起了整个架构的实体，为共享服务的实施奠定基础。HR 共享服务的框架构建了后续工作的蓝图，组织可以利用这一架构树立整体观，保证共享服务整体上在既定的范围内有序进行。

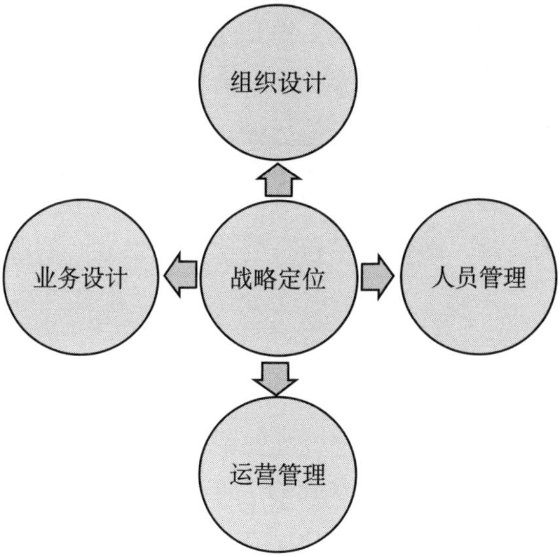

图 2-4　HR 共享服务的整体架构

一、战略定位

战略定位是指为配合公司整体经营和人力资源战略而确定的共享服务中心未来工作的主要目标。它是共享服务架构的主干和灵魂，是整个中心的指引和方向，在很大程度上决定了业务设计、组织设计、人员管理、运营管理等模块的方向，对于共享服务中心的定位和发展方向具有至关重要的意义。

在战略定位中，需要考虑为什么设立共享服务中心，是否还有其他方法可供选择，以及共享服务中心的定位是什么，比如是效率优先，还是合规优先。不同企业建立共享服务中心可能有不同的战略定位。通常来讲，企业建立共享服务中心的战略目标可划分为三类：成本降低、提高服务效率和促进转型。成本的降低与可控是建立共享服务中心的初始目标，企业通过高效的人力资源流程、更低的营运资本等，可实现成本优势。提高服务效率强调通过标准化、统一化的服务标准，借助信息平台，实现效率提升。促进转型包括通过促进人员发展、流程改革来全面提升人力资源部门的能力、模式，提升业务贡献等。不过随着共享服务中心的演进，其目标也会发生变化。目前相当多的共享服务中心的目标转变为：一是加强管控，提升效率，交付服务；二是支持增长，提升业务价值；三是提出管理建议和驱动创新。例如，星巴克 HRSSC 的愿景是"通过简化的流程、敏捷的平台，为伙伴提供贴心的服务和卓越的体验"。

二、业务设计

共享服务中心通过建立流水线的工作模式，将传统的人力资源部门转型为服务工厂，强调从流程优化中获取价值，并希望因实施专业化的分工而从流程管理中获得收益。这对业务设计提出了更多的要求。共享服务中心的业务设计包括确定业务范围，对业务流程进行标准化设计和实现信息化、智能化操作。

（1）确定业务范围。要确定共享服务中心的服务范围有哪些，共享服务中心在整个人力资源组织中的职责范围该如何划分，以及在人力资源的六大模块中，哪些模块的哪些内容要放在共享服务中心。

（2）对业务流程进行标准化设计。流程是一组将输入转化为输出的相互关联或相互作用的活动。要从流程的定义本身出发，将流程进行分解，从而总结出其中必不可少的关键因素。但流程不仅仅是流程各要素的单一串联组合，也不是简单的程序集合，它服务于企业战略，以客户价值为导向，以最优路径为基础，广泛地调配企业组织及各种资源，满足业务的需求和最佳目标。共享服务中心的所有业务都由流程来驱动，组织、人员都靠流程来实现协同运营，流程的标准化和统一是共享服务的核心。业务流程通过对组织人员的工作步骤进行描述，以流程视角来规范工作步骤、标准化工作接口。流程的标准化和科学化是共享服务得以高效运营的基础，也是实现信息化的前提。同时，人力资源业务流程也是制度管理、标准化管理等运营管理制度的根基，它一方面影响着运营管理的实施，一方面又被运营管理手段支撑，使得在管理监控下，流程的时效、质量和成本目标得到保证。在业务流程化设计中，企业需要制定内部人力资源政策和流程整合规划，考虑是否需要及如何进行内部政策和流程的整合、梳理。

（3）实现信息化、智能化操作。信息系统是实现 HR 共享服务功能的工具。信息系统对组织目标、流程制度、运营管理提供了强有力的支撑和保障，系统设计的好坏直接影响共享服务中心的效率和效果。信息系统的设计与业务流程、组织人员、运营管理紧密连接。随着智能技术的发展，一般的人力资源管理信息化已经不能满足企业发展的需要。人力资源管理智能化操作促进了共享服务中心快速和巨大的发展变化。在共享服务业务的智能化设计过程中，必须考虑以下方面：共享服务中心的服务模式是怎样的；是否考虑员工 / 经理的自助服务；是否考虑设计分层支持的模式；这些信息化、智能化的 HR 系统该如何设计和搭建，是内部自行完成还是从外部购买设计服务；服务范围内的流程是否外包以及哪些可以外包。

三、组织设计

共享服务中心承担了传统人力资源管理的绝大多数基础性、事务性工作，其在职能定位上的不同及工作模式的重大变化，使得其组织模式必然与传统的人力资源部门有所区别。在建立共享服务中心的时候，需要明确以下三点。

（1）战略结构与选址。共享服务中心的建立是大型企业集团特别是跨国公司中一项重要的人力资源变革，如何设定其在集团架构中的地位、如何选址是公司面临的重要问题。公司业务结构、地域结构等特性都会对共享服务中心的战略结构和选址产生影响。

（2）在集团架构中的位置与关系。不同的公司对 HRSSC 在集团架构中的位置有差异化的考量。此外，HRSSC 如何实现与 HRBP、HRCOE 的协同互动关系，也是组织设计中需要考虑的问题。

（3）内部组织结构。内部组织是基于共享服务中心的战略定位而言的。在不同的发展阶段，共享服务中心的战略定位有所不同，战略定位决定了共享服务中心的内部组织构成。通常来讲，共享服务中心内部组织的划分方法包括按职能划分、按区域划分和混合模式。

四、人员管理

人员管理是指公司在共享服务中心的发展目标指导下，根据业务发展的需要，对人员的数量、素质要求进行规划，制定关于人才选、育、用、留的策略，保证业务正常有序运营。

（1）人员的数量测算，是共享服务中心组织人员管理的重要工作。实践中经常根据业务性质分析、目标企业对标等方法，对相关岗位进行人员需求分析，最终实现各岗位人员的合理配置。

（2）人员的能力要求。一般来说，共享服务中心的人员包括两类群体：一类是从事具体业务的运营业务人员，另一类是从事运营管理以及共享服务支持的运营管理人员。这两类人员的岗位设置存在较大差异，因此对人员的要求也有明确区分：运营业务人员一般从事已标准化且重复度较高的业务，对人员的要求较低；运营管理及运营管理支撑岗位是共享服务中心的核心，关系着共享服务中心战略目标的实现，对人员的要求较高。

（3）人员的职业发展。共享服务中心工作模式的变化，对其内部人员而言既是机遇又是挑战。要想吸引更多的优秀人员加入共享服务中心的行列，需要对共享服务中心的人员进行职业发展设计。

（4）新岗位的涌现与能力要求。伴随着智能技术在人力资源管理中的广泛应用，共享服务中心出现了很多崭新的业务，也衍生出不少新的岗位。因此，人员发展中还需要考虑这些新岗位的产生以及人员素质要求。

五、运营管理

运营管理肩负着对共享服务中心的业务设计、组织设计和人员管理进行不断优化的责任。如果说业务内容和流程设计、组织结构设计、人员管理是在原有模式基础上的改造，那么共享服务中心的运营管理模块则是专门针对共享服务中心而全新构建的管理体系。一套符合自身发展阶段的运营管理体系是共享服务架构中必不可少的一环。运营管理模块发挥了资源调配、质量控制、变革管理的功能，通过把共享服务中心视作一个独立的经营单位，借助全方位的管理建设，来保证共享服务中心长期、稳定、高效运营。从国内外成熟的共享服务中心的运营经验来看，完善的运营管理体系是共享服务中心得以不断改进和提高的必要管理支持，是将共享服务中心建成一个健康发展的组织的有力保障。

根据共享服务中心构建和运营过程中的实践，我们认为运营管理包括以下内容：

（1）服务设计。服务管理是管控与提升共享服务中心的员工对外服务工作的服务效果、服务能力、服务时限、服务态度等服务质量工作的过程。提供良好的服务产品和服务质量，需要进行有效的服务设计。共享服务中心与内部客户之间的一个重要联系纽带就是服务水平协议。如何制定服务水平协议、优化服务产品、提高服务水平，是共享服务中心运营中面临的主要问题。

（2）绩效评价。绩效管理广泛涉及共享服务中心的管理和运营，涵盖监督与管理组织绩效和个人绩效的方法、准则、过程和系统。公司不仅需要对共享服务中心的运营进行规范科学的绩效评价，还需要对共享服务中心的内部员工设计相应的绩效评价指标，并监控员工的服务质量。

（3）变革与风险管理。变革和风险管理贯穿共享服务管理架构的始终，业务流程、组织与人员、信息系统、运营管理的组织和变革都是风险的来源，而共享服务本身就是管理模式领域的一次颠覆性变革，因此，在共享服务架构每个环节的设计中，都必须考虑风险与变革产生的影响，以及防范和控制风险的方案和举措。

03

第 3 章

HR 共享服务的战略定位与演变

2015 年，我国企业建立 HRSSC 的势头上涨，很快形成了第一次“共享潮”。很多本土企业在 HRSSC 领域快速发展，用很短的时间走完了之前许多跨国企业要花十年甚至更长时间才能走完的路。部分企业的 HRSSC 处于从 0 到 1 的搭建和运营阶段，各项职能基本完善，并逐步建立了标准流程。一些企业的 HRSSC 在成熟的基础上不断改进和创新，在某些领域特别突出和有特色。我国不少企业在 HRSSC 的搭建初期，主要关注事务性服务的角色定位。不过，总体上在这种定位之下，HRSSC 作为一个成本中心，以提供传统的基础人事手续办理、算发薪服务、社保服务以及服务咨询为主要工作内容。相对而言，HRSSC 对企业整体的价值贡献度不够高。

近两年来，随着我国企业人力资源转型的浪潮以及人力资源技术的快速发展与加持，第二次“共享潮”悄然来袭，HR 共享服务的内容不断升级。因此，目前市场上 HRSSC 的发展情况存在差异，有的仍在建立过程中，有的已经进入优化升级阶段；覆盖的内容也不同，有的只是基础人事管理，比如入职、转岗、离职、薪资等，有的还覆盖到招聘、培训等。另外，一些成熟的 HRSSC 开始进行数字化、数据分析、决策支持的尝试，甚至把 HRSSC 的定位从服务中心拓展到能力中心、价值中心。这些都是将原有基础服务从内容层面升级成对客户或业务部门更有价值的增值服务，带来了 HR 共享服务战略定位的变化与提升。

3.1 HR 共享服务的价值提升

随着信息化、数字化的持续推进，无论是自上而下的企业内部管理需要，还是自下而上的员工服务体验诉求，人员信息的线上化、移动化、数据化都成为企业向前迈进的必备环节。这些变革也直接影响了 HR 共享服务的发展方向。很多企业在兼顾基础服务的同时，拓展了专业服务范围，拔高了共享服务中心的定位。目前，共享服务中心的战略定位已不再仅仅是事务处理中心，而是能为业务提供价值的服务中心或卓越中心。德勤公司 2020 年面向中国企业 HR 共享服务的调研结果[①]表明，人事系统管理、数据管理开始成为 HRSSC 的重要服务内容之一。特别是各行业的领先企业均把人事系统管理、数据管理、统计分析与管理报告作为 HRSSC 的主要服务内容。我们基于中国企业 HR 共享服务近年来的发展，提炼出以下几种价值提升途径。

一、服务方式：从被动服务转向到主动服务时代

国内大多数企业在建立 HRSSC 的最初阶段，都强调尽可能确定好 HRSSC 和 HRCOE、HRBP 的边界和分工，通过流程的标准化、简化，包括进行流程和组织上的转型、调整，从而提高效率、降低成本，做好风险控制并通过技术手段将其固化；将分散的且可以远程交付的业务集中处理，在提高效率的同时，确保执行的一致性和可控性；尽可能通过技术手段支撑简单、重复的业务，进一步提高效率、降低成本、释放人力资源。在这个阶段，HRSSC 的团队工作更多地是以被动服务为主，表现为自行规划人力资源的业务边界，然后整合分散的业务，实现资源重组。

但是，越来越多的企业发现，仅仅依靠用户主动反馈问题来完善服务产品和流程是不够的。HRSSC 的内部成员要主动出击，主动针对业务部门开展调研，主动盘点和审计既有工作流程、数据字段、服务产品的使用情况与用户评价，以及主动发现其中潜在的问题并积极寻求短期应对方案、长期解决方案。

---

① 德勤 .2020 年中国地区人力资源共享服务调研报告，2020.

人力资源部门若主动提供服务，其角色就发生了变化。例如，过去人力资源部门的工作更多地是人员信息（与劳动关系相关的信息、相应的报表材料）的静态输入，目前会更多地主动思考如何给员工提供优质的服务，手段包括引入机器人技术来应对员工的问询以及将共享服务中心的服务范围辐射至员工关怀等更为贴近员工、高价值的领域。因此，随着实践的不断发展，HRSSC 在服务导向上会呈现从被动到主动的态势。

基础的标准化工作的完成，以及智能化技术的发展也推动了 HRSSC 的服务逐步从被动转变为主动。HRSSC 更加聚焦客户，从人本化的角度出发，审视流程和线上、线下交付界面，主动设计惊喜点，超预期交付，完成“流程”到“产品”的升级。主要表现在：进一步识别 HRBP 手中遗留的、相对共性的事务性工作并进行共享；识别业务中可以自助化和自动化的部分，并通过技术手段的支撑，建设员工服务大厅、搭建员工服务门户、设置自助服务终端等，让服务触手可及；通过数据挖掘提供数据洞察，让 HRCOE 听到一线员工的声音，赋能人力资源管理团队；基于大数据为员工提供更加主动的、个性化的服务；进一步识别 HRSSC 工作中的数据断点和线下部分，利用新技术，实现自动化。未来企业的 HRSSC 将倾向于更主动、更深层次地触达员工，让业务和流程之间彼此联动，形成合力。

案例：世茂集团 HRSSC 的主动创新

2019 年，个税新政实施带来的痛点让世茂集团[①] 的 HRSSC 主动进行了薪税一体化的创新实践。世茂集团共有 400 多个法人实体，分布在 100 多个城市，报税工作量大且无法集中管理个税申报；对于普通员工来说，新政异常复杂，很难清晰地了解个税缴纳情况，如何向他们解释是一个很大的挑战；再加上工作的复杂性，预计 HRSSC 未来的个税操

① 世茂集团是一家国际化、综合性的大型投资集团，涉及地产、酒店、商业、主题娱乐、物业管理、文化、金融、教育、健康、高科技、国际投资等领域。

作工作量将增加 3 倍。在这种背景下，HRSSC 主动创新，探索如何在不增加人手的情况下，通过新技术应用与新流程设计的结合，实现个税产品高质量、高效率交付。其中的创新之处主要包括三点。（1）在产品运营端，对全员进行个税新政推广：通过世茂学院云平台做全员直播宣讲会，由内部税务专家向全员普及新政及其影响，HRSSC 热线也随时为大家答疑解惑。新政实施的第一个月，近 50% 的员工完成了个人专项申报。（2）在业务流程端，外接 SaaS 平台：SAP 业务端口在升级的同时，通过外接 SaaS 平台，实现了与税务局系统打通，400 多个法人实体可以实时获取员工专项信息，还可以通过平台进行月度个税的一键集中申报，HRSSC 将月度个税操作控制在 5 个工作日，效率提升了 70%。（3）在员工体验端，新增自助薪税查询功能：员工除了在线查询工资单，还可以清楚地查询个税详情。在跨公司调动场景下，员工可以分段查看个税累计缴纳的情况，便于次年的汇算清缴。

二、服务内容：从基础人事服务发展到全生命周期的员工体验

随着 90 后、95 后、00 后等新生代劳动者逐渐成为职场的主力军，员工更加追求主见与认同感，更加追求自己的价值感和体验感。员工之所以选择并留在这个组织，除了谋生之外，还有高阶的需求：一是体现自己的价值感，做自己认为有意义的事情；二是谋求自身的职业发展，希望企业能够提供不断学习的机会；三是获得充足的安全感、自身在职场的存在感及幸福感。这种复合体验能起到促使员工留任的作用。在新时代，让员工尽可能地按照自己喜欢的方式去工作、发挥自己的价值，也是一种管理创新。提升员工体验，是新时代人力资源服务工作关注的重点之一。因此，人力资源从业者开始将注意力从人力资源管理的制度

和体系建设上转移到员工身上，重新把焦点回归到人。许多企业不再通过简单的节约成本和追求标准化来提升效率，而是在设计流程和技术时将员工的体验放在第一位，从以企业为核心的价值观转变到以员工为核心的价值观。

借助信息技术的发展与进阶，HRSSC 不仅强调高效运营，更聚焦于员工需求和用户体验。企业不断提升对新技术的应用，从信息化、数字化，到如今开始提倡智能、智慧的 HRSSC。HRSSC 将员工当成客户，人力资源项目和服务通过引进“设计思维”，从而更加贴近员工的需求并解决其痛点。在此发展过程中，HRSSC 的核心转向服务客户，关注用户体验，以技术驱动流程再造，让服务场景化、可视化；充分调动突破性思维，以产品理念升级用户体验。某全球领先的快消品企业，通过梳理入职前流程，合并、优化线上和线下的流程节点，将事务性工作交由系统触发，员工可线上自主自助完成，减少了不必要的奔波。流程耗时也从原来的两周缩减至 7 个工作日以内，流程效率提升了 2 倍。同时，设计的人性化的移动端入职指引界面，充分考虑了员工互动及新员工融入企业文化的需要，使员工流程满意度提升了 33 个百分点，在释放了人力资源事务性工作时间的同时，也提升了员工体验。

与此同时，HRSSC 的服务范围也从人事、发薪发展到服务领域的全面覆盖。HRSSC 在建立初期，其内容主要是有关人力资源的事务性工作，例如入职、人事档案、薪资发放、公积金与社保管理等基础工作。随着共享服务中心的发展，HR 共享服务的内容不断丰富，这些基础的事务性工作的重要性和时间占比在降低。招聘、问询、绩效、晋升、人力资源规划等业务被更多地纳入 HRSSC 的服务范围。一些企业甚至将一些原本属于行政服务的内容（例如班车、宿舍等）也纳入进来，进而将 HRSSC 改成员工服务中心。越来越多的企业在服务内容方面不断拓展，倾向于通过 HRSSC 向员工提供“一站式”和“全方位”的服务体验。图 3－1 显示的是某公司为员工提供的全周期 HR 共享服务产品。

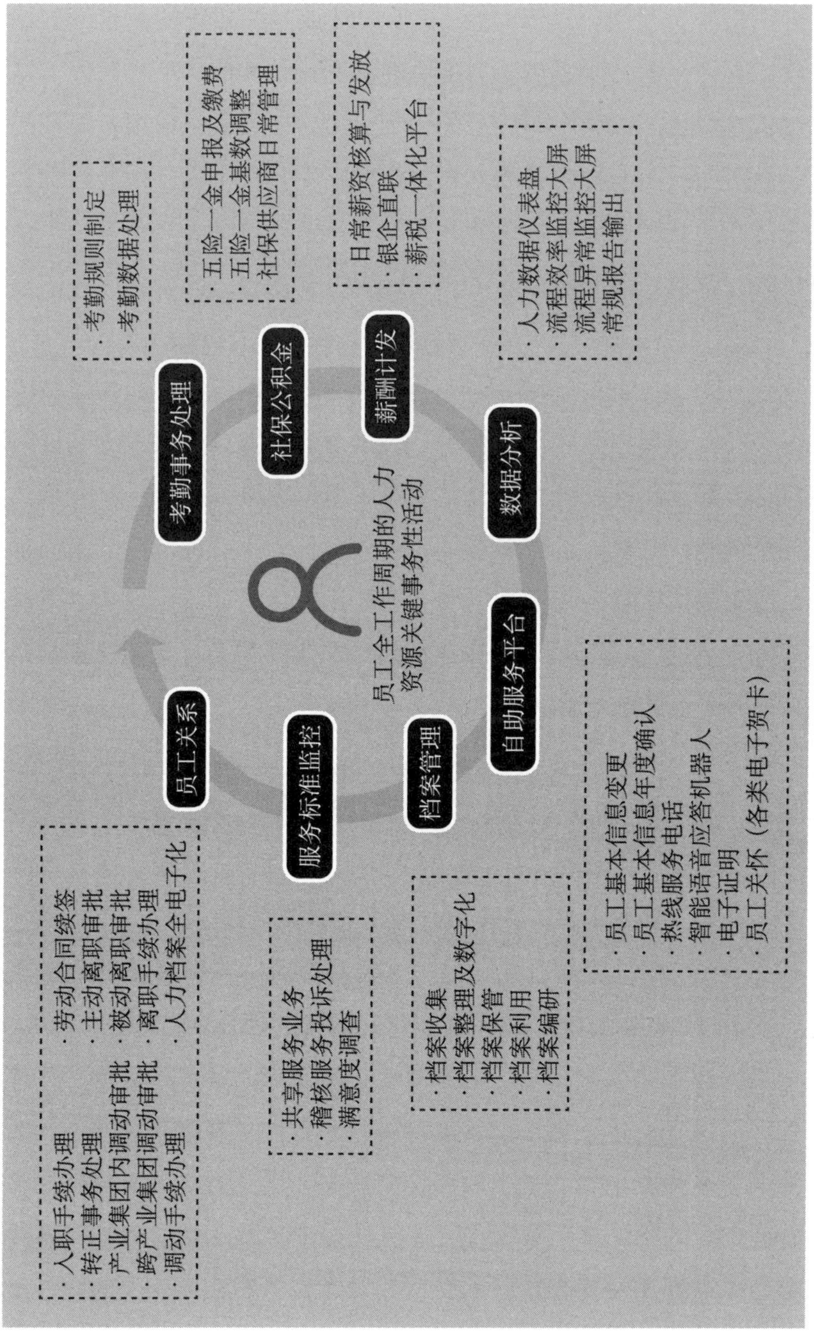

图 3－1　某公司的全周期 HR 共享服务产品

由此，人力资源服务经历了三个发展阶段：从早期各地分散化的一对一人力密集服务阶段，到 HRSSC 初期关注成本和效率的高度标准化服务阶段，再到当前强调以员工为中心的流程设计和服务交付阶段。这个变化过程也经历了人力资源服务的否定—否定—发展三阶段：早期的一对一、面对面只是一种应答的方式，企业仍然是自上而下地从管理者的角度进行人力资源服务流程设计，并没有从流程设计上真正做到个性化。而在第三阶段，企业则是以用户导向思维来融合人力资源服务的标准化和个性化，最终满足了员工的分类需求，实现了良好的用户体验。

伴随着 HRSSC 的交付价值逐年提升，企业也对 HRSSC 提出了新的要求，在移动互联网时代人力资源部门需要学会发散用户的思维（让员工有参与感、好玩、重在参与）、迭代思维（小步快跑、不断更新）、极致思维（自我颠覆、追求精品）、流量思维（人力资源工具或体系的用户量越大，则产生的价值越高）、数据思维（用数据说话）、社会化思维（发挥群众的力量）、生态思维（搭建一个“小闭环”生态体系，实现员工的自我调节）等，从而更好地服务员工。

案例：HRSSC 产品交付的员工体验实践示例

越来越多的企业在 HRSSC 产品交付上更加重视员工体验。这里概括地介绍腾讯、世茂集团、新奥集团三家公司的相关实践。

腾讯的 HRSDC 试图把人力资源工作通过公司的产品思维进行结合与实现，把用户的体验与感受放在首位。因此，HRSDC 有三大属性：（1）用户属性：互动性、针对性，易触达、超预期，稳定、透明、可持续。（2）产品属性：产品化思维、端到端、可自选＋定制化。（3）好玩属性：更多的乐趣与个性、更多的关注与尊重、更多的边界与创新。腾讯 HRSDC 中的很多业务可以通过微信实现并且产生互动。例如，将微信平台作为入口和互动媒介，并融合后台数据处理和业务处理能力，为全员提供可随时、随地享受人力资源便捷服务的移动平台。比如对于员工需要公司开具收入证明，腾讯微信会针对所有内部员工开启“HR 助手”客户端。用户在“HR 助手”页面上只需简单进行几项操作，其需求就能直接被后台受理。后台在受理过程中会对员工的身份进行验证和鉴别，并将该员工的个人内容放入模板，输入姓名后进行打印盖章，随后将收入证明递交到最近的人力资源服务窗口并通过微信通知该员工前来领取。

世茂集团总部的世茂大厦里应用了很多黑科技产品。其中，便捷的刷脸进出闸机及大楼的门禁功能，就是在一次偶然机会的推动下被开发出来的。HRSSC 的产品经理听到两位员工在电梯里抱怨前一天晚上加班后忘记打卡了（员工上下班需通过 APP GPS 定位打卡），并随口提到如果能刷脸打卡就好了。这一信息促使 HRSSC 的产品经理萌生了“刷脸打卡”的想法。在世茂科技公司的支持下，人工智能考勤产品于 2019 年初正式上线，得到了员工的一致好评。通过人工智能考勤的主动服务设计，HRSSC 开启了用户新体验。之后，“智慧人脸考勤”管理系统被拓展到物业服务。每位员工都能体验高效、准确、便捷的上下班打卡情境，其灵活、准确、不受地点限制等优点，在提高员工体验的同时，也减少了考勤负责人的数据维护和统计工作量，极大提高了工作效率。

新奥集团创新性地提出客户经理模式。为了提供更加优质的客户体验，新奥集团的 HRSSC 对用户进行了分类：第一类用户即为员工，他们期望其咨询人力资源政策、办理手续的需求能够得到快速处理和响应；第二类用户是各产业集团的人力专员，他们期望 HRSSC 可以提供与员工关系相关的工作支持，并且可以更加迅速、精准地在基础数据的管理 / 分析 / 预测、员工关怀管理、劳动风险的洞察及规避等方面满足其个性化需求，从而解放生产力，使自己投身到更加贴近业务的工作中去；第三类用户是决策层，他们期望能够看到人力资源方面跨产业、跨地区的各种数据分析，并在集团层面取得资源整合、规避系统风险的效果。经过分析，新奥集团将客户经理定位为员工关系的业务伙伴，为产业集团的人力专员、员工提供一站式的解决方案及服务，是 HRSSC 提供服务的统一窗口。他们会将各种人力数据比如人事结构调整信息、社保增减信息、薪酬福利调整信息及其他个性化服务需求带回 HRSSC，交给相应团队进行业务办理，并将结果及时反馈给用户。

三、价值升级：从提供共享服务到推动人力资源管理转型

人力资源管理转型是指企业人力资源管理的总体战略、角色定位、组织结构和操作流程等方面的全方位转变，以及人力资源部门在信息系统等技术支持下所进行的职能定位、组织结构、人员配置等的全方位优化。人力资源管理始终面临“我们该从何处出发”“我们该如何贡献业务、贡献战略”等问题，这些都需要将人力资源部门自身从日常事务中解放出来，从而能承担更多的决策支持职能。建立 HRSSC 的重要原因在于分担传统人力资源部门的事务性工作，释放其时间和精力，提升其应对市场的敏锐度及敏感性，从而将更多精力聚焦于战略执行及业务支持。随着智能技术的发展，HRSSC 的这一诉求更有可能实现。根据德勤《2020 年中国地区人力资源共享服务调研报告》的统计，中国已进入第二次人力“共享潮”，大型企业占比攀升，共享服务中心在大企业中充分发挥了集约优势和规模效应。越来越多的中国企业意识到 HRSSC 是人力资源数字化转型的抓手，更是人力资源管理转型的牵引车。因此，不少 HRSSC 不再把降本增效作为首要考虑目的，而是更加强调以提供共享服务为基础，推动人力资源管理转型。高价值的人力资源服务运营可以依托数字化 HR 共享服务平台，通过对平台上大量运营服务的业务结果数据、用户行为数据进行分析，结合业务分析模型，生成完备、全面、

实时的人力资源运营报告，为管理者做出科学、合理、及时的业务决策提供支撑。通过依靠流程支撑、平台支撑、数据支撑、技术支撑对过去的人力资源管理模式进行包括决策机制、运营模式、组织形态、人员结构的全方位颠覆，用产品思维提升人力资源管理和服务，为广大企业提供人力资源管理转型的新思路。

HR 共享服务为企业人力资源管理转型提供了数据基础、管理基础和组织基础（见图 3－2），成为人力资源管理转型的关键内容。

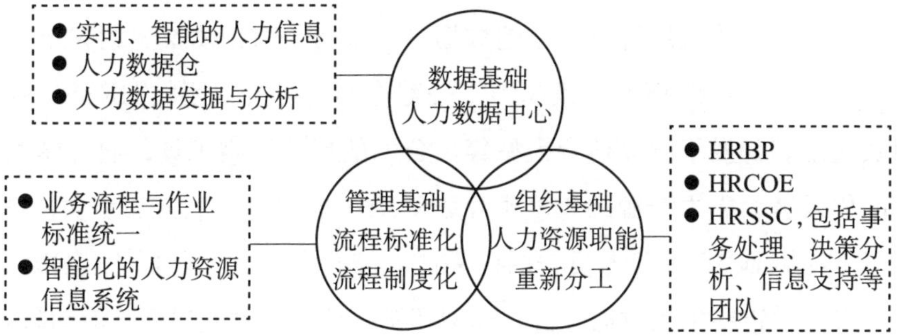

图 3－2　HR 共享服务为人力资源管理转型提供的三大基础

1. 数据基础

从实践现场来看，人力资源管理过程中留痕的数据其实有很多，从入职前的个人信息、招聘测评数据，到入职后的培训评估数据、绩效数据、素质测评数据、薪酬数据等。但是，这些纷繁复杂的数据散布在企业的不同地方，甚至有些数据没有被及时保留下来。各分（子）公司在进行数据收集、处理时采用不同的规则，或者虽然采用同一规则，但在操作方式上又带有自身的理解，就会导致数据在宏观层面的合并、汇总、处理过程中出现口径不一致的问题，而处理口径不一致的方法和假设，往往也带有人为和主观的色彩。在这种基础上产生的数据和信息，很难对人力资源部门的决策和企业的经营决策提供强有力的支持。HR 共享服务通过标准化、流程化的处理流程和操作规范，保证了所有的基础数据从产生的源头起就遵循统一的逻辑规则。此外，人力数据也从过去的散布各地转为聚焦在共享服务中心。HRSSC 可以有效地对接、组合、整合各种人力数据，减少了数据加工过程中的数据转换和数据假设，为决策支持提供了数据基础。

为了让人力数据发挥价值，为业务决策提供数据支持，近年来很多企业的 HRSSC 在数据分析方面不断进行探索与尝试。例如，2017 年，世茂集团的 HRSSC 通过对过往 4 年与员工选、用、育、留全生命周期相关的 80 多万条数据进行全样本分析，给管理层出具了一份涵盖招聘、薪酬体系及人才发展等全方位的数据分析报告，对集团推出的关于人才晋升和激励方面的精准决策起到了关键作用。世茂集团的 HRSSC 数据团队还定制开发了一款适合大型集团公司的预算编制工具，通过模型的标准化设置，人力资源的年度预算编制工作从 200 多名人员全员历时 1 个月，缩减到 10 多名人员一周内完成。结合业务的实际需求，HRSSC 还可以提供定制化的数据分析与模型开发，希望数据能够真正流动起来，发挥应有的价值。世茂集团的 HRSSC 数据团队不仅能为大家出报表、做模型，还通过世茂学院开设关于数据分析的实战培训，助力世茂集团人力资源工作人员具备数据分析思维和能力。

2. 管理基础

目前相当多的企业虽然在集团层面有明确的制度和流程，但各分（子）公司存在不同的个性化诠释和执行标准。标准不统一将导致难以计量、评价和考核，集团很难整体协调资源。HRSSC 建立的前提之一就是实现人力资源流程的专业化、标准化、制度化。共享服务发展路径包括四个阶段：一是在不同的地方以相同的标准做事；二是在同一个地方以相同的标准做事，达到集中的层次；三是在同一个地方以相同的标准按照专业化的分工来做事，达到共享的层次；四是承接外包或者被外包。因此，通过不断标准化，人力资源管理实现了将“相同的标准”贯穿共享服务的发展全过程，这也构成了提升管理水平的重要基础。

3. 组织基础

企业首先通过对 HR 三支柱的变革，变革人力资源部门的整体分工，再通过 HRBP、HRCOE 和 HRSSC 的相互配合促进企业人力资源效能的提升。HRSSC 的内部又会根据业务的需要，形成不同的分工团队，比如事务处理团队、决策分析团队和信息化智能化团队（具体可以参见本书第 5 章）。通过在两个不同层次上对人力资源职能的重新分工，通过标准化、制度化、流程化和智能技术，HR 共享服务对人员结构进行了优化，释放出更多人力关注附加值更高的问题，促进了人力资源管理转型。例如，机器人流程自动化技术通过在计算机上模拟人类员工的操作来接管 HRSSC 的事务性任务，不仅提高了 HRSSC 的工作效率和服务质量，还进一步提高了企业员工的满意度。机器人流程自动化解决方案为 HRSSC 赋能，解放了员工，使他们专注于更高价值的工作，助力 HRSSC 降本增效，使 HRSSC 从“劳动密集型”向“人工智能密集型”转型，提升了运营效率，加快了数字化变革，推动生产模式与业务流程实现颠覆式创新与升级。

例如，某公司对 HRSSC 的定位是不仅是标准服务的提供者，也是人力资源组织变革的推动者、智能化转型的先驱者。HRSSC 在大量事务上有相当的决策权，实现了与 HRBP 和 HRCOE 的平等对话。较高的战略定位一方面能够促使其他模块的员工更有意愿到 HRSSC 做新的职业尝试，从而 HR 三支柱之间人员的流动可以更为平衡；另一方面也能为专业度暂时不足的人员提供历练和沉淀的土壤，在人员需要转入 HRSSC 时，员工更愿意将其视为一种提升专业性的培养机会。

案例：某公司 HRSSC 的品牌推广与运营

某公司为软件和信息技术服务领域的新兴科技公司，是全球卓越的移动出行科技平台，在亚太、拉美、非洲、中亚和俄罗斯等地提供多元化出行服务，并运营车服、外卖、货运、金融业务。该公司用百年品牌的心态建设 HRSSC。该公司的 HRSSC 认为，只有更多的人了解 HRSSC，公司建立自身的 HRSSC 品牌，才有可能将更多的业务纳入进来，主动为用户提供其所需要的服务或解决方案。因此，公司围绕 HRSSC 的品牌推广与运营开展了大量工作。

（1）成立相对独立的品牌推广团队。该团队承接了人力资源部门所有的设计活动以及 HRSSC 对外活动，专门负责 HRSSC 在公司内部的市场推广、需求调查、面对面沟通等。

（2）设立 HRSSC 专属标语与标识。为了凸显 HRSSC 的暖心形象并方便宣传，让员工从多维度了解 HRSSC 的核心理念，公司设计“桔小妹”作为 HRSSC 的专属标识，并将标语统一为“ We Care What You Care”，确定服务理念为“交付暖心服务，只为你的笑容；若能给予帮助，我们使命必达”。

（3）开展“HRSSC 走进小桔人”品牌推广活动。为了帮助员工了解 HRSSC、走近 HRSSC，公司举办“HRSSC 走进小桔人”大型活动，将公司内部的每个员工称为“小桔人”。活动包含多个系列专题讲座与趣味问答，以配合 HRSSC 周边产品，使 HRSSC 的形象及业务进一步深入人心。

（4）创立 HRSSC 宣传片。专门制作了 HRSSC 宣传片，传达“遇到困难请找 HRSSC，HRSSC 可以帮助员工解决问题”的主要理念。HRSSC 从员工的需求出发，而非被动、生硬地植入业务内容。

（5）发布 HRSSC 专属期刊，创立 HRSSC 微信公众号。HRSSC 专属期刊主要刊登 HRSSC 内部大事记、HRSSC 内部或 HRSSC 粉丝人物专访、HRSSC 新产品宣传发布、HRSSC 小讲堂、员工生活指南。HRSSC 微信公众号则不断吸取员工的建议、意见，进行版面、内容的持续改善和创新。

（6）设计 HRSSC 专属服务服装。HRSSC 的内部员工会穿上带有 HRSSC 元素的专属服装，为小桔人办理各种业务。凭借明显的标识、特有的风格，HRSSC 在为大家提供服务的同时也增加了趣味性，做到了暖心。

（7）设计 HRSSC 邮件。对于所有发送给员工的邮件，不管是一个通知，还是一声问候，公司 HRSSC 均会进行精心设计，以保证从各种视角让员工深入了解 HRSSC。例如，新入职员工在入职前均会收到“新桔子——开学那点事”的邮件，即该公司的入职通知书。

（8）建设 HRSSC 粉丝文化。在开展各项活动时，HRSSC 会邀约小桔人为 HRSSC 作画。这些画将会在 HRSSC 的下次活动中展出，也会在 HRSSC 不同的工作台上展示。这不仅提升了公司内各部门员工的参与度，也吸引了大量铁杆粉丝。

3.2　HR 共享服务模式的演变

确定共享服务模式是设计共享服务中心的关键。不同的服务模式会导致企业的运行效率、投入回报存在一定差异，并且决定了 HR 共享服务设计能否成功。企业应选择适用于自身发展需求的 HR 共享服务模式，并根据该模式进行模式设计。对于共享服务模式，学者从不同的角度进行了分类，不过所得到的分类结果具有趋同性。这种运营模式的发展体现了 HR 共享服务战略定位的演变。总体上，HR 共享服务的发展呈现出逐步推进的趋势，从公司内部的职能部门做起，逐渐形成一个独立运营责任主体，再向外发展为一个独立的营利组织。

一、基于发展阶段的共享服务分类模式

奎因等（2000）从共享服务的市场化程度、服务对象、服务内容、

组织形式、服务范围大小等方面进行研究，将 HR 共享服务模式分为基础模式、市场模式、高级市场模式和独立经营模式。我们结合 HR 共享服务的发展特点以及企业中 HRSSC 的发展阶段对这四种模式进行了总结，如图 3－3 所示。

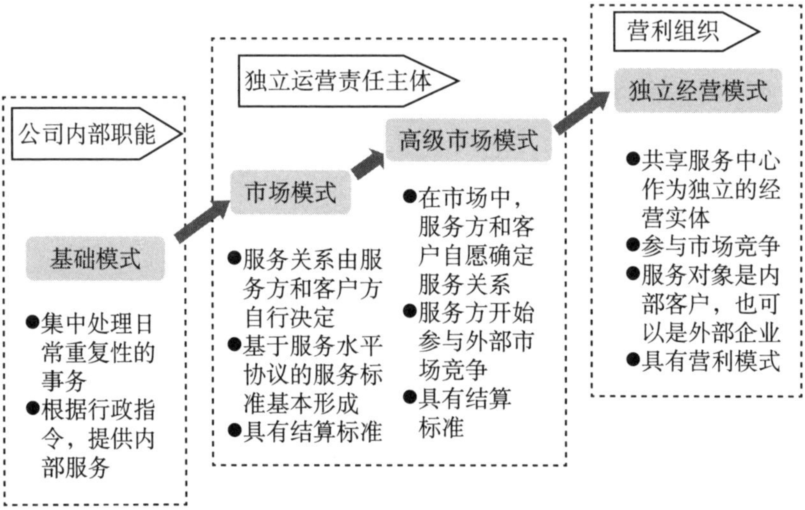

图 3－3 HR 共享服务的四种模式

1. 基础模式

基础模式以处理日常事务和行政类工作为主，通常的目的是降低运营成本、规范流程。基础模式下，将所有分支组织的日常业务按照统一的标准流程和规模经营，比如薪酬核算、福利核算、人事基础业务流程集中处理，后台服务从分散走向了集中处理，并设计出呼叫中心等组织以提供后台支持。这种类型的 HRSSC 比较注重流程设计、选址、人员招募、最优工作量标准核定等工作。

该运营模式处于 HRSSC 发展的初级阶段。HRSSC 被定位为企业内部的一个职能中心，主要为企业内部的业务单元提供跨组织、跨地区的专业支持服务。在这种模式下，组织内部的基础运营与决策权统一在公司总部。

2. 市场模式

市场模式的 HRSSC 往往不仅提供基础的业务服务，还会增加专业咨询服务并将控制职能和服务职能进行区分。通过不断提升自身的服务质量，提供更专业的咨询服务，HRSSC 能根据确定的服务流程与标准提供服务。与此同时，HRSSC 开始通过一定的服务收费抵偿成本。

市场模式是基于基础模式发展起来的，它分离了公司内部职能部门的基本运营权和决策权，摆脱了内部职能部门的定位，强调 HRSSC 成为相对独立的运营责任主体。HRSSC 有了基本运营权后更加灵活，但需执行总部规定的相关政策，并受总部的监管。集团内部分支机构的客户不再被动接受托管性的服务，可以根据自己的意愿做出是否接受这些服务的决定。我国大多数企业集团采用这种服务模式。

3. 高级市场模式

高级市场模式从共享服务的市场角度出发，为客户提供有效的解决方案，同时有能力为外部客户提供服务。该服务模式需要建立市场价格体系，并以市场规律进行内部定价，按照服务的成本拟定市场价格，驱动共享服务中心与外部市场竞争，让共享服务中心成为服务与价值的提供者。

高级市场模式顾名思义就是上一种模式的发展。该模式的最大特征是集团内外部在服务商的选择上有更多自主权。在这种模式下，企业授予内部客户选择权，各业务单元将会根据成本与服务质量确定是使用企业内部的服务结构还是选择外部的服务机构。HRSSC 的运营在这一阶段更加成熟，独立性进一步加强。其核心目标是为客户提供比竞争对手更优的服务，与市场上其他人力资源服务商形成竞争，按照市场化的价格收取服务费用。

4. 独立经营模式

在独立经营模式下，HRSSC 是完全独立的经营实体，以营利为出发点，完成了从费用中心到利润中心的转变，成为能够创造新价值的利润中心。HRSSC 通过企业化运营，向企业外部提供服务支持，并且利用共享服务中心的服务经验与产品输出获取外部优质客户资源，来发展壮大其市场，提高客户满意度。其服务收费采用的是市场价格模式。比如企业的 HRSSC 可以利用优质的云计算系统资源、专业的人力资源团队为企业外部提供薪酬福利核算、社保/公积金办理、招聘、培训等业务，成为商业实体并实现盈利。在这一阶段，HRSSC 面临与各种外部咨询机构和服务供应商的竞争，需要不断提高技能，充实各种咨询服务知识。

二、基于服务对象和专业化水平的两维分类方法

根据相关研究结论和实践观察，还可以基于两个维度对 HRSSC 的发展模式进行考虑，如图 3-4 所示。

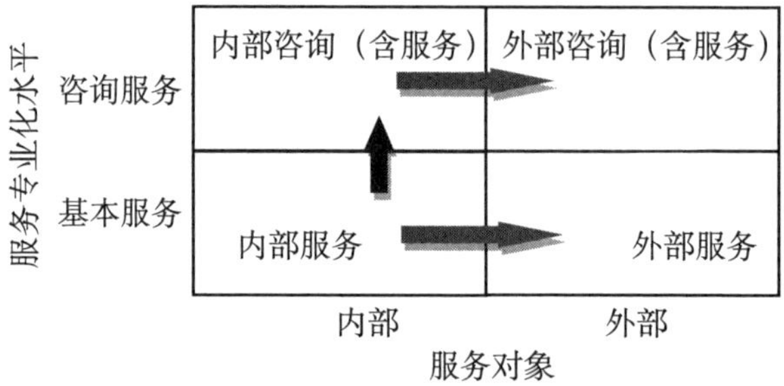

图 3-4　基于服务对象和服务专业化水平的 HRSSC 业务模式

一是按照服务对象（或市场化程度）可分为内向型和外向型，即为内部客户服务还是为外部客户服务。对于对内服务的 HRSSC 来说，大型跨国公司通过集中化地创新内部市场系统来重新建构其人力资源服务，并只向内部提供人力资源服务。这些公司包括 SAP、IBM、惠普、飞利浦、西门子、福特、宝洁、汉高、摩托罗拉、爱立信和壳牌等。大多数

企业的共享服务中心都只限于提供内部服务。对外服务的 HRSSC 作为一个大型组织建立的共享服务中心，不仅向自己的组织提供人力资源服务，还向外部客户提供外包服务，例如英国的 BAE System。

二是按照服务专业化水平可分为基础服务和咨询服务。基础服务主要为人力资源管理某些职能的日常操作模块提供支持，重在人事服务。咨询服务即 HRSSC 不仅为企业的各个子公司提供最基本的日常操作服务，还像咨询公司一样为业务单元提供更高层次的顾问服务，并根据业务要求来定制服务内容。

通常新建的 HRSSC 往往采用内向型的基础服务模式，因为常规活动比较容易整合，而且最能体现其规模效益与成本降低的效果。当内部服务成熟后，部分企业的 HRSSC 可能会按照两个方向发展：一是拓展服务范围，即从内部服务发展到内部服务 + 外部服务；二是拓展服务能力，即从内部服务发展到内部服务 + 内部咨询。咨询服务可以作为成熟的共享服务中心的功能来完善。

3.3　我国企业 HR 共享服务的发展趋势

通过对发展模式的划分，可以看到 HR 共享服务的发展趋势是越来越市场化，经营目标由降低成本变为提供最有效率、最高质量的服务。工作内容由以业务为中心变为以客户为中心，并由客户自由选择服务供应商，经营理念由抵偿成本变成赚取利润。随着 HR 共享服务的发展，我国企业的 HRSSC 也呈现不同的运营模式。基于我国 HR 共享服务的实践，我们总结出三个发展方向，即“大共享服务平台”“内部咨询与智库角色”“市场化运营模式”。

一、综合性的大共享服务平台趋势

共享是数字经济时代的重要特征，也是企业进行集约化管理、建立新生态的主要模式。对于企业而言，能集中的资源都要共享，财务、人力资源、采购、销售、资产管理等都将纳入共享服务中心的管理范畴，如图 3-5 所示。

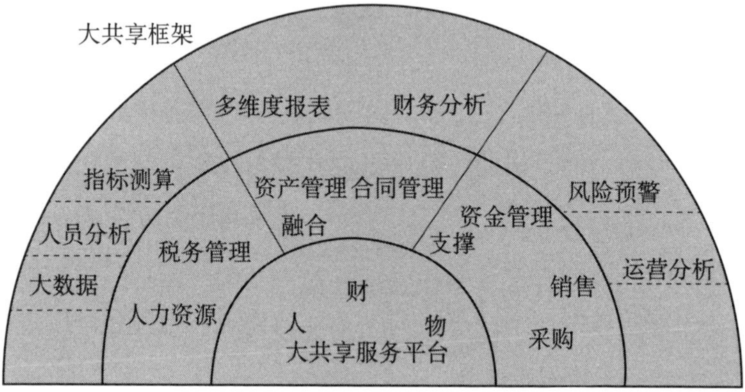

图 3-5　企业的大共享服务平台

该模式通过在集团内建立统一的大共享服务平台，将财务、人力资源、采购等部门的日常事务性工作纳入共享服务中心，进行统一的管理，提供标准的服务。而集团的人力资源部门和分支机构的人力资源部门则更多地关注政策的制定、员工关系的改进和扮演业务伙伴的角色。此模式保证了企业内相关部门的同步运作，有效减少了由于各业务模块的不一致而导致的沟通成本和管理成本。在这种模式下，HR 共享服务的转变更加突出了统一化人力资源基础服务的职能，一定程度上淡化了人力资源专业职能，或者说更专业化的职能留在了企业的其他人力资源组织中。

案例：综合性大共享服务平台的企业实践示例

2013 年伟创力集团提出了全球业务服务（global business service,

GBS）发展战略，助力公司业务增长。在此背景下，其人力资源共享服务中心由 HRCSSC（China shared services center）转变为 HRGBS。深圳 HRGBS 提供服务的垂直部门主要有四个：财务、人力资源、信息技术、全球采购与供应链。深圳 HRGBS 的成立不仅实现了业务的集中化，提升了工作效率，促进了流程标准化，降低了成本，而且通过这种集中化、标准化的操作，为客户提供了更好的服务（见第 5 章）。

软通动力公司于 2011 年启动筹建 HRSSC，从人力资源模块入手进行了一场平台化的服务模式变革。2013 年，开始逐步推进行政、信息技术、资产等模块共享业务孵化，配合整体内部信息化的进程推进“立体共享服务”。2015 年，基于城市维度的融合拉通，各个职能模块实现了横向打通，建立了统一的服务界面。软通动力的 HRSSC 搭建及创新实践了由下至上的反馈渠道，通过技术驱动流程改善，并开始融入自助服务和自动服务。随着数字经济时代的到来，在集团数字化转型战略的方向下，2019 年起软通动力的 HRSSC 开始向平台化、实体化的数字化服务中台转型，企业大共享服务平台蜕变出世。

二、升级专业能力，实现内部咨询与智库角色

1. HRSSC 的数据分析能力

随着智能技术的应用，HRSSC 的建设过程本质上可以看作一个产品的迭代过程。从最初的构思到多个模块的构建和完善，再到交付服务时逐渐过渡到体验优化，未来 HRSSC 将演变成一个数据流管理平台。一些企业的 HRSSC 通过提升内部员工的数据处理能力和分析能力，充分利用自身的数据流，进行数据分析与预测，并反馈给公司的人力资源制度优化与决策，从而强化了内部咨询职能，甚至演变为公司人力资源的智库角色。还有一些企业的 HRSSC 开发出附有预警、预测和结果控制功能的产品 / 工具，扩展了数据和洞察力的使用，客观上使得人力资源

分析团队在企业中的影响力更加广泛，同时也会使该团队不再束缚于定期的数据分析、预警。以人才发展为例，HRSSC 可以借助平台收集员工的日常考勤、团队参与、项目执行等情况，获取员工的管理技能、技术水平、创新能力等能力素质数据；根据对员工过往相关表现数据的综合分析，识别员工在发展过程中所需提升的技能，在员工技能突破的关键时间点，自动向员工推送相关课程与培养方案；根据员工的发展情况，推荐员工加入公司的各项人才计划，形成适配该员工的个性化发展规划。

实现这种价值提升的关键是 HRSSC 的数据分析能力。根据德勤的数据分析层级模型（见图 3－6），HRSSC 不仅可以提供普适性的基础运营现状分析，还可以根据业务关键诉求，逐层深入，为企业提供数据建模与预测等高阶分析，并基于数据趋势提出解决问题的办法或优化建议，进一步承担数据分析洞察与大数据专家角色。但是目前大多数企业内部仅能提供第一个层级的被动性的运营报告（占比达到 56%）和第二个层级的主动性的详尽报告（占比约 30%），很少能提供高阶分析（占比约 10%）和预测分析（占比约 4%）。

层级 4——预测分析 开发预测分析模型，开展业务场景设计，结合战略规划，开展风险分析并提出规避措施或建议
层级 3——高阶分析 提供统计建模与根因分析，以辅助解决业务问题，主动识别业务风险，并提出可行的解决方案或建议
层级 2——主动性的详尽报告 主动识别业务需求，提供可开展市场对标与辅助决策的详尽运营现状报告，提供多维度分析与运营看板
层级 1——被动性的运营报告 识别运营效率与合规性，响应业务需求，提供有关基础运营现状的报告，关注数据的准确性、一致性与及时性

图 3－6　德勤的数据分析层级模型

资料来源：德勤 .2020 年中国地区人力资源共享服务调研报告，2020.

百度公司提出了人力数据分析成熟度模型（见图 3－7）。该模型通过“战略支持”和“业务价值”两个维度来评价不同阶段人力数据分析的价值，并把数据分析划分为三个大的阶段：第一阶段只是用数据说明“发生了什么”，主要表现为数据和基础报表、整合报表；第二阶段用数据说明“为什么会发生”，主要表现为数据的基础分析、集成分析；第三阶段则是用数据说明“未来有可能会发生什么”，主要体现为数据的预测分析。与人力数据分析成熟度模型相对应的是，企业的人力数据分析往往经历了图 3－8 所示的进阶之路。

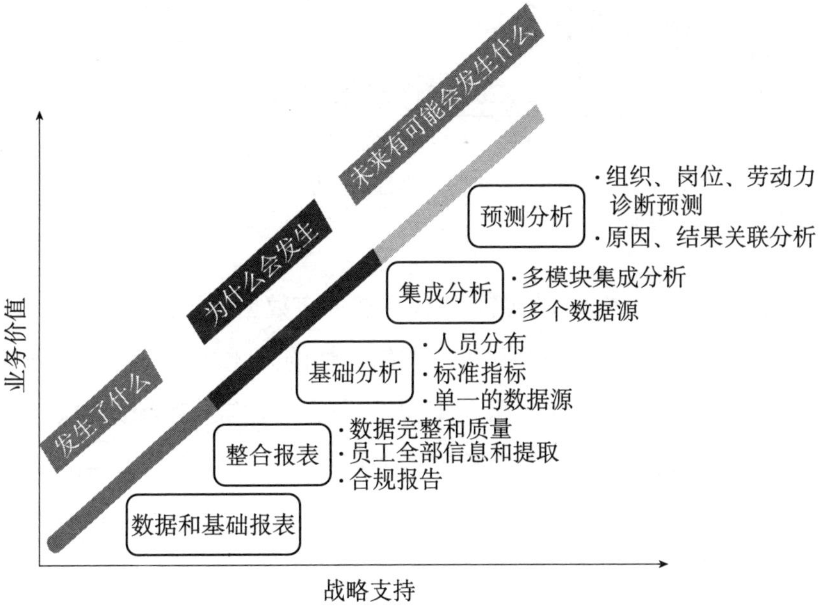

图 3－7　百度的人力数据分析成熟度模型

2. 人力资源分析团队的组建

HRSSC 拥有统一的数据处理系统和平台之后，由专有的角色负责数据处理和数据分析是企业落实人力资源分析的重要基础，能够进一步使职责标准化。在这种发展趋势的推动下，共享服务中心往往会有专门的人力资源分析岗位或团队。人力资源分析团队与普通的数据管理团队存

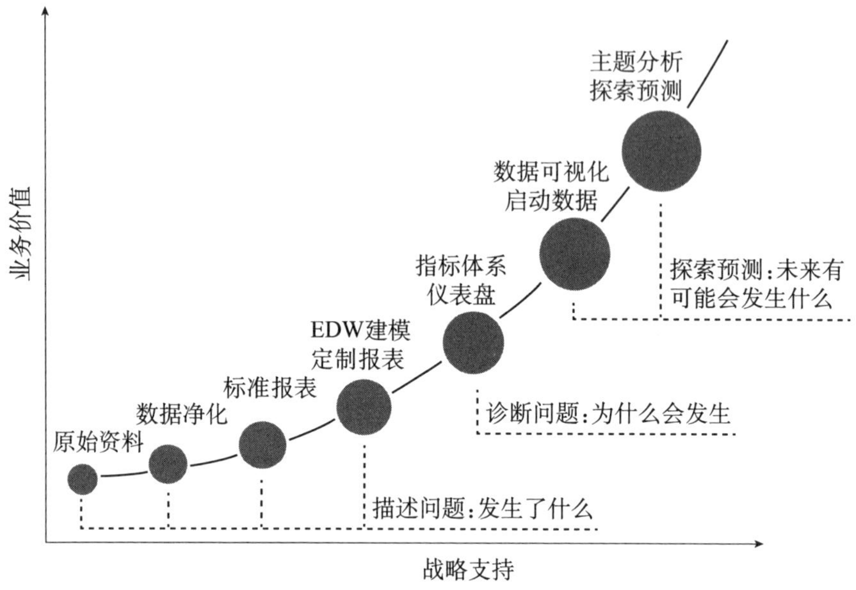

图 3-8　百度的人力数据分析进阶之路

说明：EDW 指企业级数据仓库（enterprise data warehouse）。

在较大差别，人力资源分析团队不仅需要拥有数据分析方面的技术人才，也需要具备人力资源业务洞见能力和敏锐性的人才。该团队的定位不再是简单报告数据，而是进行数据模拟、分析与预测。因为该团队除了需要提供基本的数据报告，还应将更多的精力用于挖掘数据背后的隐藏意义，以及通过数据建模。这恰恰需要拥有多样化的技巧和专业能力，因而该团队往往由来自不同背景、具有不同专业知识的人员组成，可能涉及统计学、心理学、咨询、金融、营销、信息技术、商业智能（business intelligence）、数据科学以及人力资源管理等。

因此，该团队不仅要在后台负责数据处理和分析，还需要接近业务前端，与 HRBP 或业务前线对接，以增强与业务单元之间的连接。数据分析团队需要有较强的业务连接能力，可以在团队中设置专门的“业务联络者”（偶尔分散在业务单元中），负责业务单元和核心分析团队之间的联络，即诊断、了解业务单元的分析需求，将需求传达给核心分析人员，以及将人力资源分析团队的“情报”——分析洞察结果传递给业务单元。这也意味着人力资源分析团队可能是一个具有多重角色的团队——HRSSC 作为信息收集平台，对接信息技术、行政等其他部门；HRBP 提供所在业务单元特有的需求；HRCOE 则从企业全局把握方向。在多重角色共同作用下，形成与组织战略对接的与人员管理相关的数据模型。

为了给人力资源其他部门带来更多的价值，玛氏公司[①]的 MyP&O 通过成立人事系统和数据管理团队来管理人力数据。2017 年，其人事系统和数据管理团队每个月会定期为各个业务单元提供个性化、前瞻性的数据分析报告。2018 年开始使用 Power BI 技术，一键即可生成全面、智能、多维度的分析报告。系统生成的报告可分为四类。（1）组织人员报告：提供个性化的组织人员分析报告，帮助业务部门进行“月度体检”，如各个维度的离职率、人才的内部流动、高潜力人才的保留情况等。（2）人事服务报告：是观察同事应对变革的重要信息参考，包括同事关系的案例分析，提示未来可能有的组织风险，并给出建设性建议。（3）外部市场报告：把外部市场报告进一步解读为符合公司需求的报告，以帮助业务部门了解外部市场环境。（4）决策分析报告：自发制作销售岗位招聘情况分析，警示隐藏的问题，对制定销售部门未来组织结构起到了重要的参考作用。因此，玛氏公司的共享服务中心通过挖掘数据价值来提供前瞻性分析，赋能企业人力资源管理。

① 玛氏公司是全球最大的食品生产商之一。它生产与销售种类丰富的商品，包括宠物护理产品、巧克力、口香糖及糖果、食品、饮料等。玛氏产品行销全球，年净销售额超过 350 亿美元。玛氏全球共享服务中心（Mars global services，MGS）是玛氏四大事业部之一，成立于 2016 年 4 月 26 日，总部位于广州。MGS 为玛氏提供从业务流程设计到执行的一体化服务，旨在通过先进的流程管理和技术革新能力，实现全球化和规模化的运维，为玛氏的业务创造更大的价值。目前其业务范围包括数字化、人力资源、采购、分析、财务和实验室六个方向。

案例：让数据发声的华夏幸福 HR 共享服务

华夏幸福基业股份有限公司[①]（简称华夏幸福）于 2016 年制定了人力资源数字化决策体系建设方案，并分三年逐步实施。2017—2019 年，实现从数据的基础应用到智能化应用，并逐步挖掘数据应用深度，助力人力资源管理发挥更大的价值。

1. 华夏幸福 HR 共享服务平台及信息化建设的三个阶段

第一阶段是进行数据治理（2016—2017 年）。主要任务是提升数据质量，同时建立基于增量数据的质量管控机制，夯实人力统计分析的数据基础。进而，共享服务部门对公司人力资源运营状况进行量化分析，并做出效能报告。进一步规划未来三年的人力资源发展目标和发展路径，尤其是明确了 HR 共享服务中数字化管理体系为组织和个人提供智能化、人性化的人力资源服务的重要性。

第二阶段是进行 HR-BI（数据报表）平台建设（2017—2019 年）。主要任务是打造以业务为导向的人力数据决策体系，达到用数据驱动人力资源管理精益化的愿景。该阶段初步形成了分层、分级、分模块的人力资源信息平台架构。公司人力资源管理的每个领域都形成了一个独立的可做支撑的数据应用模块，包括员工信息查询、报表一键下载、基础指标分析、招聘分析、人工成本分析等。从 2018 年起，人力数据与公司的主营业务、财务数据深度结合，打通核心业务系统，将签约、回款与人力数据中的员工数、人力费用进行对比分析，可以测算组织效能。独特的人力资源管理驾驶舱功能则实现了对公司人力资源管理者最核心的考核指标的在线监控，将考核由事后统计变成实时监控，大大提升了管理效能。

第三阶段是实现人力资源的数字化转型（从 2019 年开始）。共享中心

① 华夏幸福基业股份有限公司（股票代码：600340）创立于 1998 年，是中国领先的产业新城运营商。公司采取核心都市圈聚焦战略，以产业新城及相关业务、商业地产及相关业务双轮驱动，打造“3+3+*N*”核心都市圈格局，致力于成为中国领先的核心都市圈不动产投资开发及运营管理平台。

通过运用大数据技术和智能算法，研究一些人力资源业务课题，比如离职预测（命中率达到 70% 左右）、绩优基因提取等，提升了人力资源管理智能化程度，推动了人力大数据应用实践，以满足更深度、更科学的人力资源管理需求。人力资源信息平台提升了工作效能，助力了管理决策，达到了用数据驱动人力资源管理精益化的目标，也培养了人力资源团队的数据化思维模式。

2. 华夏幸福共享中心数据管理的五层级

华夏幸福共享中心将所有的数据管理从最底层到最顶层分为工具层、运营层、应用层、决策层、预见层五个层级，实现让数据发声的宏伟蓝图。

（1）工具层。华夏幸福共享中心设计并规范了人力数据字典、数据稽核工具、数据管理办法、系统流程、数据操作标准作业程序等，奠定了流程基础，使得整个人力资源体系有明确的操作标准和规范的操作流程。

（2）运营层。设置运营层是为了保障数据高效、稳定运营，提升数据质量，夯实应用基础。运营层通过两个方面提升数据质量。第一，分三步走，通过“斧正行动”解决存量数据的问题：一是查漏补缺，由共享中心从后台提取空缺清单，重点补充员工的空缺信息；二是逻辑校验，用人力数据逻辑规则提炼数据，并交给相关人员核对，提高数据准确度；三是员工核对，将数据交给员工本人核对、确认。第二，从四个方面确保增量数据准确无误。一是流程层面：从员工入职开始介入数据质量管控。员工入职后，所有数据原则上均通过 HR 系统业务流程驱动更新，但依然保留线下数据修改流程，以满足部分实际业务的需要。二是系统层面：改造 HR 系统功能、入职资料填写的规则逻辑，建立人力数据引流机制，通过疏堵结合，让增量人力数据完全达到覆盖全面、逻辑正确的标准。三是管理层面：原则上人力数据更新都通过流程驱动或员工自动修改，但因特殊情况需要调整的，可根据数据修改标准进行线下操作。同时共享中心数据组定期从 15 个维度检查 HR 系统数据，并将问题数据发放给各单位 HRBP 核实修正。四是制度层面：拟定人力数据管理办法，对人力数据的操作规范、权责划分、安全管控、应用管理等方面以公司制度形式进行明确，让人力数据管理相关工作均有据可依、有章可循。

（3）应用层。数据应用面向全体人力资源管理者，具有八大功能。其中四项功能摘述如下：1）员工查询：将人力资源运营各系统的数据打通汇总。1 秒可快速查询员工的全面信息，还有一键下载功能支持批量下载、导入。2）基础分析：HR-BI 平台汇总了 206 项人力资源基础分析指标，全面展示公司的人才队伍结构，用工分布，员工的职级、司龄、工龄、学历等基础属性，以及入职分布、离职分布和重要人才队伍的各项分析指标，形成了人力资源管理基础指标库；将人力基础数据全部可视化，并支持按组织的差异化分析，做到随用随取。3）人力费用：提供条线、层级、同比 / 环比等多维度的人工成本分析，节省了大量的薪酬数据统计工作量，提升了数据统计效能。4）招聘监控：通过全面的招聘分析，帮助公司各级领导及招聘负责人实时掌握全盘的招聘情况，在线监控成本，对猎头及招聘经理进行评估排名，逐步提升招聘效率和质量。

（4）决策层。面向公司管理层，聚焦核心指标的领导决策桌面，以提供决策支持。例如：1）用工看板：为管理者量身定制领导桌面，让公司领导实时监控公司人员的队伍结构。2）预算管控：让管理者实时监控人力行政费用的预算执行情况，实现费用与预算的联动管理，同时提供预警功能，确保费用支出节奏合理，并符合预算管理要求，从而大幅提升整体管理效率。3）效能分析：通过对各类效能指标的测算，量化展示并对标各单位的组织效能，让人力资源管理者关注经营本质。4）管理监控：为公司领导和人力资源总监实时呈现人力资源核心考核指标的完成情况。人力资源总监可通过管理驾驶舱，实时掌握核心指标，及时调整管理策略，从而将管理指标由事后统计变成事中管理，实现人力资源管理的实时化、可视化、透明化。

（5）预见层。在数据中寻找规律，着眼当前，预见未来。共享中心利用数据，对成本、离职等进行预测，并挖掘高潜力人才。例如，从组织、效能、渠道、标准的角度切入，搭建起招聘的共享服务模式，依靠新上线的招聘系统，将其定位为“简历中心”。目标是根据招聘需求快速筛选有效简历，同时管理全公司的简历资源，实现企业自有人才库的搭建、管理和输出，方便挖掘优质人才。

资料来源：HR 智享会 . 华夏幸福 SSC 的卓越运营 .（2020-08-03）. https：//www.sohu.com/a/411296220_183808. 本书引用时有改编和调整。

三、市场化运营模式，将成本中心转变为利润中心

对于 HRSSC 的搭建，大部分企业采用了作为成本中心的集中模式，也就是通常所说的通过合并和整合人力资源事务性工作，为实现规模化处理和规范化、标准化管理以及流程优化的目标，对人力资源基础工作实行共享服务。但是，随着共享服务的成熟，一部分 HRSSC 通过市场化运营模式，转变为独立经营的实体，面向市场且以与市场上的服务机构竞争的方式向客户提供人力资源服务。市场化运营是一种运用市场经济的原理将市场机制引入企业管理，变市场主体间的行政协调关系为经营结算和行政协调相结合的服务与被服务关系，从而实现节支降耗和开源增收的企业管理模式。HRSSC 市场化运营模式的价值体现在精细管理、资源整合和效率提升方面，从而为客户提供高标准和高质量的服务，且通过人力资源部门及其客户的相互促进，实现新的动态管控。从实践运行来看，市场化模式包括内部市场化和外部市场化两种。

1. 内部市场化模式

内部市场化模式是指 HRSSC 的服务重心和服务对象仍然是企业内部，通过内部提供服务收费的方式来抵偿日常的运营成本。在这种模式下，HRSSC 在服务方式和服务收费等方面采取了模拟市场化的形式。服务收费模式分为按照服务内容收费和按照服务量收费，或按照服务业务

单元数量收费（分 / 子公司的数量）。在业务开展初期，由于不同客户的业务量以及不同分 / 子公司间业务难易度的差异不清晰，大多数按照分 / 子公司的数量收费，未来将过渡到按照业务量收费。

内部市场化运营对 HRSSC 提出了更高的要求：（1）运营和管理更加专业，例如，明确服务的内容、范围、业务边界、管控要求、收费模式，签署相对正式的服务水平协议，并建立定期的客户沟通机制等。同时，企业持续提高服务水平的各种管理办法需要落地，比如精细化管理、六西格玛管理、绩效管理等。（2）自建技术团队，通过流程的简化、优化，协作机制的优化，技术手段的应用和持续的卓越运营等手段，不断提升效率，优化相对成本。（3）更具服务意识，为企业提供更加专业、优质的服务，并逐步提升客户的服务体验。唯有不断提高自身的服务质量和服务水平、降低运营成本，HRSSC 才能获得内部客户的认可和好评。通常，在提供基础服务的同时，HRSSC 还会提供专业咨询等方面的增值服务。

大多数 HRSSC 是在共享服务相对成熟后才开始逐步尝试内部市场化运营。也有少数企业从 HRSSC 建立初始就明确了 HRSSC 的市场化运营目标和路径，然后按计划逐步推动。特别是在那种员工人数很大（例如超过 10 万名）的超大型集团企业，通常被纳入高标准化程度的事务性工作的交易量是非常大的。从运营模式上，HRSSC 早期可能以内部部门或者事业部模式运营几年后，再以独立子公司模式运营。

在这种模式下，HRSSC 在内部管理上拥有自主权。除了股东会、董事会的权力之外，日常运营中比如招什么样的人、如何定薪、使用什么技术、用什么系统、怎样进行文化建设、如何调整架构岗位都可以自己确定。在具体推行方式上，根据企业内部客户是否有接受这种内部市场化服务的选择权，内部市场化模式也会表现出差异。通常企业内部客户有选择权，通过成本核算，可以决定接不接受这些服务。如果是这样，HRSSC 更需要考虑定价与所提供服务的水平（质量、时效等）相对于市场是否有优势。在服务质量、时效、信息安全同等条件下，被服务的主体有在市场上自由选择服务的权力。

2. 外部市场化模式

和内部市场化相比，这种模式真正走向了市场化。在保证企业内部信息安全以及满足内部服务需求后，HRSSC 若仍有余力，可以对外提供相关的专业服务。对企业内外均提供 HR 共享服务的独立公司已经不甘于服务一家企业。其有自信、有能力通过扩大服务范围、服务量来获取更多的价值，这个价值不限于企业内部的降本增效、强化管控，同时增加了企业获取的外部利润，抑或股权投资价值。只服务于企业内部的独立公司，客户来源基本是固定的。在对外提供服务的前提下，产品和服务的优势、市场和销售机制是比较核心的问题。外部市场化模式的采用，一是表明企业内部 HRSSC 的专业能力已经达到了一定水平，可以与市场上的专业机构直接竞争；二是表明内部的成本控制也达到了较好的水平，可以通过提供服务实现盈利。

通常可通过以下三种方式实现外部市场化模式：

（1）知识赋能，即比较成熟的共享服务中心对外输出共享服务的方法论、知识、技能，例如采取咨询、课程培训、认证等知识形式，帮助其他企业搭建或升级其共享服务中心。中兴的财务共享服务中心就是典型的这种形式。该公司通过在中兴财务共享实践中总结出来的方法论，指导和帮助很多企业成功搭建或转型其财务共享服务中心。宝武集团的共享服务中心帮助其他中型钢厂搭建和运营共享服务中心。

（2）产品 / 工具赋能，即将自己内部用的比较好的、具有普遍适用性的产品或工具（通常是系统平台类）输出给其他企业。通常情况下，这种形式是有选择的对外市场化运营，只聚焦于为与企业有关系的上下游生态合作伙伴提供服务。例如，京东向和其主营业务相关的行业合作伙伴提供人事服务机器人、Jimmy 咨询应答机器人等工具。腾讯公司向其投资的企业提供 HR 助手等产品和服务。

（3）和企业主营业务相结合，即企业共享服务中心对外赋能，聚焦于将企业的核心能力或资源应用到共享服务这一业务领域或场景。例如，京东的福礼在其原本面向消费者的电商平台中加上人力资源福礼场景，就可以提供面向企业的信息服务产品。文思海辉公司是帮助企业实现数字化转型的科技公司，其共享服务中心聚焦于帮助客户的人力资源部/共享服务中心实现数字化转型。

总体来看，从企业内部走出来的共享服务中心，要想真正对外市场化运营，特别是承接运营服务，需要较长的周期。共享服务中心不仅需要具备较强的专业能力，还需要打造服务品牌，构建强有力的销售能力。

案例：市场化模式的 HRSSC 企业实践示例

海南航空公司 HRSSC 建成三年后，于 2016 年正式以公司形式独立运营，采用市场化运营模式对服务产品进行收费。市场化运营和独立结算并非以获利为目的，而是为了促使自身全面贯彻运营管理思维，重新定义共享服务中心与业务单元之间的关系，从而将服务业务进行产品化包装，明确产品交付标准，真正关注用户的感受和评价，持续提升服务质量，并提高员工的满意度。

2018 年京东共享服务中心在智能化技术的基础上，利用信息化产品平台加线下人工服务模式，重新定义了交付对象、交付内容和交付地点，创造了无界交付，开放了对外赋能，完成了从成本中心向利润中心的转移。在运营上：（1）打破服务对象的边界，从对内服务转向对外交付。交付产品化，赋能对外开放，服务对象包括京东合作伙伴和客户等目标群体。（2）打破运营交付边界，先承接人力资源运营类业务，未来将整合企业后台的一系列运营业务。提供更多规模化和信息化的服务，并融入多种创新技术和智能化的内容，不断提升用户体验和满意度，在信息数据的交互过程中不断完善技术和产品。（3）打破地域和时间边界，融合各区域及海外共享服务中心，通过规模化降低成本，为各地客户提供

24 小时服务。

3. 市场化运营的挑战

市场化运营模式是共享服务未来的发展方向和目标，但实行这一模式需要进行充分的准备并具备适当的条件。盲目追求市场化，无异于杀鸡取卵，不利于形成良性促进。企业需要全面理解 HR 共享服务市场化运营的背景、目的和驱动因素，客观看待该共享服务中心所处的发展阶段。共享服务中心的市场化运营，也要始于目的和定位，并匹配相应的路径和节奏以确保其达成，而不是为了“市场化”而“市场化”。

从外部角度来看，集团领导与业务部门对人力资源的成本要有明晰的认识，财务维度上要有清晰明确的人力资源成本报表，并且清楚各层级对于“被管控”的顾虑。从内部角度来分析，需要拥有具备竞争优势的交付效能、规范的服务流程、标准的服务交付质量和信息化的支撑，同时要对服务交付进行合理的定价，建立健全有成效的考核机制及薪酬结构。

在具备市场化运营条件的前提下，一些企业可通过建立市场化运营机制和运行标准，强化人力资源成本管理意识，持续优化成本策略。但一些企业的共享服务中心处于初创阶段，信息化系统尚无法完全支撑共享服务中心自动化运转，很多工作仍然依靠手工处理，即共享服务中心的内部人员和工作内容尚处于磨合阶段，且管理模式和工作方法仍需持续优化和完善。市场化运营模式可在内部运营稳定后逐步深化。共享服务中心前期应该将工作聚焦于提升价值的有效性方面，考虑如何提升服务质量，关注客户的满意度，切实有效地为员工提供服务。同时，一些企业的共享服务中心建立在人力资源转型的大背景之下，企业内部对于转型的意识和观念仍需逐步转变，特别是人力资本的概念。内部的市场化结算需要建立在成本意识转变的基础之上，否则对于转型而言效果将适得其反。

04

第 4 章

HR 共享服务的业务设计

HRSSC 的核心任务是提供人力资源服务，服务就是其运营的产品，服务的业务范围和内容设计是 HRSSC 的立足之本。在建设的初期，HRSSC 通过人力资源服务流程的标准化设计，提供一些常规的基础性服务。在这个过程中，业务范围的确定和流程标准化设计是相辅相成、相互促进、密不可分的。流程管理保证了一个人力资源服务流程是为了满足客户需求而精心设计的，且会随着内外部环境的变化而不断优化，使流程本身可以始终保持其先进性。信息技术的快速发展，特别是近年智能技术在社会上的广泛应用，对人力资源管理产生了巨大的影响。智能技术改变了 HRSSC 中的产品设计思维，拓展了服务产品的范围和表现形式，并且极大减少了 HRSSC 在建设初期的操作岗位，加速了 HRSSC 的发展和演变。

4.1 共享业务内容的设计

共享业务内容的设计是指决定将哪些人力资源流程重新设计后纳入 HRSSC 中，从而为后期 HRSSC 的组织设计提供依据。我们首先介绍常规的、基本的共享服务的基本业务内容，然后探索共享服务内容范围的确定标准及共享服务交付的分层服务。

一、共享服务的基本业务内容

1. 常见的业务覆盖范围

一般情况下，HRSSC 的服务覆盖范围包括人员招聘、薪资核算、福利发放、社会保险缴纳、劳动合同管理、人事档案管理、人力资源信息、职业培训、员工沟通、投诉建议处理等。从实践操作来看，HRSSC 实现比例最高的职责包括：人力资源信息系统的维护与支持，奖金核算与发放，工资核算发放与经费计提，入职 / 离职手续办理，公司劳动力年检及与薪酬相关的审计支持，社保、福利等服务内容，员工考勤与假期管理，员工调任与再安置（员工劳动关系和档案管理等），外籍人员管理，员工服务热线及政策、信息解答咨询，员工手册制作。表 4-1 列出了可以纳入 HR 共享服务的具体业务职能。企业集团的 HRSSC 要设立相关的专业部门来开展专业活动：招聘部专门负责招聘，类似于内部猎头；薪酬福利部负责薪酬的核算与发放，社会保险的缴纳、异动，劳保福利的发放等；培训中心负责新员工培训、员工技能培训、管理人员培训等；员工关系部负责员工劳动关系管理、劳动合同管理（合同的签订与变更、劳动争议处理）、员工档案管理、员工投诉、员工建议管理；人事信息中心则基于管理信息系统专门建立人事信息，生成各种管理报表供管理决策使用。

表 4-1　可以纳入 HR 共享服务的具体业务职能

人事行政	业务调研	系统维护	专业咨询
● 人员招聘 ● 薪资核算 ● 福利发放 ● 社保缴纳 ● 劳动合同管理 ● 人事档案管理 ● 员工培训 ● 员工沟通 ● 投诉建议处理等	● 根据业务发展需要进行调研 ● 了解人力资源管理需求和员工需求，制定解决方案 ● 调整人力资源政策，或者与咨询服务部门的专家一起提出解决方案	● 智能 HR 系统的维护 ● 支持形成管理决策的报表系统	● 人力资源管理制度的优化配置 ● 人力资源规划 ● 能力素质体系构建 ● 薪酬设计与调查 ● 绩效管理制度设计 ● 培训需求调查与课程开发

案例：HRSSC 常见业务内容的企业实践示例

从实践来看，不同企业 HRSSC 的业务内容总体上具有相似性的。下面分别对星巴克、宜信公司[①]和 A 公司的 HRSSC 业务内容进行简要概括介绍，见图 4－1、图 4－2 和图 4－3。

薪酬福利管理
社保公积金
工资计算
公司福利
外包供应商管理

外籍伙伴管理
工作证、居住证管理
外籍到达中国支持
外籍回国支持
外籍信息技术支持

政策法规管理
伙伴手册管理
全国各个城市法规管理
人事文档管理
劳动稽查年审支持

人事管理
入离职支持
调职支持
试用期到期和合同续约支持
P-File管理

考勤管理
门店伙伴考勤管理
门店及办公室伙伴假期管理
门店及办公室伙伴加班管理
门店综合工时管理

HR系统管理
HR系统维护
HR项目（系统）管理
报表支持

图 4－1　星巴克 HRSSC 早期的职责范围

序号	主流程	序号	主流程
1	入职流程	18	劳动监察
2	离职流程	19	薪资核算
3	证明流程	20	PS系统薪酬相关权限申请流程
4	劳动合同	21	调薪复核流程
5	落户办理	22	收入证明管理流程
6	工作居住证	23	北京地区月薪超8 000元合同签订流程
7	上海“居住证积分”	24	社保业务流程
8	外籍及港澳台证件	25	公积金业务流程
9	内档管理	26	补充医疗
10	团建费审核	27	社保数据及费用流程
11	异动流程	28	公积金数据及费用流程
12	试用期转正流程	29	工伤管理流程
13	请休假及考勤流程	30	雇主责任险数据及费用流程
14	人员状态变更流程	31	补充医疗数据及费用流程
15	甲方公司调整流程	32	社保公积金政策更新流程
16	权限开通/关闭流程	33	数据支持流程
17	数据及权限修改流程		

图 4－2　宜信公司 HRSSC 的服务范围

① 宜信公司 2006 年成立于北京，是一家从事普惠金融和财富管理业务的金融科技企业，旗下包括宜人金科、宜信财富、宜信博诚等主要业务板块。

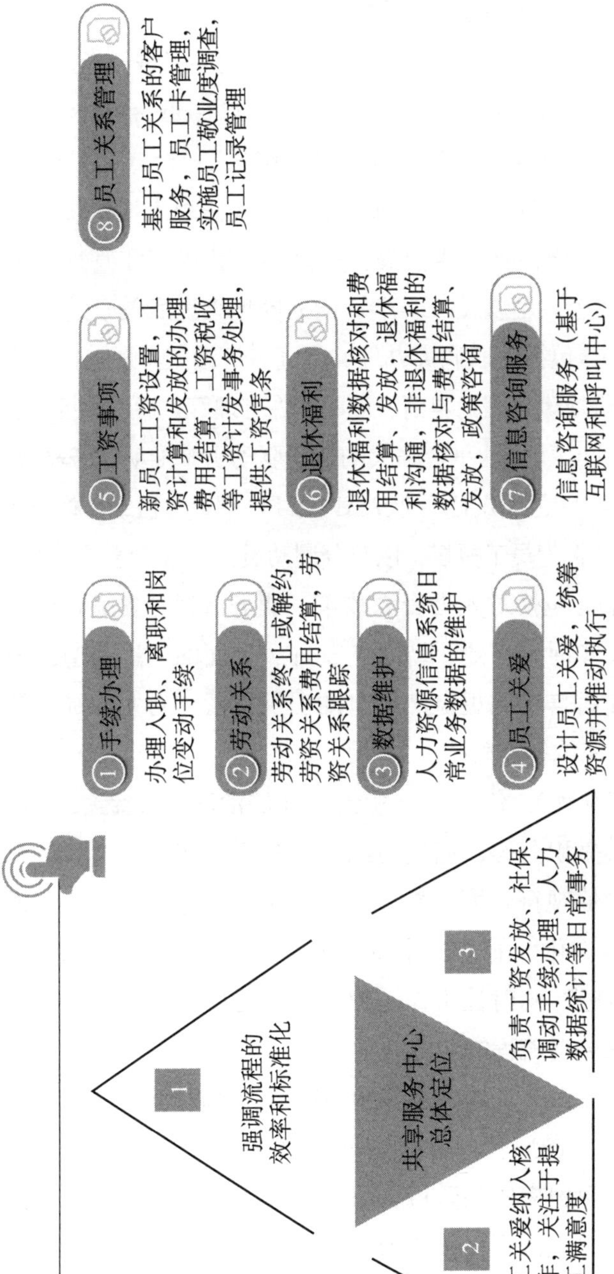

图 4-3　A 公司 HRSSC 在建设初期的定位与业务范围

2. 智能技术应用下的基础业务拓展

随着智能技术的发展，HR 共享服务的内容也得到了进一步拓展。目前一些第三方公司也提供 HR 共享服务解决方案。例如，通过智能技术的应用，HR 共享服务的内容可以总结为“查、办、问、撩”[①] 四个字（见图 4－4）。

（1）查（查询），即查询各类信息，包括个人信息、通讯录、工资福利、考勤、绩效、积分、成长路径等，并且能够让员工和管理者通过各种端口例如 APP 或个人电脑（PC）端口随时随地查询所关心的信息。

（2）办（办理），包括入职调离办理、合同签订续签办理、出国出境办理、移动打卡、调班换班、假勤申请、证明证件办理等。通过将各类业务流程内置于共享服务平台，借助平台强大的流程驱动引擎推动业务高效运营。同时将人力资源业务前置到员工，通过 APP、PC 端口、自助一体机等为员工提供业务处理平台，为员工授权，以充分调动员工的自主性。

（3）问（问询），包括对人力资源政策、业务流程、各类存疑等事项的问询，从而建立实时、高效、持续、友好、全面的沟通渠道。通过提供智能机器人，使语言交流更自然、自动识别意图、对业务提供智能指引等，实时为员工在线答疑解惑。

（4）撩（社交互动），包括社交聊天、社群活动、发金豆、抢红包、给荣耀、贴标签、攒积分等，通过组织网络分析（ONA）、影响力分析、员工行为分析、价值观符合度分析、即时激励、人才画像等，帮助员工提高自我认知，从文化、能力、业绩三个方面积极正向引导员工行为，让员工真正有获得感，同时让工作过程变得有趣味。

3. 基于全生命周期流程的业务内容

正如第 3 章中提到的，越来越多的 HRSSC 强调提供全生命周期的、注重员工体验的人力资源服务。很多 HRSSC 根据员工雇佣旅程周期中从应聘、入职、在职到离职的阶段，将人力资源服务流程分成四大板块（见表 4－2）。[②] 从这些流程板块来看，人力资源服务的职责主要集中在

---

① 借助用友 NC Cloud 人力共享服务系统，实现人力服务运营！.（2020－07－23）. http：//www.szyonyounc.com/h-nd-1506.html.

② 刘凤瑜，等. 人力资源服务与数字化转型. 北京：人民邮电出版社，2020：80.

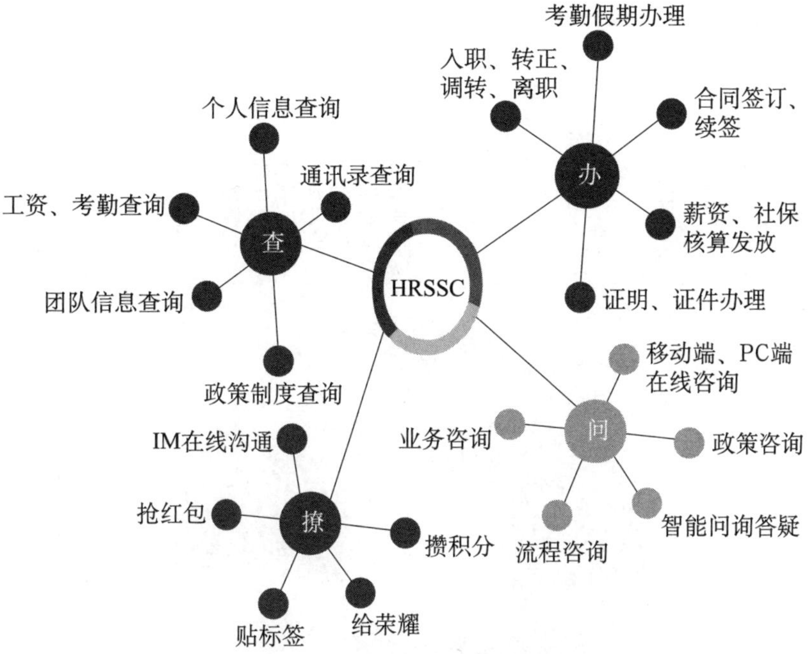

图 4－4　HRSSC 的四类基本业务

表 4－2　基于员工雇佣旅程周期的人力资源服务流程

应聘	入职	在职	离职
● 发布招聘信息 ● 筛选简历 ● 面试和评估 ● 发出聘用通知	● 背景调查 ● 入职手续 ● 入职培训 ● 权限授予 ● 福利注册	● 绩效评估、在职培训 ● 档案管理、咨询 ● 晋升、调动、奖励和表彰 ● 涨薪、调薪及薪资的计算与发放 ● 福利、考勤与休假	● 离职手续 ● 离职面谈 ● 权限移除 ● 福利注销

入职、离职、调转管理，合同档案管理，薪酬发放、社保公积金、员工咨询与热线服务以及信息系统维护上。不难发现，这些服务内容正好体现了 HRSSC 的工作特点，即工作量大，事务性强，容易标准化、集中化处理，具有重复性，可量化，能够清晰定义并可文档化、自动化处理等。

案例：全生命周期视角的 HR 共享服务内容的企业实践示例

图 4－5 是某公司 HRSSC 提供的全周期员工服务产品线，涵盖入职、培训实施、员工调转续签、考勤与休假、薪酬福利等八个方面。

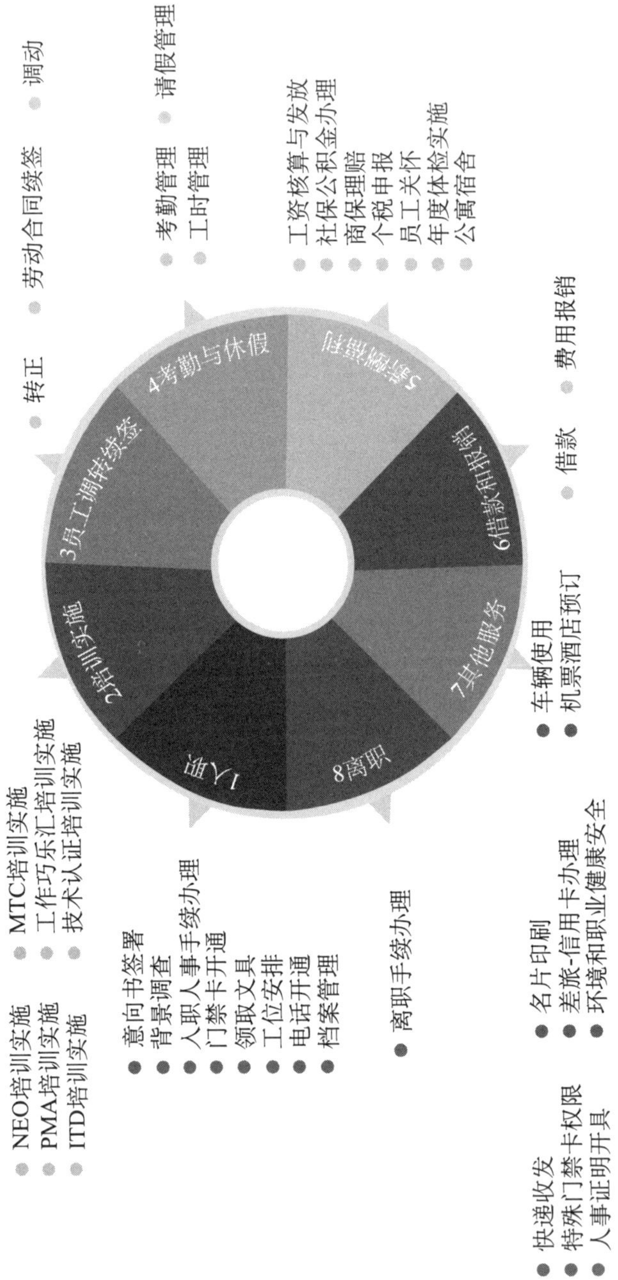

图 4－5 某公司 HRSSC 提供的全周期员工服务产品线

二、共享服务内容范围的确定标准

从理论上说，所有事务类和运营类工作都可归入共享服务中心，享受规模效益。但是，一方面，由于每个企业人力资源管理的特点和背景不尽相同，人力资源专业人员的技能专长也各有千秋。因此，不同企业在选择设计共享服务中心的模块时有不同的考虑。Reilly 和 Williams（2003）认为，“战略性的工作通常被排除在共享服务中心之外，因为它们是公司的决定，而不取决于最终用户的意志”。高级的管理问题（如员工激励系统、人员发展、继任等）也不属于共享服务范畴，因为这些是高敏感度话题，并且需要高层的支持。另一方面，对于 HR 共享服务的范畴，不同公司的实际操作也存在一定的共性。这就意味着，并不是所有的事务性工作都适合纳入 HRSSC。适合纳入未来 HRSSC 的工作往往具备量大、事务性强、容易标准化 / 集中化、能够清晰定义并被文档化、合规性高、可自动化处理等特性，而不具备这些特征的工作就不适合放到 HRSSC 中，因此 HRCOE 和 HRBP 仍会有少量的事务性工作。

人力资源部门通常向企业内部客户即其他业务单元提供三类服务：事务性服务、专业性服务、战略性服务。其中，事务性服务主要指那些数量较大的、例行的、规模敏感的服务（如工资计算、福利管理、档案管理等），而专业性或战略性的服务则要根据具体业务部门的情况来设计（如绩效考核方案的设计）。HRSSC 一方面要为 HRBP 和 HRCOE 分担事务性工作，另一方面要为另两类服务提供数据和信息支持。

不同的企业对这三类服务的划分不尽相同。以事务性服务为例，企业通常把福利管理纳入 HRSSC 中。但是，有的企业内部提供的福利是相同的，就可以将相关事务集中纳入一个共享服务中心；而有些企业因为业务多元化等给各个业务单元提供的福利是不一样的，需要对福利管理相关事务进一步分类。这就涉及企业后期需要在何地、建立多少个共享服务中心即 HRSSC 体系的布局问题。企业对这三类服务的划分还要考虑地域层级问题。德勤（2011）提出的 2×3 流程分割矩阵法——用来划分人力资源服务（见图 4－6）——就考虑到地域层级对人力资源服务的划分。这个矩阵通过与业务的关系（即该人力资源活动在多大范围或区域内具有一致性）、增加价值的方法（即是提供事务性服务还是战略性服务）两个维度，把跨国公司的人力资源业务分为六个类别。根据矩阵我们可以看到，那些可重复的事务性工作将被分到方框 1、3、5 内。

与业务的关系 ＼ 增加价值的方法	低成本/事务性服务	战略性服务
业务单元内部（本地）	1.内部现场支持 ● 根据当地的服务需求分散在各地 ● 需要当地输入/数据采集或当地项目，包括（如有需要的）管理和法定原因 ● 本地操作/终端客户密集型	2.业务单元/部门内部的业务伙伴 ● 存在于特定职能/业务单元 ● 专注于生产线或管理 ● 知识与专业技术转移 ● 决策（需要专业知识）/行动密集型
集中化管理（区域）	3.地区/区域事务性流程 ● 邻近地区/区域的联合组织 ● 专注于可复制的、事务性操作 ● 标准化服务 ● 流程密集型 ● 可以涵盖国家或地区	4.地区/区域性业务伙伴 ● 专注于专业知识——在区域范围内发挥技能 ● 打造区域“最佳实践” ● 问题/知识密集型 ● 邻近的地区性/区域性组织
集中化管理（全球）	5.全球低成本流程/外包 ● 全球统一组织 ● 专注于可复制的、事务性操作 ● 标准化服务 ● 流程密集型 ● 可以涵盖国家或地区	6.企业专家中心 ● 专注于专业知识——在全球范围内运用专业技能 ● 打造全球“最佳实践” ● 问题/知识密集型 ● 全球性组织

图 4－6　人力资源服务的 2×3 流程分割矩阵

通过服务分类，可以分析当前人力资源部门内部资源与时间的分配情况，如事务性工作所占的比例、处理事务性工作花费的时间等，分类得出的结果（方框 1、3、5 内的服务）将为后期流程再设计和 HRSSC 组织设计提供指导。例如，美孚公司在建立信息技术共享服务组织时，将成熟的事务性服务（即有标准的服务定义和水平、高度自动化、规模敏感、可以远程配置的活动，如数据中心、网络）集中在全球中心；那些具有区域性特点的服务（如应用程序服务，有独特的区域需求，存在特殊的地区劳动力问题）由区域中心提供；需要人员互动的服务（如客户支持）则在本地提供（Aon Hewitt，2009）。相对而言，本地 HRSSC 服务属于本地的客户化服务，其对满足区域 / 部门差异的需要大于对满足规模效应的需要。

三、共享服务交付的分层服务

1. 共享服务交付模型

共享服务交付模型决定了由共享服务中心提供的服务将怎样交付给内部客户，即 HRSSC 的运营模式。随着共享服务模式日渐成熟，大型跨国公司越来越专注于构建以客户为中心的共享服务交付模型。常用的提高客户体验的内部结构策略有：提供自主服务、用户友好型的员工 / 直线经理门户网站；为帮助员工、直线经理解决问题而配备了专业人员的呼叫中心等。

HRSSC 是效率提升的驱动器，其使命是为目标群体提供高效、高质量和成本最佳的 HR 共享服务。为此，对于确定要纳入 HRSSC 的服务，通常需要一个分层的服务模型来最大化工作效率。目前最受青睐的共享服务交付模型是分层服务模型，该模型起源于 Reilly 和 Williams（2000）提出的人力资源员工三个层级的工作角色：人力资源前台办公人员和呼叫代理（第一层）、人力资源顾问（第二层）和人力资源专家（第三层）。第一层共享中心的员工直接与客户接触，第二层顾问负责提供关于特定职能规则详细的帮助，第三层专家则要解释更复杂的政策问题。

许多咨询公司随后帮助企业建立了分层共享服务交付模型（见图 4-7），但不同的公司在分层设置上有一定的差异。根据企业的实践操作，我们总结出以下几个层面。

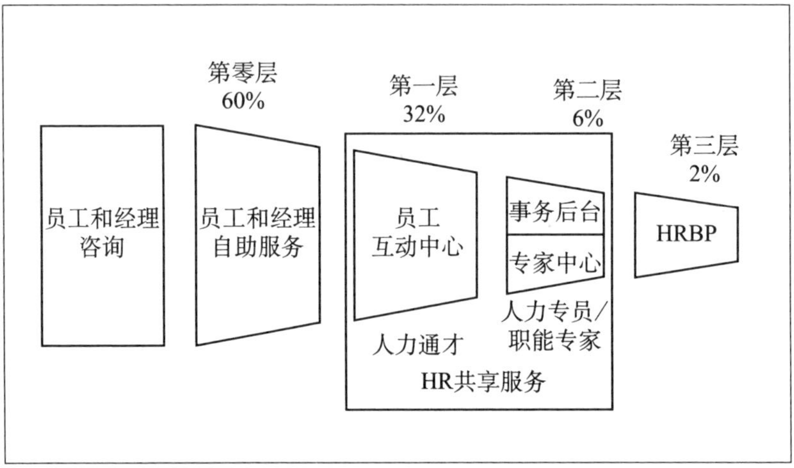

图 4-7 分层共享服务交付模型

（1）第零层——网络自助服务：对于纳入这一层级的工作，管理者和员工可以通过网页的自助服务解答人力资源问题和完成人力资源事务处理。例如，员工查询工资、了解相关人力资源政策等都可以通过这一层级的服务获取。基于优秀企业的管理实践，通常网络自助服务可以解决 60% 的问题。

（2）第一层——HRSSC 呼叫中心 / 服务代表：接受过综合培训的 HRSSC 服务代表将解决涉及领域较为宽泛的一般问题，他们通过电话、邮件进行问题处理，解答标准化问题。这一层通常可以处理 32% 的问题。

（3）第二层——HRSSC 专员：在这一层，查询将由在特定人力资源领域掌握专业技能的人力专员处理，本地专员 /HRBP 可能根据具体的查询内容选择介入，解答非标准化问题；这一层级通常可以处理 5% 的问题。

（4）第二层——HRSSC 专家：这一层级的复杂查询问题往往都是政策设计的问题，由 HRSSC 内部的职能专家处理。在这一层需要处理的问题不应该超过 1%。

（5）第三层——HRBP。在完善的 HRSSC 中，通常 85% 以上的 HRSSC 工作可以通过自助服务或员工互动中心完成（已有研究表明最大限度使用自助服务能够在提高效率、降低成本方面取得更大的成功），自助服务和员工互动中心不能处理的问题被转移到事务后台处理，专家中心则负责政策规划及战略性活动如薪酬福利规划等。最后还不能解决的，就需要在业务现场的 HRBP 来协助处理。也有企业把第三层和第二层加以合并。

随着信息技术的发展，HRSSC 服务的交付更加多元化，也更方便员工使用。概括下来，主要的模式有：（1）自助服务，可以通过集团内网、微信、移动端 APP、语音咨询等实现自助服务；（2）远程交付，通过远程服务一体机、APP、邮寄办理手续、专业模块远程交付等方式实现；（3）现场交付，主要通过一站式服务大厅、定期服务或者按需现场服务完成。图 4 - 8 列出了某公司 HRSSC 服务产品的多种交付方式，包括服务大厅、驻点 / 现场、自助一体机、呼叫中心和线上云服务等。

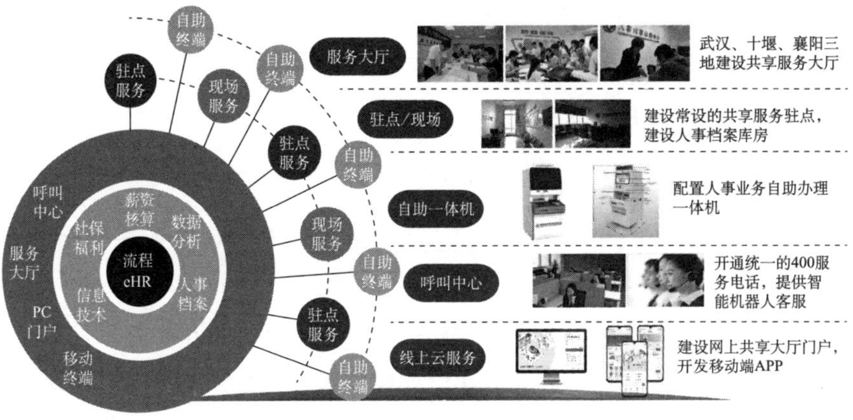

图 4 - 8 某公司的 HRSSC 服务交付方式

案例：共享服务分层交付的企业实践示例

宝钢集团的HRSSC建立了员工自助、电话咨询、专家咨询三个层级服务体系：（1）第一层为员工（经理）自助服务，能解决80%的问题。借助“数字化宝钢”完善基于“全流程、全功能、全在线”的宝钢E-HR系统，通过员工自助服务，员工可以查询本人的薪酬、培训、岗位等信息，还可以查询公司的政策、办事指南等信息。通过经理自助服务，经理可以查询团队信息。（2）第二层为电话、邮件咨询服务，能解决18%的问题。借助标准化业务流程和日常的专业政策培训，HRSSC服务代表通过电话、邮件能处理员工遇到的常见问题。（3）第三层为“Face to Face”专家服务，能解决2%的复杂问题。HRSSC内有若干专业技能扎实、沟通技巧熟练、服务意识良好的业务专家，将会同人力资源职能专家一起处理员工遇到的复杂问题。

施耐德电气的HRSSC对人力资源信息系统（HRIS）与HR运营（HR Operation）中的“帮助桌面”（Help Desk）进行了服务区域与流程的分级：（1）HRIS的服务分级根据区域覆盖面划分：第一层的HRIS支持中国区服务，第二层的HRIS支持亚太区服务，第三层的HRIS支持全球总部服务。（2）Help Desk的服务分级根据客户的询问需求划分：第零层为员工自助服务，包括知识数据库、内部网站等。第一层为“Help Desk”专员能直接帮助解决问题。第二层为“Help Desk”专员直接把无法解决的问题转给相应职能的同事解决。

西门子的HR共享服务中心（GSS）的服务体系设置为3+1式。其中，“+1”为员工自助。第一层为热线，热线中心在苏州。第二层为区域性服务中心，分布在北京、上海、广州，三大区域之下还会设立一些小的服务点（例如南京、武汉、深圳等）。其主要面对西门子中国本部的员工。同时西门子还有很多工厂，其总人数的占比为整个服务群体的一半左右。而对于这些工厂，西门子通过Onsite服务团队提供相应的服务。以上海的工厂为例，西门子会委派 GSSHR 员工驻扎在工厂。因此整个第二层的服务体系采用的就是 RO（regional office，区域性服务中心）+ Onsite 的形式，这两条服务线会面向西门子的不同客户群。第三层为后台运营中心，分别在北京和苏州。其涵盖的职责为更加集中化的人力资源工作。运营中心不直接面向客户，而是主要支撑第一层和第二层的服务。

飞利浦公司的 HR 共享服务操作流程如图 4-9 所示，包括自助服务、供应商联络点、供应商管理和飞利浦专家四个层级，而咨询方式包括门户网站、邮箱、热线等方式。

图 4-9　飞利浦公司的 HR 共享服务操作流程

2. 分层服务实践中可能存在的问题

人力资源经理可以根据企业的实际情况设计共享服务交付模型。这个过程需要注意的是内部客户的自助服务要靠人力资源门户网站来实现，这对信息技术的要求非常高。所以，企业应再次审视信息技术平台，对其进行功能上的扩充或改造，直至满足交付模型的要求。分层模型不仅决定了未来共享服务中心员工的工作方式（中心分为哪几层，每层员工怎样开展工作），还对各层员工的能力提出了要求，因此分层模型设计的结果将对 HRSSC 岗位说明书的形成有重要指导作用。

但是，上述分层服务模型在实践中也会遇到具体的问题。按照大多数公司 HR 共享服务运营流程，员工遇到人力资源相关问题时可以通过逐步递进的三层级服务来解决：第一层级为人力资源在线服务系统，员工通过在线搜索的方式获取人力资源相关政策，经理通过在线操作完成团队人员的数据管理和变化操作；第二层级为人力资源共享服务呼叫中心，员工或经理在第一层级的自助服务中如果遇到问题可以拨打呼叫中心的热线电话寻求人工解答；第三层级为本地人力资源运营团队，呼叫中心在遇到无法解答的问题时，会请员工联系支持自己业务集团的业务伙伴以获取帮助。在设计这三个层级的支持模式时，预估前两个层级应该解决 80% 以上的问题，只有 10% 左右的复杂问题会需要业务伙伴协助处理。但在实际运营过程中，很多公司的 HRSSC 并没有收到预想的效果，反而加重了 HRBP 的工作负担，主要表现在以下三方面。[①]

第一，在线系统中的内容不能保证实时更新。例如，辉瑞公司 HRSSC 在线系统的更新由亚太区域人力资源团队的专人负责，频率为月度更新。本地运营团队将需要更新的内容在每月固定的时间提交上去，负责人整合审阅后再提交给 HRSSC 上传，最终体现在系统中供员工自助搜索。提交日期为固定的不能提前，每月一次的频率也无法增加，从启动更新流程到最终上传成功需要 15 个工作日。对很多需要频繁变化的流程指引来讲，这个更新的频率和灵活程度远远满足不了实际需求。员工自助搜索到的内容往往与实际政策流程有所出入，这时员工就会遇到困难从而求助于呼叫中心，而呼叫中心所掌握的资料却与系统显示的资料一致，同样无法解决，只能请员工联系他的业务伙伴。

第二，系统本身的变化不能及时传递给员工。人力资源在线服务系统

① 郭允晰．辉瑞中国人力资源业务伙伴职能发展战略研究．北京：对外经济贸易大学，2015：21－22．本书作者进行了整理、概括。

及与之相链接的绩效管理、人才管理、薪酬管理等子系统的功能设计和操作变化均由全球人力资源技术团队直接负责。很多时候系统的入口变更、界面更新、操作流程改变都不能及时通知给本地人力资源部门，通知给呼叫中心或员工本人则更慢，最终问题又会聚集到业务伙伴处，而业务伙伴遇到此类问题也是不知所措，只能通过自己的摸索和尝试来解决。

第三，呼叫中心的服务范围和服务质量达不到预想的要求。例如，在辉瑞公司，首先是语言障碍。辉瑞中国的人力资源共享服务呼叫中心采用外包形式，设在菲律宾马尼拉，工作人员均从当地招募，接线员与中国员工沟通起来并不顺畅。如果遇到员工普通话不太标准、方言浓重或是语速过快的情况，根本无法有效交流，需要反复询问或重复员工的问题。其次是解答质量低，即使接线员准确领会了员工的问题，也并不能马上进行解答，而是要从知识手册中搜寻问题答案，在搜索不到的情况下则需要员工进一步等待，待接线员与呼叫中心领班确认答案后再解答。员工在线等待时间过长，而且问题往往也不能得到解决。最后，呼叫中心只负责解答政策文件里有明文规定的内容。所有需要进行一定程度的分析和判断的情况一概转至业务伙伴。对于所有关于系统操作的具体问题以及线下表格填写的具体问题只能提供操作手册，无法给予针对具体问题的分析指导。员工如有进一步的询问同样转至业务伙伴处理。

这种状况导致 HRSSC 能够实际帮助员工解决的问题非常有限，HRBP 不得不每天花费大量的时间去解答员工及经理的疑问。

4.2　HR 共享服务流程的标准化设计

流程标准化和科学化是共享服务得以高效运营的基础，是实现信息化的前提，也是共享服务建设过程中的重点和难点。标准化工作做好了，预示着共享服务搭建已经具备了成功的基础。

一、人力资源服务流程及流程管理的基本内容

流程是由一系列活动组成的，接受一个或多个输入，并产生一个或多个为客户带来增值的输出，是一种按照规律性方式，将输入转化为输出的相互关联且相互作用的连续过程的组合。一般来说，一个完整的流程主要由六个要素组成，即资源（每一个操作步骤的时点、条件、岗位等）、过程（操作的先后顺序和每一步的操作内容、方法和要求）、过程中的相互作用（结构，即每一步操作的前后关系）、结果（输出）、对象（操作的内容）和价值。

人力资源服务流程是指人力资源服务人员为员工提供一项人力资源服务的操作顺序、操作方法和资源的输入与输出管理，从而产生员工所期望的服务结果。一套合理、简洁的流程不仅要能保证各项工作的顺利开展和交付，还要能提高效能和效率，持续不断改善和提高员工的服务体验。许多企业都在努力探索员工雇佣旅程周期服务流程设计的新思路和新方法，如员工雇佣旅程地图的绘制、设计思维的运用等。在保证标准化服务质量的同时兼顾员工体验，助力组织变革是新时代人力资源服务从业者的新定位和新任务。

流程管理（process management）是一种以规范化构造端到端的卓越业务流程为中心，以持续提高组织业务绩效为目的的系统化方法。流程管理的价值体现在三个方面：（1）成本优势：降低业务能力要求，减少人力成本，提高流程效率，消除流程中的非正常支出。（2）质量改进：识别流程节点，制定缜密的规范，进行管理监控，固化标准流程，降低出错概率，提升输出质量。（3）应变能力：分解为标准化单元，快速响应需求，按需进行调配和组合，提升灵活性和应变能力。流程管理是共享服务建设的主要思想，保证了 HRSSC 对业务流程不断进行分析、鉴

别、改进、优化，使组织对流程的效率和质量得以实现最优的持续管理。基于流程管理的重组和优化，HRSSC 得以使共享模式标准化、规模化、高效化的优势不断凸显。

HRSSC 的建设需要对人力资源的业务流程进行端到端梳理，同时要考虑业务流程标准化、流程表单标准化、数据标准化等内容。在具体落地阶段，可以根据流程成熟度分批纳入共享范围。

（1）业务流程标准化是指从流程架构出发，打通流程与流程之间的壁垒。在设计具体流程时，先设定流程图绘制规范，重点关注角色、关键步骤、表单、审批流四个方面的顺序。比较经典的流程优化原则包括清除、简化、增补、整合、自动化等。

（2）流程表单标准化是指在满足管理规范要求和信息传递的基础上，实现表单的合并、统一，消除冗余表单，为实现流程的数字化和自动化做准备。

（3）数据标准化。企业人力资源管理在数据信息上存在大量不一致问题。例如，不同的系统有不同的数据文件格式和基础代码（如职务代码、薪资等级等），数据质量和完整性差，没有足够的时间和资源来转换数据和核对数据。无论是基于加强管控，还是基于实现数据驱动，HR 数字化管理的第一步都是实现数据标准化。数据标准化成为人力资源信息系统实施的必要前提，其解决方法包含但不限于：在数据转换之前做数据清理；采用数据核对的方法和工具；尽可能早地进行数据收集并在数据转换的测试过程中转换和核对绝大多数静态的历史数据；开发数据抽取程序使导出的历史数据格式一致，从而能加载到目标系统。企业一般会从组织、岗位体系、薪酬体系、人才盘点、常见报表和预测模型方面进行分项梳理，并且从现状出发，满足现状，提取共性，充分考虑使用习惯和数据统计的便捷性。

二、HR 共享服务的标准作业程序

传统模式下人力资源工作通常按模块划分，比如人力资源部下设薪酬绩效组负责薪酬管理与绩效管理的全部事宜。而 HRSSC 模式下工作则要按照流程划分，比如一个完整的薪酬管理大致包括薪酬方案设计、方案生效、薪酬计算与发放几个环节，在这个过程中薪酬方案设计的工作由 HRCOE 完成，新方案的宣导、方案实施效果的反馈由 HRBP 执行，最后薪酬的计算等事务性工作由 HRSSC 完成。所以企业必须对原有的人力资源流程重新设计，并且涉及 HR 三支柱之间的分工和协作。

标准作业程序（standard operating procedure，SOP）指将某一事件的标准操作步骤和要求以统一的格式描述出来，用于指导和规范日常的工作。通俗来讲，标准作业程序就是对某一程序中的关键控制点进行细化和量化。标准作业程序的精髓是将细节进行量化，在实际执行过程中标准作业程序的核心是符合本企业的要求并可执行，不流于形式。

怡安翰威特在《全球共享服务中心的趋势》① 中提出，程序标准化是成功的 HRSSC 的先决条件。HRSSC 之所以能发挥极高的效率，就是因为在各层面上尽可能地统一了烦琐复杂的业务流程，让业务的处理变成“流线型”（streamline）。标准作业程序是共享服务中心对内部服务人员的工作要求。在很多共享服务中心，每个最小服务团队都有属于本团队的内部运营流程图。对于一些重要的服务，团队都会要求工作人员写出流程图，包含简介、操作流程图、详细操作步骤、关键绩效指标（KPI）、问题升级矩阵等模块的内容。比如招聘时的背景调查服务，在背景调查的流程图上就会有标准的询问问题的模板，如针对什么级别的人需要问什么问题，还会规定内部人员在固定的时间内完成调查，内部工作人员就会按照这些流程进行调查。这些规定以及标准都会罗列在一个文件上，每半年更新一次。共享服务经理可以通过

---

① Aon Hewitt.Trends in global shared service center，2011.

HR 系统实时查看各流程节点的业务操作量，并根据需要分类选择。同时，HR 系统可以导出各操作节点的业务工作量，从而能对运营支持业务量及业务处理的运营效率进行监控。

由传统人力资源管理模式向 HRSSC 模式转变的路径有三条：一是先将流程重新进行标准化设计，再将流程集中至共享服务中心；二是先集中再重新设计；三是流程设计、集中化同时进行。三种路径各有利弊，第一种路径适合愿意缓慢变革的风险厌恶型组织，但面临高劳动力成本环境下额外的变革流程带来的费用。第二种路径的优点是速度快，但在培训新员工使用新系统前要先培训他们使用老系统。第三种路径虽然实施过程更加复杂，但由于流程再造和组织结构调整在很多时候是相互依存的，一些流程再造需要靠远程工作来实现（比如在绩效考评、职位变动处理、员工档案信息管理等方面应用工作流系统时），并且可以将工作的中断程度降到最低，因此更受青睐。

根据前文提到的服务分类的结果，在对地方上差异明显、国家或区域内相同、全球内相同的事务性工作进行流程再设计时，关注的重点并不一样。在设计地方流程时要考虑地方业务单元需求的特殊性，而在设计国家级流程时要考虑不同国家的合法性。以拜耳公司 HRSSC 的构建为例，2005 年它就对其所有的人力资源业务流程进行了定义和组织，形成了 28 个业务群。这些业务群可分为三个部分：（1）全球化的流程（global processes）：在全球的每个地区都以同样的方式进行，包括绩效管理、短期激励措施等。（2）核心的全球化流程（global-at-core processes）：这些流程建立在一个共同的基础上，但是在不同的地区会有一些差异，包括招聘和培训。（3）C 流程（C processes）：这些流程在不同的地区完全不同，包括工资单支付。拜耳的六个全球化流程被直接运用在德国的全球 HRSSC 业务中。其他需要更多响应当地灵活性的流程则分别被应用于以地区和国家为基础建立的 HRSSC。

再如，跨国企业康明斯公司的 HRSSC 在流程中体现出对客户价值的高度关注。以新员工入职培训流程为例（见图 4－10），流程设计关注了相关方的声音，识别了 54 个相关方，收集了客户关于职责、资源与期望的声音，建立了端到端的流程，从客户的需求端出发到满足客户的需求端，提供端到端服务。

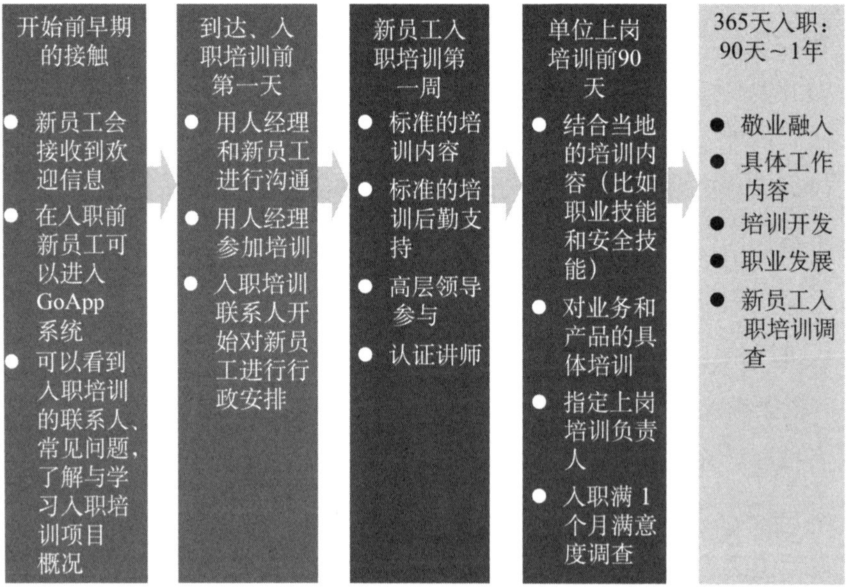

图 4－10　康明斯公司的新员工入职培训流程

流程再造的最终结果是形成全面的文件，包括流程政策、程序文件、用户指南、后期员工培训材料等，对构建 HRSSC 的很多方面都有影响。它将决定每个共享服务中心需要配备多少员工，每个员工的职责是什么以及将怎样完成工作以满足对企业人力资源信息技术产生的新需求等。制定标准作业程序既有利于新员工入职培训，也有利于规范业务操作流程。例如，新员工入职时，共享服务中心会发放一份标准流程图，按照标准流程图新员工可以先了解每一个服务的步骤。即使是一个对此一无所知的人，按照标准流程图也可以提供大致完整的服务。然后再辅以后续的培训，新员工会更加快速地了解工作。

案例：HR 共享服务标准化作业的企业实践示例

富智康公司人力资源部门内部共有 136 份标准化文件来提供支持。标准作业程序分为六大功能模块，分别是组织管理、招募任用、训练发展、绩效薪酬、人事行政、员工关系，每个功能模块的负责人主导各自负责模块标准作业程序的梳理。因为标准作业程序的文件数量繁多，所以富智康共享服务中心把标准作业程序文件分为三阶：第一阶为通用类；第二阶为事业群级别，与内部组织挂钩；第三阶为适用于各层级的厂区文件，主要针对各厂区具体特色或当地法规要求对文件进行规范。因为每一层级的标准作业程序文件都很详细，所以在讨论标准作业程序时需要将所有的功能模块相互沟通串联，之后把确定好的标准作业程序文件放到线上的标准作业程序系统。

华夏幸福的共享中心在单个服务团队之外设立了横向流程监管的角色，站在整个流程的角度对流程的效率与质量进行控制。通过 6 大项、141 项巡检指标，每月进行质量巡检，同时，共享中心有 60 多个标准服务流程，并形成了 10 余个流程分册，另有统一的标准操作手册以及自动化系统，进行标准化管理。

同程艺龙公司[①]的 HRSSC 成立以来，对所负责的服务内容建立了 80 多项服务产品目录，并对关键服务产品制定了分阶段发展目标、管理制度及相关流程指引。面向全体员工的相关制度会在办公自动化（OA）平台的规章制度板块进行公示；面向人力资源团队的执行细则及操作规范，会在 HR 主系统首页公示并定期更新与维护，同时邀请 COE 团队共同进行与标准流程设计相关的讨论，将流程标准化。

玛氏食品（中国）公司的 HRSSC 整合了各业务单元的流程政策文

① 同程艺龙是同程旅游集团旗下的同程网络与艺龙旅行网在 2017 年 12 月 29 日共同成立的公司，将整合双方的交通、酒店等优势资源，打造更为领先的旅行服务平台。

件，并对其进行标准化。其中具有全球普遍性和可复制性的流程政策，均采用全球化标准流程，有效地鼓励了人才跨国流动；对具有区域特色的政策文件进行分阶段整合，在最大限度地照顾中国、澳大利亚和新西兰本地多样性要求的同时，完成了流程标准化。新流程明确界定了不同的角色，降低了分工不明确和重复审批带来的沟通和时间成本；对于同事来说，也避免了“因人而异”的操作带来的不愉快体验。2018 年，针对新的业务运营体系，HRSSC 的同事关系部门牵头完成了公司六大业务单元不同版本同事手册的整合，提高了公司人力资源政策的统一性和透明度。这不仅提高了同事查找、学习和使用的效率，还大幅减少了不合规政策，有效鼓励了不同事业部之间的职业发展调动。

三、标准作业程序的设计方法

无论采用哪种途径，标准作业程序的设计都要遵循简化、标准化这两大原则。根据最佳实践对流程进行再造，去除每一个不必要的环节，并使人力资源事务性工作更标准化。流程是一组共同给企业创造价值的相互关联的活动进程。流程优化常见的方法是 ESEIA（eliminate、simplify、establish、integrate、automate 的首字母缩略语），其含意分别是清除、简化、增补、整合、自动化。

1. 清除

清除即找出并彻底清除不增值的活动。公司所清除的应该是多余的非增值活动，因而在设计流程时，针对流程管理的每个环节（或要素），可以思考“这个环节为何要存在”“这个流程所产出的结果是整个流程完成的必要条件吗”“它的存在直接或间接产生了怎样的结果”“清除它会解决怎样的问题点”“清除它可行吗”等问题。通过一系列的问题来判断该环节是否为非增值环节，是否多余，它的存在产生了怎样的不利影响，以及清除是否可行。如何消除或最小化这些活动，同时又不给流程带来负面影响，是重新设计流程的主要问题。在这一过程中，要特别关注以下方面：（1）过量的产出。超过需要的产出对于流程而言就是一种浪费，因为它无效地占用了有限的资源，在一定意义上，它带来的问题是增加库存和掩盖问题。（2）活动间的等待，即流程内任何时刻由于某种原因导致的对人或物的等待。带来的问题是造成待处理文牍和库存物品的增加，通行时间加长，追踪和监测变得更加复杂，却几乎未增加客户价值。（3）不必要的运输。任何人员、物料和文牍的移动都要花时间，不必要的运输浪费了员工的时间，增加了成本。（4）反复的加工。在公司实际运营流程中，很多产品或文件会被多次处理。那么这些处理工作会增值吗？不增值是否是由于产品设计不佳或流程不完善导致的？（5）多余的库存。不但指物品的库存，还包括流程运营过程中大量文件和信息的淤积。（6）缺陷、失误。一般来说，产生故障的原因除了人员失误外，很大程度上还在于流程结构不合理。（7）重复的活动。如需要重复录入信息，那么采用数据库共享技术就可以实现在价值链的任何一点上输入信息，都可被整个价值链共享。（8）活动的重组。是指相似的活动在处理上有部分不同时，为了适应某些特定的习惯就采取不同的流程方式，造成了流程资源的浪费。应将这种活动进行清除与重组。（9）反复的检验。有些检验、监视与控制已成了一种官僚作风和形式主义，已不具有它本来的意义，甚至成了设置管理层次和管理岗位的理由。应将部分检验、审核工作进行授权，不要事无巨细地上报，造成审核的形式化和上层领导工作的繁重与低效。（9）跨部门的协调。跨部门的协调已经成了本位主义、官僚作风的一个代名词。应增强流程的整体观，进行职责的重新定义。

2. 简化

简化即在清除不必要的活动后，对必要的活动进行简化。一般来说可从下列各方面考虑：（1）表格。许多表格在流程中根本没有实际作用，或在设计上有许多重复的内容。重新设计表格和使用信息技术，可以简化许多工作量，减少很多环节。（2）程序。在设计流程时，通常认为流程内员工的信息处理能力非常有限，因而一个流程通常被割裂成多个环节，以让足够多的人参与完成流程任务。而通过运用信息技术，信息处理能力得以加强，可以简化程序，整合工作内容，提高流程的结构性效率。（3）沟通。简化沟通能避免沟通的复杂性。（4）物流。虽然大部分物流的初始设计都是自然流畅且有序的，但在使用过程中为了局部改进而进行的零敲碎打式的变动，在很大程度上使流程变得低效。有时，调整任务顺序或增加一条信息，就能简化物流。

飞利浦公司在 HRSSC 构建的前期也简化了业务流程。当飞利浦开始简化诸如学习、绩效管理、发放奖励、工作等级、长期激励等人力资源业务时，这些流程还在被 75 个国家和不同的地区使用。为了简化流程，飞利浦公司建立了一个精益团队来定义 60 个全球业务流程。这个团队被授权为地区开发未来可能使用的新流程，而不仅仅局限于固有的流程，最终收获了丰富的成果。飞利浦公司为了简化人力资源流程，删除了招聘流程中 15 个人力资源业务伙伴的接触点和 8 个直线经理的接触点。通过流程的简化，飞利浦公司在 3 个月内就完成了 HRSSC 建设过程中的业务流程再造，大大加快了建设进度。

3. 增补

增补是根据客户和管理的需要增加创造价值的活动。在清除和简化的“减法”完成以后，再做增补的“加法”，即填补增值活动，然后进行整合。可以从三个方面考虑增值活动：（1）知识的积累。可以思考在流程管理活动中，哪些活动的产出应该作为知识进行归档和存储，如何归档和存储有利于知识的复用。（2）知识的复用。可以思考在进行此项业务活动时，有哪些资源和知识库可以帮助此项活动更好地开展。例如客服人员在解答客户问题的时候，可以增加一个针对已有问题库的搜索以获取更好的解决方案，提高处理效率。（3）评估和总结。可以在流程的关键环节或者活动结束后增加总结评估活动，找出哪些知识经验可以记录与固化下来，哪些还需要进一步改进业务流程管理（BPM）。在流程优化时，也可采用 ESIA 模式，只强调做“减法”，从而省略“增补”环节。

4. 整合

整合即整合分解的流程以使流程顺畅、连贯。对简化后的活动要进行整合，使之流畅、连贯并满足客户的要求。在整合的过程中，要充分考虑通过并行工程来缩短流程运行时间。基本的途径包括：（1）活动。指授权一个人完成一系列简单活动，将活动进行整合，从而减少活动转交中的错误和缩短工作处理时间，实现流程与流程之间的“单点接触”。（2）团队。指合并专家组成团队，形成“个案团队”或“责任团队”。这使得物料、信息和文件的“旅行”距离最短，改善在同一流程上工作的人之间的沟通。（3）客户（流程的下游方）。指面向客户，和客户建立完全的合作关系，整合客户组织和自身的关系，将自己的服务交付客户组织的流程。（4）供应商（流程的上游方）。指消除企业和供应商之间不必要的官僚手续，建立信任和伙伴关系，整合双方的流程。

5. 自动化

自动化是指充分利用信息技术的自动化功能，提高流程的处理速度与质量。要在对流程任务的清除、简化和整合的基础上应用自动化。同时，流程任务的清除、简化和整合也要依靠自动化来解决。

为了让运营更加卓越，伟创力公司[①]共享服务中心更加注重系统的优化、统一化、标准化。我们以其 LTP（leave，time attendance and payroll，是指“休假、考勤及薪资”）管理系统为例来说明。该公司有超

① 伟创力公司 1969 年成立于美国硅谷，1981 年在新加坡建厂注册，后来在纳斯达克上市。公司的业务涉足多个行业，为航空航天、汽车、计算机、工业、消费品、基础设施、医疗等多个领域提供完整的设计、工程和制造服务。在 2019 年《财富》杂志世界 500 强排行榜中居第 474 位。

过 70 000 名普通员工、经理及人力专员使用 LTP 系统完成休假、加班、调班、考勤、工资单查询与确认、薪资计算等方面的自助式服务，这极大减轻了人力资源部门的例行事务性工作负担，提高了人力资源服务的效率。比如 LTP 系统每天会记录所有员工的考勤数据；员工休假也可以直接在该系统提交请假单；还可以计算薪资，每月可以根据 LTP 系统上的月结数据发放薪资。这个系统以共享服务中心为主导，对一些原始的人力资源业务做了改善。如以前发放工资时，都会将工资单打印成纸质版，然后让员工签字，工作量很大。后来，共享服务中心在该系统内开发了电子工资单功能。员工登录系统就可以查询自己的工资单，这样既节省了大量打印、发放以及员工签字的时间，大大提高了工作效率，又可以保证员工的工资单不易丢失，所有数据都会有记录。请假也是同样的操作。将线下引到线上，员工只需将相关的请假证明拍照上传至 LTP 系统即可，考勤人员会在后台批准。这样就减少了复杂的手续和流程，员工也可以少跑腿。

案例：绿城服务集团、中海油公司与海尔集团的 HR 共享服务流程设计

绿城服务集团在建设共享服务中心的过程中，通过对人力资源业务流程进行全面梳理、统一规范、消除瓶颈、明晰权责、补足缺失，建立更为完善的业务流程操作规范，来打破效能瓶颈从而减少人工干预（见图 4－11）。

中国海洋石油集团有限公司（简称中海油公司）在搭建共享服务中心时，通过 ESEIA 方法优化业务流程，按照呈现、清除、简化、增补、整合、自动化的步骤陆续开展工作，通过对人力资源全业务流程进行梳理，最终共享服务中心设计的优化流程定为 94 条（见图 4－12）。

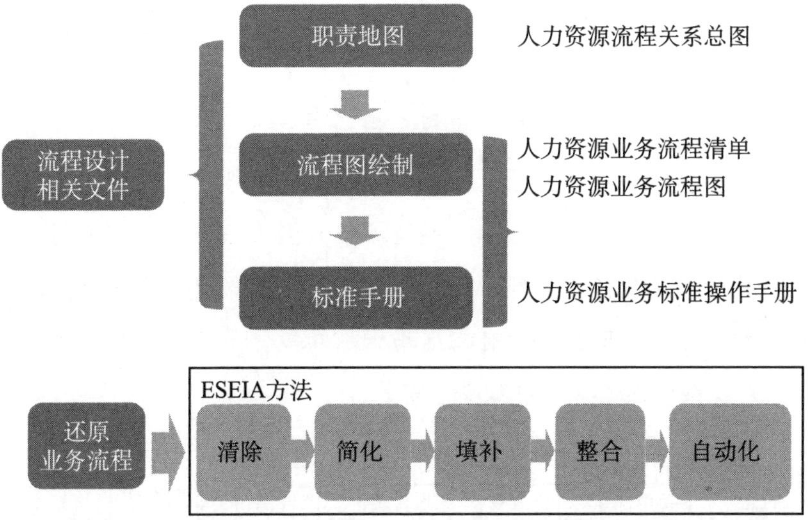

图 4－11　绿城服务集团的 HR 共享服务流程梳理与优化操作步骤

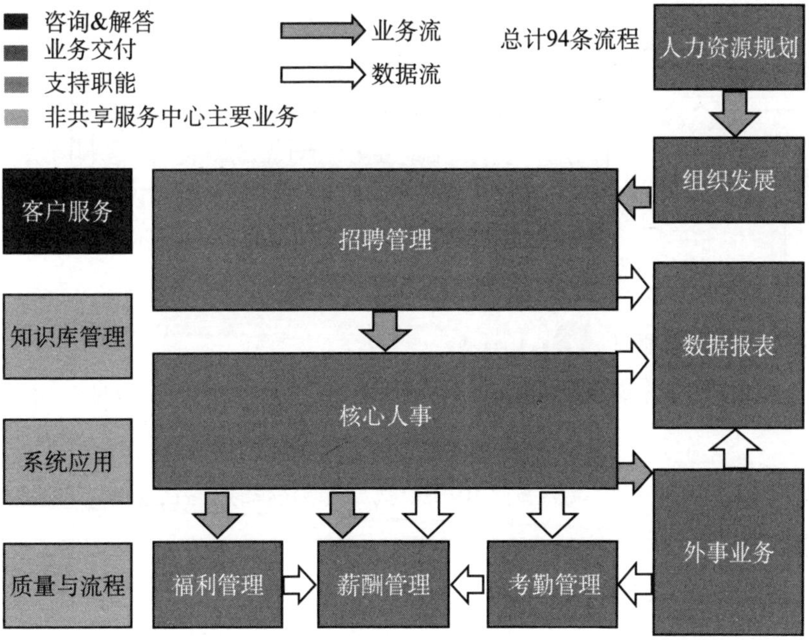

图 4－12　中海油公司运用 ESEIA 方法进行业务流程梳理

在海尔集团的 HRSSC，员工证明场景主要适用于员工买房落户时需公司提供收入和在职证明等的情况。常规的流程为写用印申请、共享核算收入、填写银行模板、打印模板、用印申请签字确认和公司用印（见图 4－13）。6 个节点的办理过程十分烦琐，效率低下。在经过二轮迭代后，上述流程有了根本性变革，办理流程只剩下一个节点。公司设立了人事专用章，并在打通政府和银行环节的基础上推行电子印章。电子印章可以远程在线办理，并带有二维码识别功能，员工和共享服务中心专员从原来繁杂的办理手续中解脱出来。

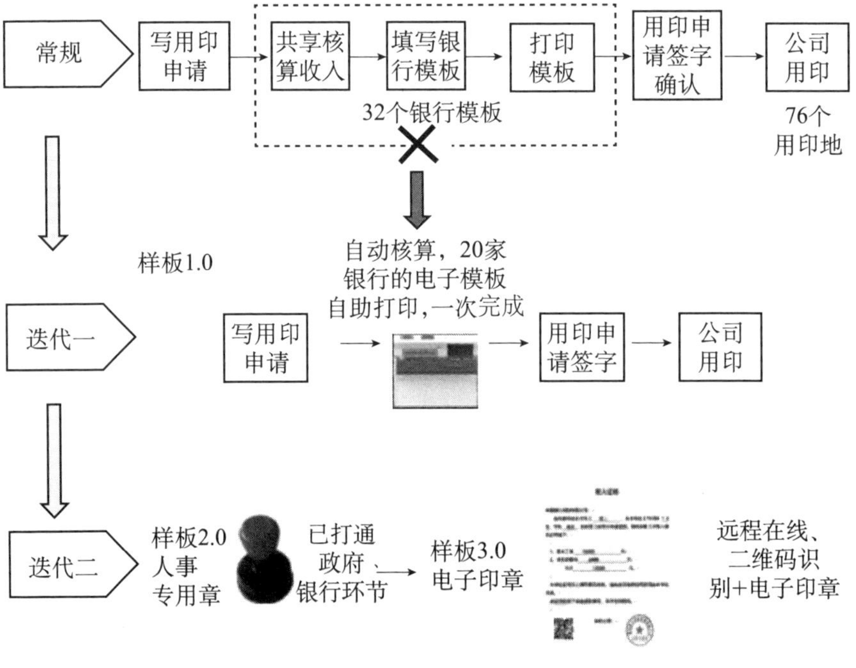

图 4－13　海尔集团 HRSSC 员工证明场景的流程图迭代

4.3　HR 共享服务的智能技术应用

一、传统信息化背景下 HR 共享服务的潜在问题

一般而言，企业人力资源管理信息化的早期发展基本都经历过以下两个阶段：

第一个阶段主要是对以记录人力数据为主的人力资源信息系统进行升级。早期，大多数企业的人力资源从业者都要依靠 Excel 开展工作，尤其是共享服务中心的人力专员经常被称作“表哥”“表姐”，他们每天通过表格管理薪资、考勤、花名册等。随后，这些线下的工作逐渐被移到线上，企业在不同阶段基于不同的需求，采购或开发出各类单机人力资源管理软件，如考勤系统、档案管理系统。从线下转变到线上的主要目标是降低错误率，关注系统数据质量。这些软件通常是独立的用户交互端、管理模块、报表模块和数据库，彼此之间信息和数据基本不能共享。

第二个阶段主要是将企业原有的各系统进行整合，树立协同工作的观念，打通业务流程和实现数据端到端，实现真正的闭环管理和有效协同，通过更多的自动化工具以支持前线人力资源的工作，如薪酬类、档案类工作。人们一般把这个阶段称为 E-HR 阶段。这个阶段关注流程与执行，将人力专员操作的流程服务延伸至终端，建立架构清晰的服务标准流程，简化终端人员的操作，通过更多的自动化来提升工作效率。

不少企业正处在共享服务转型的初级阶段，共享服务平台的搭建相对滞后，员工还没有从事务性工作中解脱出来。同时，原有系统的体验度低、应用程度低、割裂度高，这也是企业普遍存在的核心问题。比如，一些公司的系统友好性弱，用户体验差，即使是简单的简历查询也需要不断切换页面；一些公司的系统支持性弱，很多统计数据无法从系统得出，有大量的工作要在线下完成。人力专员每天不得不面对大量不同形

式的数据和报告。在缺乏自动化技术的情况下，效率和人力仍然是企业管理者头疼的问题。聚焦到 HRSSC，它在运行中常常遇到以下问题：

（1）数据处理量巨大且复杂。HRSSC 服务于整个企业的所有员工，涉及大量重复性工作和数据工作。例如，在每个薪资结算周期，HRSSC 必须收集、整理和汇总各业务系统中与薪资结算相关的各种数据，包括社保公积金费用、考勤数据、加班数据、销售业绩数据等。如果再考虑到业务分布在各地的情况，工作量则更显巨大。

（2）手工处理业务需要时间和精力。从不同的业务系统下载各种数据表单后，需要进行大量的手工排序和合并工作，要按照一定的要求将数据表单拆分成不同格式的文件，然后将其导入人力资源信息系统进行当月薪资计算。这种操作不仅费时费力，而且在数据排序和粘贴过程中容易出错。这会对 HRSSC 关注的服务准确性产生较大的负面影响。

（3）员工满意度下降。一些基础事务性工作需要考虑及时性，例如工资和社会保障管理，在工资和社会保障的每个计算周期中，HRSSC 的所有员工都被派去处理这项工作，没有时间处理其他工作。长期以来，员工满意度一直在下降。

（4）员工流动性高。由于有大量的数据表单要处理、导入和导出，机械性的工作不断重复进行，这导致 HRSSC 的员工流动性高，而人力资源服务具有较强的专业性，这些使得企业招聘和培训的成本进一步增加。

这些问题的出现，加大了 HRSSC 内部人员的工作任务量，影响了工作任务完成的质量、及时性，进而也会影响他们的职业体验和企业内部客户的服务体验。

二、新技术的应用与 HRSSC 的变化

随着科技的快速发展，为了更好地满足新时代员工的特殊需求，越

来越多的公司强化了新技术在 HRSSC 的应用。HRSSC 产品设计的核心价值日益平台化、社交化、智能化。这使得企业在经历了事务性工作标准化、标准化工作流程化的之后，需要继续推动流程化工作的信息化和数字化，从而打造高价值、高体验的 HR 共享服务。例如，在百度公司，员工的入职流程通过各技术的结合实现了自动化，从原本需要半天到一天才能完成缩短至不到一小时，候选人与反馈系统、入职系统打通，实现了端到端的自动化，新员工的体验感得到极大提升。

1. 智能技术的应用

智能技术的发展和加持是这一演变最重要的推动力量，导致人力资源领域正在发生翻天覆地的变化。十年前，许多公司的 HRSSC 依赖传统的信息技术手段。如今，技术发展日新月异，HRSSC 对智能技术的应用已成为常态。智能技术的发展进程涵盖了从流程改进策略到包含认知元素的复杂技术等众多方面，正在从机器人流程自动化（robotic process automation，RPA）向智能自动化（intelligent automation）以及人工智能（artificial intelligence，AI）持续演进（图 4－14 列出了智能技术的发展进程）。人工智能是一个概括性术语，涵盖机器学习和认知计算等多个领域，是计算机科学的一个分支，旨在使用计算机模拟智能行为。人工智能已成功应用到视觉感知、自然语言处理（NLP）、语音识别、语音到文本转换、语言翻译、语调分析等领域。

机器人流程自动化、人工智能等技术纷纷在 HRSSC 中得到应用，颠覆性的趋势（如云技术、分析技术和数字体验）也成为企业信息技术战略的组成部分。例如，在 HRSSC 领域应用广泛的智能终端一体机，提供了便捷高效的查询、打印、证件获取、文件签署等功能，节省了人力物力。同时值得关注的是，智能机器人的应用领域越来越广泛，如聊天机器人、招聘机器人等。聊天机器人在员工咨询领域开辟了一片天地；招聘机器人在招聘领域释放人力、提升候选者体验方面发挥了越来越多的作用。

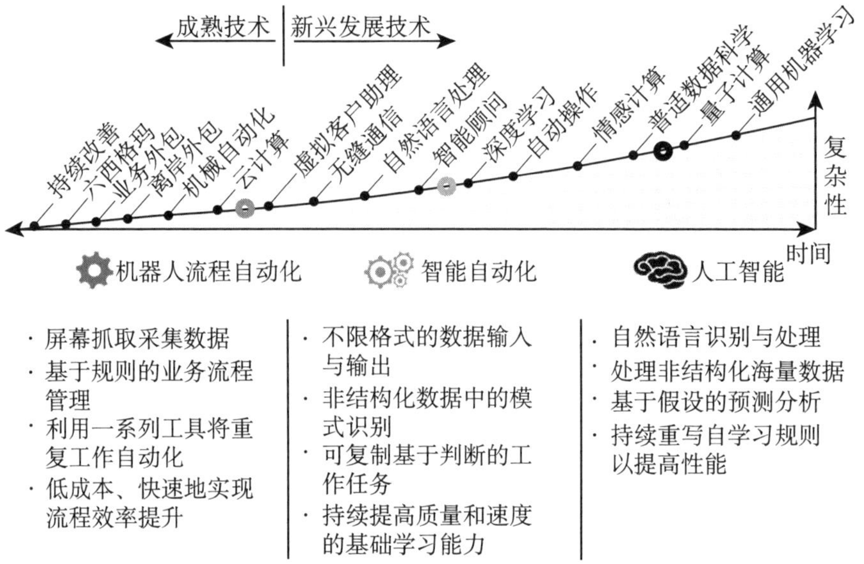

图 4－14 智能技术的发展进程

资料来源：Gartner 新兴技术成熟度曲线，由德勤整理，时间与趋势非等比例。

2. 移动技术的应用

移动技术被广泛应用于人力资源管理的各个方面。例如，在员工学习与发展领域，移动技术可以有效地支持员工学习，让员工与专家进行有效互动，从而促进员工顺利完成培训课程；在人才招聘方面，移动技术可以有效促进招聘团队成员之间的合作，加快招聘流程；在绩效管理方面，移动技术有利于简化绩效信息的收集工作，从而可以更方便和更频繁地向员工提供绩效反馈信息。此外，利用移动技术还可以向员工推送与人力资源相关的、涉及个人发展机遇和目标进展情况的个性化信息。

移动技术的应用促成了移动化人力资源管理服务系统，该系统具备如下和一般系统不同的特征。

（1）实时处理，高效协作。移动化人力资源管理服务系统不受时间、地域、空间的限制，聚合了即时通信、组织社交、协同办公、客户关系管理、人力资源管理等多种办公需求，对终端要求低，能够实现组织内外资源的整合，满足用户碎片化办公的需求。因此，这种移动服务的新型协作方式给员工带来了高效沟通以及团队协作。

（2）扩大工作边界。移动终端和移动通信网络日益优化，很多以前需在电脑上处理的工作都可以通过移动办公的手机终端完成。移动化人力资源管理服务系统的新式工作空间给员工带来了多种应用程序、大量第三方接口和移动互联。与工作相关的应用程序可帮助用户更好地管理日常工作，用户可以在一个平台上完成沟通、协作、流程审批等多个动作，节省了工作时间，打破了工作的物理空间局限，随时随地都可以处理工作事宜。同时，针对不同行业领域的业务需求，可以对移动服务进行专业的定制开发，灵活多变地根据自身需求自由设计一站式移动服务功能。

（3）促进信息共享。为打破信息共享阻碍，移动化人力资源管理服务系统对与系统相关的信息通过各相关系统进行整合与集成，不再受传统模式中每一阶层的条框限制。各个管理层次和管理职能之间能够通过一站式移动服务完成信息的直接传递，直接跨阶层进行信息交流和处理。在信息交流和处理的过程中，对每一阶层都是开放式的，原有的沟通障碍已经透明化。与人力资源管理相关的信息沟通模式不再是各阶层、各职能部门的封闭式模式，而是实现了信息全员共享。

3. 新技术推动人力资源信息平台的建设和升级

追求卓越运营是 HRSSC 不变的主旋律，流程、模式与技术缺一不可，从机器人流程自动化到人工智能，HRSSC 智能技术应用持续升级。

（1）智能技术推动 HRSSC 快速发展。移动互联网、云计算、大数据、人工智能、物联网、区块链等新一代数字化技术颠覆了人类的生产和生活方式。一些新的智能技术在人力资源管理中得到了日益广泛的应用，例如移动技术（如 APP、企业微信号、微信小程序等）、自然语言处理（如语音与文本互转、声纹、情绪、文本挖掘等）、人脸识别（如微表情、情绪等）、其他技术（如光学字符识别（OCR）、爬虫、机器人流程自动化、虚拟现实（VR）、增强现实（AR）等）以及 DevOps 和微服务框架等。企业的人力资源管理也从 E-HR 阶段转向 D-HR（digital HR，数字化 HR）阶段，两者的具体区别如表 4－3 所示。

表 4－3　E-HR 与 D-HR 的区别

E-HR	D-HR
传统人力资源服务交付模式	数字化人力资源服务交付模式
执行与流程	整合的人力资源服务平台
以网络浏览器为接口的系统	以移动端应用为主
从纸质版到网页版	数字化设计
基于流程	以人为本，体验至上
通过服务水平协议评价	实时评价
定期提供报告	实时交互的信息监控
单独的数据分析，缺乏体系与联系	整合分析与信息监控

资料来源：刘凤瑜，等．人力资源服务与数字化转型．北京：人民邮电出版社，2020：114.

智能化、数字化技术在人力资源管理中的应用促进了企业人力资源信息平台的重塑。图 4－15 展示了某公司的人力资源信息平台，包括六个层次：面向员工的服务展示层（包括 PC 端和移动端两个端口）、服务于公司决策的数据分析层；具体的事务管理层和基础业务层；后台性质的数据交互层和人力核心数据层。人力核心数据层采用 Oracle 数据库，为全公司提供数据支撑。数据交互层是主数据平台，包含组织、岗位、人员的信息，此类信息由主数据平台传递给其他系统。基础业务层使用 peoplesoft，提供与组织、人员和人事相关的信息。事务管理层包含人力专员进行日常业务操作的平台和模块，其中全面薪酬、薪资计发、绩效管理、业务审批平台在 peoplesoft 中实现；招聘管理、人才发展、考勤休假、学习平台、档案管理平台、人力共享平台以 peoplesoft 作为数据支撑，但在 peoplesoft 之外开发。数据分析层是数据分析平台，对各单位的人力资源负责人进行人力相关数据的分析和展现。服务展示层是面向员工的门户，提供与员工相关的各类信息的查询和修改。

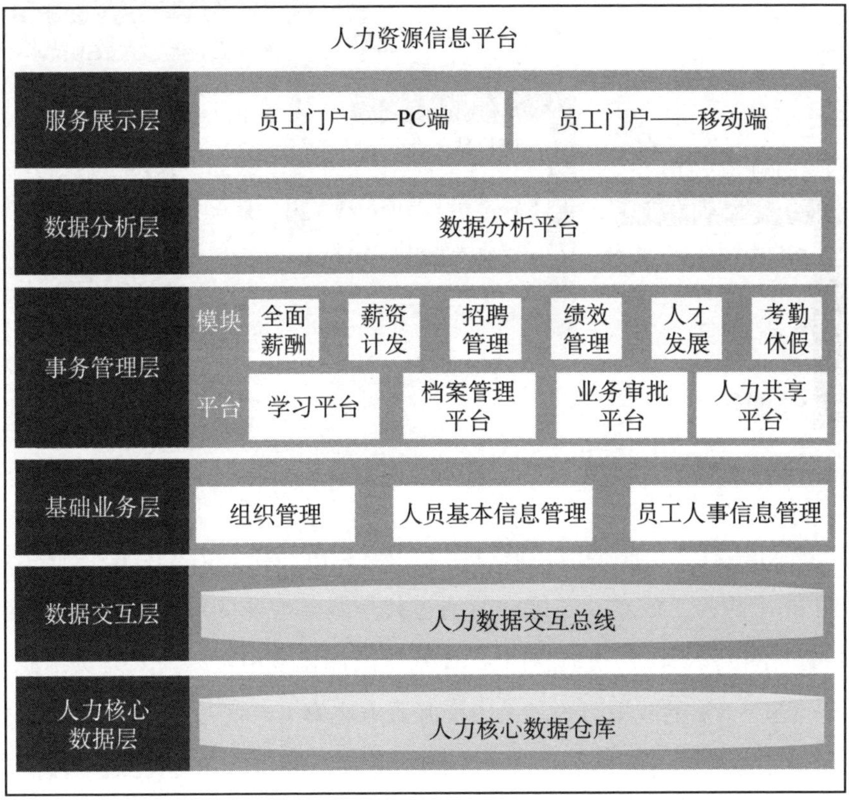

图 4－15　某公司的人力资源信息平台

人力资源信息平台的重塑推进了 HRSSC 的快速演进与成熟，如图 4－16 所示：第一阶段的 HRSSC 主要强调通过人力资源服务的集中、打通来实现效率的提升，以达成业务支持的目的；第二阶段的 HRSSC 通过流程线上化再造，实现体系和平台的搭建，通过产品进行交付，极大提高了服务效率，以达成业务赋能的目的；第三阶段则伴随着人工智能、大数据技术的应用，基于体验驱动和产品创新，实现智能化、差异化和灵活化交付，助力对人力资源业务的预测和决策，以达成更高效的业务“智”持目标。

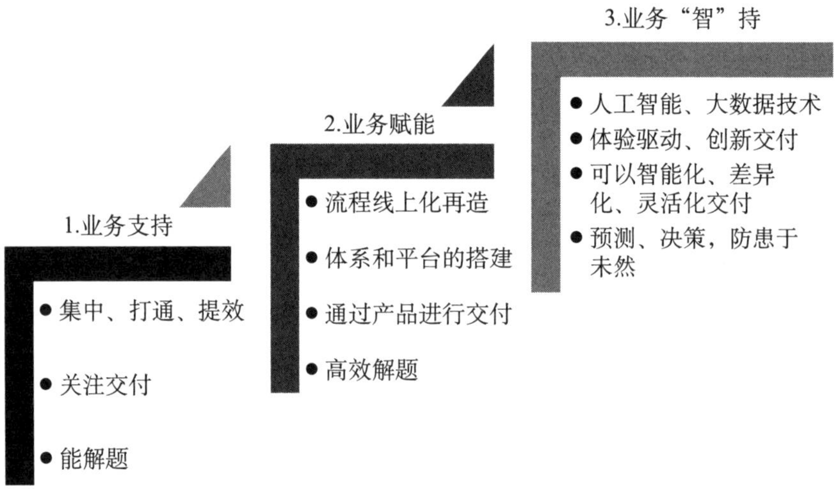

图 4－16　HRSSC 的演进与成熟

有测算表明，在美国，通过 HR 共享服务转型，大型集团企业可以节约 28% 的人工成本；在国内，通过共享服务模式变革，可以实现每年 9% 的时间成本节约。通过对 D-HR 系统的深化应用可以为人力资源职能管理带来 6.5% 的成本节约。人力资源服务比率（专职人力工作人员总数 / 在职员工总数）的平均值可由 1∶150 变为 1∶200，在运营效率较高的劳动密集型企业这一比例可达到 1∶400。

（2）智能化 HR 共享服务交付的设计思路。通过应用各类新兴智能技术（例如机器人流程自动化、智能机器人、劳动合同电子化），HR 共享服务可以站在平台使用者的角度，按照新的人力资源应用架构，通过转变思维来设计企业共享服务平台，搭建全渠道、微服务、大平台的人力资源服务体系，从而提高效率和用户体验。总体上，HR 共享服务体现了以下设计思路：

1）全渠道接入，统一服务入口。整合门户、移动端 APP、邮件、微信等服务渠道，建立统一的服务入口，取代原有的各类系统单独登入的方式，用单一的企业级 APP 取代多个服务 APP。

2）微服务模式，针对不同用户群提供高感知度的用户服务。识别不同用户群的关键价值诉求，匹配人力资源相关活动中的关键活动。在员工层面，贯彻员工全生命周期的场景化功能设计，如移动签到、制度咨询、自助查询和请假申请等。在人力专员层面，推出简单、易操作的工作管理界面，如可定制化的工作台界面、流程可视化过程跟踪、灵活的员工档案查询等。在管理者层面，设计一目了然的管理驾驶舱，如日常团队管理和动态人才分析。

3）集内容与运营为一体的智能化管理平台。作为支撑前台微服务的后端管理平台，企业可以从内容实现和服务运营两方面同步建设：一方面，对原有的 E-HR 系统进行改造升级，以满足管理需求，并随需灵活扩展支持共享服务模型的系统功能；另一方面，搭建全新的共享管理平台，内容上包括工单管理、流程引擎、知识库、共享服务中心运营分析、系统集成平台等，从而对前台服务进行监管、数据管理、数据分析。图 4－17 是某公司基于智能技术形成的数字化人力资源管理全景图。

（3）智能化 HR 共享服务的变化。新的底层框架技术让人力资源管理系统有了更多的想象空间，增加了自动化和智能化的可能性；在支持人力资源业务处理的同时，有效连接了经理、员工，他们可以享受到触手可及、简单易用、方便快捷的人力资源服务，从而人力资源的业务处理过程更加透明。共享服务中心的进化演变也实现了从“线下”到“线上”的工作模式变化。图 4－18 为智能化下网易公司的 HR 共享服务流程，可以看出，员工通过多元化的产品交付入口（网易泡泡、易信 APP、热线电话、微信公众号、OA）提供自己的服务，智能化的一线机器人则基于 HRSSC 知识库完成第一层次的接待任务，如果不能解决则进入人工形式的咨询 SLA 或工单 SLA，实现即时解决或按照协议进度解决问题。

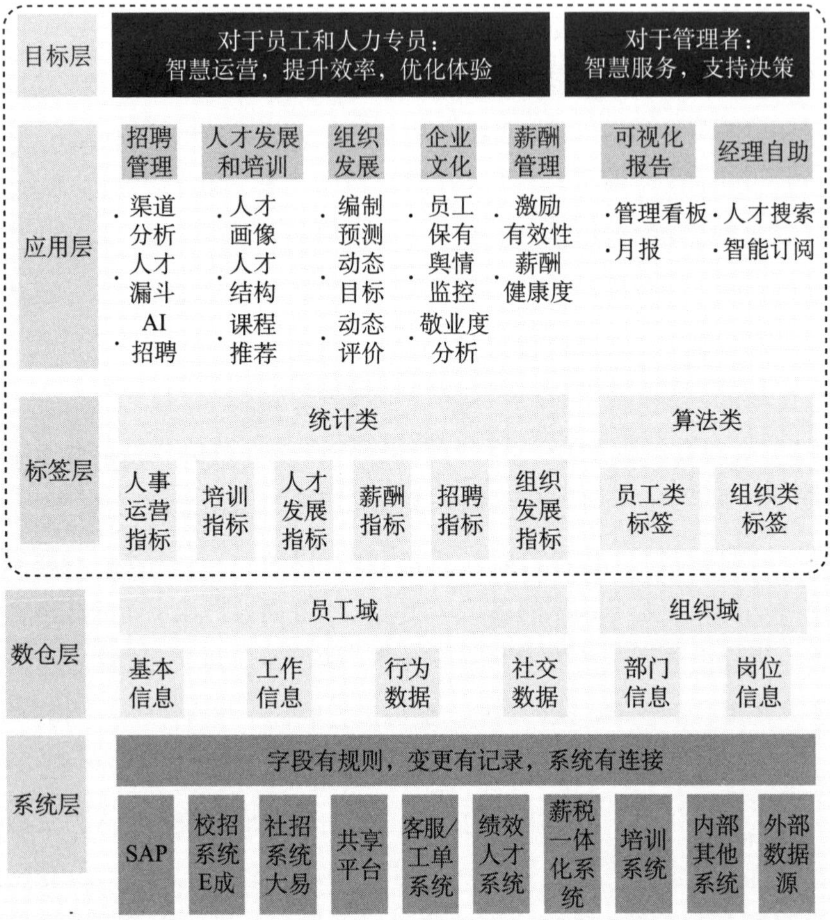

图 4-17　智能技术驱动下的某公司数字化人力资源管理全景图

在智能技术应用下，HR 共享服务的交付发生了很大转变，常见的交付形式包括：

1）员工自助入职。自助完成平台中各应用端的联通、整合和功能验证，帮助员工快速完成角色转变，融入公司，感受文化价值，提升效率。

2）智能自助服务终端机，包括自助证明开具服务、自助政策查询服务、自助文件投递服务、自助物品领取服务、自助入职手续办理服务、自助工卡印制服务等，使得员工生活更便捷、更省心、更安全、更高效。

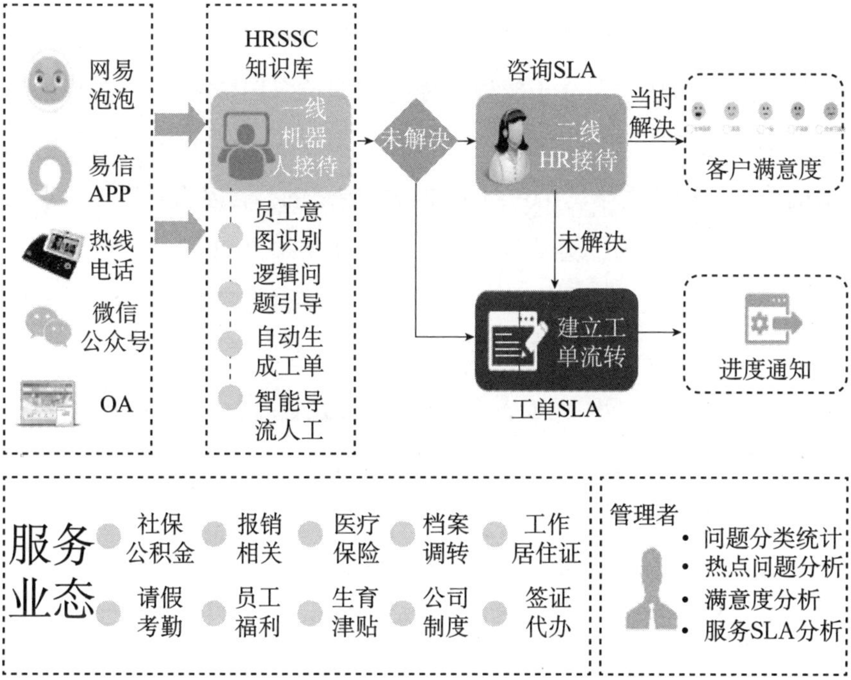

图 4－18　智能化下网易公司的 HR 共享服务流程

3）智能客服。智能问答机器人提供各种人力资源政策、制度的查询，涉及请休假、五险一金、员工关系等，同时根据所在地区、公司的政策差异，提供定制化的问答服务，让员工随时、随地、随心地获取便捷、精准、高效的服务。

4）提供特殊推送服务，例如生日祝贺、周年纪念、企业文化日、体验官等，从点滴关怀做起，帮助企业培养文化“仪式感”，增强员工的凝聚力和向心力。

5）自动化流程平台。通过引入自动流程机器人，提升智能化水平，实现员工关系、薪酬、社保模块的统一操作，以及入离调转、薪酬变动等流程的线上化及移动审批。

6）移动平台。移动招聘通过集团化招聘工作运营平台，驱动招聘工作体系化管理，储备人才管理数字化技术，提升雇主品牌；移动绩效通过全流程移动端管理绩效工作，实现了流程自动、方式灵活、工具便捷和数据安全；移动学习基于领导力模型和职位任职资格体系设计课程体系，为不同层级的员工提供丰富的在线学习课程；赋能业务提升了知识传播的速度，把移动学习平台打造成公司内部的“百度百科”。同时，以移动学习平台为基础，尝试为公司的合作伙伴提供知识付费服务，使之成为公司平台化生态的一部分。在积分兑换平台上可兑换小礼品、小食品，对知识学习与知识分享进行激励，以提升互动与体验。

7）实现智能看板。例如，智能化的管理监控就是通过视觉化的展现形式清晰直观地呈现核心运营数据的分析结果与趋势，管理者借助服务看板能够实时监控全国各区域公司数据系统的处理情况。智能化的效能监控，就是通过对比分析，对于运营中出现的异常及时预警，便于及时掌握态势和处理问题，有效进行业务效能监控。

三、典型智能技术在 HRSSC 业务中的应用

机器人和智能化已经成为 HR 共享服务的新宠，人事智能终端一体机、虚拟现实设备、机器人已得到快速应用。自助服务和移动端已成为 HRSSC 的基本配置。德勤《2018 年中国地区人力资源共享服务调研报告》显示，E-HR 系统（占比为 73%）、移动端（占比为 47%）和流程平台（占比为 47%）是目前企业使用最广泛的系统平台；报表功能、知识库及工单系统和呼叫中心系统是调研中对共享服务平台最关注的三大功能，占比分别为 77%、66% 和 53%；呼叫中心系统、智能问答系统已经成为 HRSSC 中最基本的组成部分。通过移动终端及门户与员工互动成为提供员工服务的重要途径。下面介绍几种典型智能技术的应用。

1. 机器人流程自动化的应用

HR 共享服务中的交易通常有两个特点：一个是大量重复，另一个是规则可循。这两点正是应用机器人流程自动化技术的关键。所谓机器人流程自动化，是指使用软件机器人，自动执行通常由知识工作者执行的高度重复性的日常任务。机器人流程自动化已经不是个新词了，标准、简单、重复、大量的流程是这一技术大规模推广的基础。过去，它仅能处理较为简单的业务，但随着人工智能技术的日渐成熟，可通过光学字符识别和自然语言处理等图片识别和语义辨析手段，弥补它仅能作为“手”的短板，增加“眼睛”和“耳朵”的功能，从而提高了智能化程度，能够处理更复杂的业务，增加处理业务的可用性和延展性，降低使用门槛。机器人流程自动化技术能够直接触及人力资源服务痛点，为 HR 共享服务提供一个自动化和高效的解决方案。借助机器人流程自动化技术，企业的 HR 共享服务将获得解决方案。

机器人流程自动化技术在 HR 共享服务领域的应用包括以下七个方面：

（1）招聘管理。随着业务不断发展，公司对人才的需求也越来越大。人力专员每天需要登录各大招聘网站，不断筛选和搜集简历信息，人工操作不仅费时费力，还容易遗漏。机器人则可帮助人力专员快速分发招聘信息，筛选应聘简历，通知应聘人复试，从而实现招聘自动化管理，减少手动操作，提高人才招聘率。

（2）考勤管理。人力专员每月需要统计员工的工作时间和出勤时间，核对员工工时记录，耗时费力。机器人可自动执行数据统计，并核验记录。一旦发现数据信息异常，机器人会立即发送邮件给相关负责人，以便负责人及时进行调整，有效地管理员工考勤。

（3）社保 / 公积金结算。每月 HRSSC 都需要一一核对、校验每张结算单的内容，把有问题的数据单独摘出来，然后把所有结算单中的数据合并整理成一张报表。在此基础上，再把表格转换成业务系统的标准格式，然后导入业务系统参与当月的薪资计算。机器人可帮助人力专员完成结算单数据格式校验、汇总报表制作、系统导入文件制作以及业务系统导入等一系列操作。

（4）个税申报。个人所得税通常通过自然人税收管理系统扣款客户端进行申报。有时会出现纳税主体的个人所得税为零的情况，但仍需登录客户端，并逐个完成公司的个人所得税申报操作。机器人可自动从维护好的纳税主体信息表中提取出公司信息，然后登录个税 PC 端进行零税额个税申报，并在申报完成后将申报结果记录在指定的报表中。

（5）工资单发放。大多数工资核算流程都是基于规则，涉及大量数据输入工作且本质上该操作具有高度的重复性，因此它们构成了经典的机器人流程自动化案例。机器人流程自动化通过与 ERP 系统中的数据核对，来验证工资系统中员工数据的一致性。薪资、福利管理、奖励和报销核对都可以由机器人自动跟踪和生成，实现薪酬自动化，以提高准确性并缩短处理时间，尤其是当公司拥有大量员工时。

（6）差旅费用管理。员工出差后会向人力资源部门提交账单进行报销。差旅费用流程通常依靠手动操作，常常会遇到收据缺少、政策外支出、捕获信息有误、延迟报销等问题。机器人流程自动化可以将个人费用与组织内外不同系统的预定义规则和法规进行比较。通过使用光学字符识别技术从纸张中读取文本、图像并将其翻译成计算机可以理解的形式，自动进行验证与匹配，从而实现从标准费用的无人值守自动审批到有人值守或混合模式下各种项目的引导检查。

（7）福利采购。在智能化和个性化的浪潮下，企业在福利采购方面的变化表现在由过去的统一采购发放模式变为卡券兑换模式，再到智能福利员工平台模式。例如，京东于 2018 年 4 月上线智能福利平台“京东京喜”，通过智能选品与员工进行自主选择兑换，充分满足员工的个性化需求。京东京喜针对企业特点和需求建设的内购商城应用模块“酷兜”，通过整合品牌资源，连同品牌的线下渠道以内购的方式为企业客户打造“预算”员工专属福利特权平台。中智的“给到”2.0 平台推出了电商购物、餐饮美食、交通出行、休闲娱乐、教育培训、轻松生活六大板块，全面覆盖员工福利应用的各大场景。清晰的个人福利账、便捷频繁的福利使用，让员工在成长的每个阶段都享受到高度适配的、个性化的福利体验。平台集成了人事、产品、数据、预算、结算等七大中心，助力人力专员实现一站式操作管理。在数据中心，人力专员可以自动生成数据报表，随时了解员工的消费数据，掌握福利传递情况，及时调整福利策略，满足员工的个性偏好。另外，员工或经理的自助平台还可以实时同步社保、公积金、税务等机构的官方网站，第一时间获取官方更新的信息并同步企业的知识库。

2. 智能机器人的应用

在人力资源管理领域与机器的赛跑中，面对企业服务平台的海量咨询工作，“人力资本 + 机器学习 + 智慧程序”这一组合渐入佳境，人工智能赋能下的智能机器人开始应用于人力资源领域，承担解答员工问题及流程处理的工作。例如，人力资源聊天机器人（HR Chatbot）是一款企业内部助手机器人，利用了自然语言处理、情绪识别、语音分析、知识图谱等相关智能技术，可 7×24 小时在线。它通过不断完善知识库，协助企业的人力资源、行政部门，为不同员工提供及时、简单、个性化的自助服务，灵活解决人事、行政、财务、信息技术等各类问题，真正成为一名聪明的员工管家，也成为数字化企业 HRSSC 的新宠儿。在聊天机器人的协助下，人力专员得以从重复烦琐的日常咨询解答类事务中解放出来，腾出更多时间和精力，提升自身技能，为员工提供更为人性化的服务、更有价值的培训，从而为企业留住优秀员工，让企业运转更加高效。

IBM 利用人工智能与求职者互动，目标是营造意义非凡的体验。从首次互动开始 IBM 就牢牢吸引了求职者的目光，同时就求职者是否与职位相匹配达成共识。为应对这一挑战，IBM 开发了一种人工智能解决方案，名叫沃森候选人助理（Watson candidate assistant，WCA）。WCA

改变了求职者与 IBM 的互动模式。过去，在网络招聘广告或招聘网站上获悉工作机会资讯后，求职者和招聘单位会在求职面试现场首次见面。而采用人工智能后，求职者和招聘单位可以通过聊天机器人实时互动，从而获得更为个性化的求职流程。求职者获得的信息越丰富，与职位的契合度就越高。每进行一次互动，聊天机器人的智慧程度都会更进一步。同时还可以将视频嵌入流程，更真实地反映企业的工作环境。采取这些措施后，IBM 的高素质求职者人数不断增加。在试验研究阶段，对 WCA 与传统静态网站的比较发现，WCA 的考察 / 申请比例为 36%，传统静态网站的这个比例仅为 12%。WCA 的净推荐值（NPS）[①] 也高于传统申请途径，而且申请与面试的时间间隔大幅缩短。IBM 的人力资源沟通副总裁卡丽·阿尔铁里（Carrie Altieri）指出：“IBM 平均每天收到 7 000 份简历，在合理的时间范围内找到合适的求职者无异于大海捞针。自实施 WCA 以来，招聘时间大大缩短，净推荐值增加一倍，求职者与职位的匹配度也显著提高。”此外，IBM 的人工智能助手“Blue Match”，能够根据员工所掌握的技能向他们推荐开放职位；有些聊天机器人在一年中的某些时段比较忙碌，如绩效管理聊天机器人、福利登记聊天机器人和薪酬规划聊天机器人，它们被称为“季节性机器人”。IBM 还推出了一些全天候机器人（每周 7 天，每天 24 小时全年待命）。其中，广受欢迎的新员工聊天机器人是最繁忙的，每天平均回答 700 个问题。如果员工有问题不知向谁求助，就可以找新员工聊天机器人帮忙。IBM 开发可供人力资源职能部门各领域员工全年使用的聊天机器人，目的在于快速准确地解答员工问题，同时减轻人力专员的工作负担，让他们解答更复杂的人力资源问题。IBM 首席执行官表示，人工智能助手已经为 IBM 节省了

① 净推荐值（NPS）是由 Fred Reichheld、Bain & Company 和 Satmetrix 联合开发的一项忠诚度指标，也是以上三者的注册商标。2003 年，Reichheld 在《哈佛商业评论》上发表的文章“One Number You Need to Grow”中首次提出 NPS 概念。NPS 的最低值是 -100（每个人都是贬损者），最高值是 +100（每个人都是推荐者）。NPS 为正值（即大于 0）是“良好”，NPS 的值大于 50 则为“优秀”。

近 3 亿美元的保留费用。[①]

例如，在智能机器人领域，德勤开发了一款产品——Amelia。Amelia 作为数字化智能助理，同时具备文字和语音两种响应方式，并支持多种语言。Amelia 可以使用自然语言引导用户完成业务流程，并根据文字分析识别用户的情绪状态。它不仅是聊天机器人，还是企业的数字员工，具备完善的自然语言处理能力和内置的流程执行工具，可以根据用户的意愿采取相应行动。

某全球领先的快消品企业通过使用聊天机器人，充分运用移动终端等数字化手段，将开发的聊天机器人应用于招聘环节，可代替人力专员用自然、智能、充满温度的语言与应聘者沟通，不仅可以灵活应对包括公司情况、政策规则、职位情况、薪酬福利、团队情况、招聘规则在内的各方面精细化问询，还可以通过向应聘者提问，收集应聘者信息，为他们主动推荐匹配的职位，引导招聘。在招聘简历筛选及面试环节，可大幅提升流程效率及减少人员投入，其人才招募团队以不足 15 人的精简人员配置，承接了企业 85% 的人才招聘工作，在短短几个工作日内可完成数万份简历筛选，招聘流程服务比达 1 ∶ 200。此外，结合自动化及人工智能技术的应用，其呼叫中心每日可服务的应答量高达 400 个，大部分工作由智能机器人承接，这大幅提升了服务效能。

阿里巴巴的员工助手“阿里小蜜”能够助力入离职、招聘、共享中心、工作签证等 8 个系统的优化，帮助人力专员处理了 70% 的员工咨询事项。

3. 电子签技术的应用

劳动合同电子化在劳动法、劳动合同法、电子签名法中均明确获得法律效力的前提下，在企业中得到了广泛应用。从成本、效率、安全方面，较纸质合同来说，劳动合同电子化具有明显优势。在主动服务阶段，

① Nigel Guenole，Sheri Feinzig. 人工智能在人力资源领域的应用案例 .（2022-01-22）.https：//www.ibm.com/downloads/cas/odnvvnq5.

电子签名成为企业员工数据流管理平台的载体。在这个阶段，企业将更倾向于在线协作、自助和电子签名的移动性。对于一些大型的集团公司而言，员工分布在几百个城市，每个城市可能需要配备一个专员来负责员工的入职工作。在实现了电子签名的在线协作、自助、移动后，企业只需要一个专员即可完成近百个城市的员工入职工作量。电子签名还可以通过对合同全生命周期的智能管理，为企业沉淀管理数据和行为数据提供载体和平台，为未来实现关系管理的员工数据建模和预测奠定基础。

目前，电子签约已经在员工的全生命周期中得到应用，包括：（1）招聘：签订三方协议、要约和通知等。（2）入职：签署竞业限制协议、保密协议、员工手册等。（3）在职期间：确认工资单，开具在职证明，出具岗位调整、岗位变动确认函等。（4）离职：开具离职证明等。除此之外，在劳动合同续签与变更、期权股票签署、学习文档签署、员工离职等场景，电子签约也已经有所覆盖，并且实现了“远程、验真、有体验”的效果。

以入职流程为例，电子签约主要在以下环节发挥作用：（1）将需要采集的信息在候选人正式入职前就通过手机进行收集，包括毕业证、学位证、身份证等，这些信息不再需要通过复印件的形式提交，全部以线上化的形式收集，方便保管。信息在收集完成后，流转至运营中心，结合学历编号等信息马上进行验证，验证通过便直接进入下一环节。（2）入职当天，基于前期上传的信息，员工可以至前台进行验证识别。紧接着，员工进入入职现场，使用移动端就可以开始入职培训。入职培训结束后，进行合同的电子签约。

引入电子签约的价值体现在：（1）实现服务效能的提升：在引入电子签约后，通过将入职场景全面线上化，单个员工的入职时间缩短了约60%。（2）减少人员投入：自助环节的增加让人力专员不需要更多地全程参与入职环节，减少人员投入。例如，贝壳的劳动合同续改签管理已经实现了仅由 2 人支持全国员工的合同续改签。

企业的 HRSSC 在选择电子签平台时必须注意两点：（1）数据安全。

这是电子签名技术的核心，包括合规管理、权限管理、公证处实时公证等安全系统，以减少法律纠纷，维护企业权益。(2) 完全兼容。需要具备灵活的接口能力和人力资源行业场景解决方案，以便快速连接现有系统。

4. 其他智能技术的应用

(1) 光学字符识别技术。光学字符识别技术通过扫描等光学输入方式将各种票据、报刊、书籍、文稿等印刷品的文字转化为图像信息，再利用文字识别技术将图像信息转化为可以输入计算机的信息。当下，这一技术正逐渐应用到人力资源领域，可以将其与入职办理流程中新入职员工的身份相关信息的验证相结合。在新员工入职前，可以要求新员工提前上传学历证书、资格证书、身份证、银行卡等复印件至系统，利用光学字符识别技术对信息进行识别，同时对接第三方征信平台（如学信网），快速完成员工的学历信息验证。证件复印件提供的前置化，加强了背景调查，提高了效率，也减少了数据的出错率，同时所有环节的数据都记录下来，便于未来的大数据分析（王崇良，2018）。①

(2) 刷脸技术。当下，刷脸技术已经比较成熟。公司内部常见的应用场景是门禁刷脸、会议签到等，此外还有其他不少应用场景，比如大多数公司通过刷工卡或刷脸进行自助打印证明。再如，在入职办理过程中，打通刷脸技术与访客系统，用于新员工报到的提前预约，以提升入职体验与效率。

(3) 预约系统。预约报到的员工会得到相应的后台预约码，系统在发送预约码的同时，会推送公司的公共新闻和入职指南。员工到达公司后出示预约码，可以根据前期推送的指南，直接进入入职手续相关办理地点。另外，由于入职往往是批量进行的，为了方便管理，新员工的预约码已经与座位号相匹配，同时座位上会放置“入职大礼包”，包括员工

① 王崇良 . 百度在 SSC 中应用的各类新技术 .（2018 - 07 - 07）.https：//www.sohu.com/a/239914883_183808.

的电脑、办公用品、需要签署的文件等，方便查找。

（4）智慧数据分析。智慧数据分析使用现代数据仓库技术、大数据线上分析处理技术、数据挖掘技术和数据展现技术进行数据分析以实现商业价值。智慧数据分析是用来帮助企业更好地利用数据以提高决策质量的技术集合，能将数据变成信息、将信息变成知识并以有意义的方式呈现给决策层，辅助决策层对企业进行决策支持。

案例：海尔集团 HRSSC 的发展演变与新业务模式

海尔集团 HRSSC 的发展历程大致可分为组建成长期、发展成熟期和数字转型期三个阶段。

第一阶段（组建成长期，2008—2011 年）为专项专柜模式，由线下专柜负责创客的入离调转和薪酬核算发放等人力资源基础业务。员工直接到每个柜台办理对应的业务，其优势是专业化服务效率高，利于培养服务人员的能力，但也面临用户办理业务等待时间长、体验差，且员工工作过于单一和发展受限的问题。自助服务大厅分区示意图见图 4－19。

图 4－19　自助服务大厅分区

资料来源：作者拍摄于 2021 年 9 月。

第二阶段（发展成熟期，2012—2018 年）开始联合线上线下方式进行一站式服务，尝试开启建立政企直联模式，将 HRSSC 推广到全国园区。此时可称为“一柜通模式”，实现了流程制度的标准化、信息化，以及从线下人工办理转移到线上信息化系统办理。线下有叫号机，也可以在线上平台预约到自主服务大厅接受服务，中台人员会统一进行标准化流程处理，完成后由前台将处理结果反馈给员工。后台建立对外接口，与人社局、保险公司等相连通。

在第三阶段（数字转型期，2019 年至今），为了更好地搭建人单合一的基础平台和增值赋能平台，聚焦用户最佳体验，助力创客无忧创业，助力小微企业快速引爆引领，海尔将线下业务完全转到线上，只保留部分 VIP 窗口解决少数问题，利用数字化推动 HRSSC 向智能化和无感化转型，建立共享云大厅（见图 4－20）。将人力资源提供的基础服务场景化，打造共享云平台，服务于创客与成熟法人企业。前台为创客提供一对一服务，梳理了 20 多个应用场景，员工可根据需求在移动端进行自助操作，实现“0 跑腿、0 延误、0 签字”；中台为法人企业提供平台与技术支持，帮助它们进行人力资源管理，如薪酬支付、系统运维等。在共享云平台基础上，开拓 iHR 生态云，为独立资产管理企业、初创企业等利益相关方提供平台，开拓 HRSSC 服务范围，服务于海尔集团生态圈，以打造更好的生态品牌。

海尔集团 HRSSC 经过战略调整，目前更名为 iHR 生态云平台，属于集团运营生态圈，主要包含两个具体模块：一是 HR 共享云平台，主要为海尔集团内部的创客与小微企业提供服务，帮助他们实现价值，提供无感化服务支持，共服务于 500 多个法人小微企业与 10 余万名员工，实现创客“0 跑腿、0 延误、0 签字”，帮助小微企业降本增效、实现增值。二是正在开发优化的 iHR 生态云平台，主要是为初创企业提供平台与增值服务，并为独立资产管理企业提供个性化服务，例如医院这类纳入海尔生态圈的利益相关方。该平台为全集团提供服务，已经完全实现

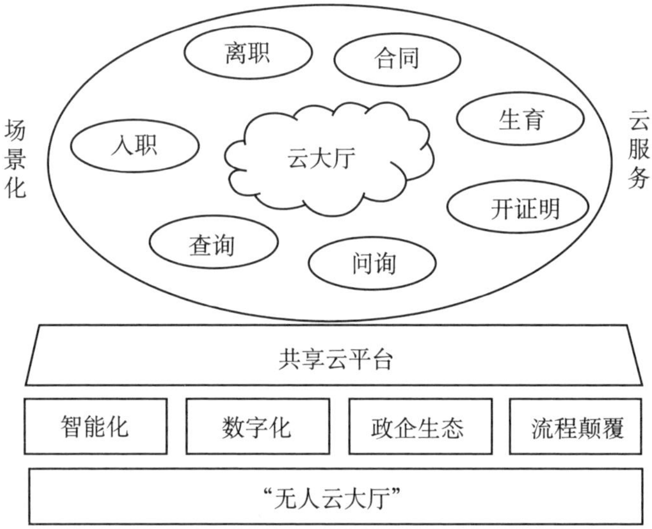

图 4－20　数字化转型期的海尔集团 HRSSC 云大厅示意图

了从一个职能部门转变为一个价值创造中心，通过收取服务费、在内外部市场化的过程中不断实现平台的价值增值。

海尔集团 HRSSC 利用数字化变革，将运营聚焦于技术创新、模式创新和场景化创新三个方面。在技术方面，使用电子签技术实现“0 签字”，建立 HR 共享服务云大厅，充分利用 HR 工资 RPA、年金 RPA、SAP 数据导出 RPA、小 S 巡检 RPA、数据处理与发送 RPA 等五个流程机器人，以及智能小 E 等新型技术；在模式创新方面，开创政企直连模式，建立政企互联生态圈，与人社局、多家银行、公积金中心、体检机构建立互联互通关系，打通流程节点，提升服务体验；在场景化创新方面，通过对众多业务进行流程梳理，确定 200 多个节点，提供 20 余种场景化服务，包括公积金提取场景、员工入职场景、证明场景、智能体检场景、入转调离场景、职称 / 落户场景、婚姻状态场景等，利用场景化服务给员工带来更优的体验感。

在线上平台，海尔打造了 My HR 系统（为员工量身打造的 HR 共享系统）。该系统包括三个端口：PC 端、移动端和管理平台端。PC 端作为中台，主要为小微企业提供服务，包括员工数据激励及预入职 / 退休到期预警、政策咨询服务、保险安排等。移动端作为前台，主要为创客提供服务，记录员工的各项业务申办情况，提供多场景服务流程及电子工卡，还有智能问询系统。管理平台端不仅显示所有业务的进展情况，而且记录和管理全部流程。在线下平台，海尔集团总部配备了三台小海鸥自助机及部分人力资源服务窗口，解决线下工卡与职称申报等服务需求。

05

第 5 章

HR 共享服务的组织设计

组织和人员是企业实施经营活动的基本要素，也是实现战略目标的重要保障。共享服务中心的战略定位决定了它在公司整个组织结构中的位置及自身的内部结构。组织结构又在很大程度上对战略目标产生影响，并决定着各类资源的合理配置。

5.1 共享服务中心的战略结构与选址

一、共享服务中心的战略结构

战略结构规划是指共享服务中心的结构性定位规划。不同的战略结构会对共享服务中心的战略定位、业务复杂程度、管理复杂程度产生根本影响。由于共享服务中心主要面对大型企业集团，包括跨国的企业集团，因此战略结构选择是建立共享服务中心首先要涉及的问题。

1. 三种战略结构的特征与比较

共享服务中心把原来企业（集团）中分散的人力资源业务功能集中起来。但是，对于不同类型、规模的大型公司，设立共享服务中心的数量会有较大差异。根据面向客户提供服务所涵盖的领域不同，共享服务中心的战略结构主要有全集团中心、区域中心、专业中心有三种。前两种以地域作为标准，而第三种则以单个 / 类业务流程为标准。

（1）全集团中心。全集团中心是指将企业全集团内可以集中的业务流程都通过一个统一的共享服务中心进行处理，服务于全集团的各业务单元，通过业务流程重组和标准化，为企业提供低成本的增值服务。对于跨国企业而言，这种模式也称为“全球中心”。全集团中心的优点是规模经济优势明显，但对于跨国集团而言需要应对不同国家和地区的法律法规，需要面对语言、文化、时差等差异，需要有完全整合的系统。因此，这种模式在实际操作中难度最大，但是会被一些管理规范的跨国企业（如惠而浦等）等采用。

（2）区域中心。区域中心是指企业的一个或多个业务单元共同建立共享服务中心，基于业务交易提供支持服务，以企业整体成本降低为目标。这种结构下，不是只建立一个共享服务中心，而是按照企业集团业务板块的区域划分在多个区域建立几个共享服务中心。这种模式的优点是按照区域划分更加贴近企业实际，能够根据不同区域的特殊要求提供更加专业的服务，减少共享服务中心运营的复杂流程，同时通过流程优化降低企业集团和各业务单元人力资源服务的总体运营成本。全球性的跨国企业大都按照区域建立了 HR 共享服务中心。区域中心结构将企业的全球业务划分为数个大区，然后将某些业务流程集中到某个大区的共享服务中心处理，如欧洲、美洲、亚太地区，或者华东区、华北区。相对于全球中心来说，这种方式建立的难度较低，被更多的企业采用。如果企业涉及的产业众多，且涉及无关多元化，则可考虑按照产业建立共享服务中心，使服务更加专业化和具有针对性。

（3）专业中心。专业中心是指主要以单个或单类人力资源业务流程为标准，在全集团范围内建立共享服务中心。专业型共享服务中心是在某种 / 类功能的全集团化管理和各种功能合作的基础上建立的，基于价值、知识提供支持服务，重点在于消除重复劳动、提供专业服务，着重于核心业务的处理，例如专门处理薪资福利的全集团共享服务中心。

总体而言，全集团中心的规模经济优势明显，收益最大，但对信息系统支持、人员技能（如语言等）都有较高要求，在应对不同区域法规方面面临较大压力，管理难度最大。区域中心淡化了全集团中心对集中人员和适应性的要求，通过划分区域的方式使各方面的要求在相对适中的范围内统一，标准化程度低一些，因此对信息系统和人员要求相对较低，管理难度较小。专业中心主要就单个/类流程在全集团范围内统一标准，涉及地域广泛，也面临不同区域法规的挑战，但是总体上业务单一，管理难度最小，可以为企业培养这类职能的专家。三者之间的比较见表 5-1。

表 5-1　三种战略结构的特点比较

类别	全集团中心	区域中心	专业中心
标准化和适应当地要求的程度	在最大范围内对流程实现标准化、规范化和简单化，但是很难适应全集团不同的要求	可以设计与当地要求相符的流程	单个/类流程在全集团范围内得到标准化，但难以适应全集团不同的要求
规模经济性的实现程度	最充分、最完全地实现规模经济性	较为充分地实现规模经济性	较为充分地实现规模经济性
对系统的要求	需要一个完全整合的系统	不一定需要完全整合的系统	不一定需要完全整合的系统
对人员的要求	很难对共享服务中心的人员定义技能要求	区域性的文化和语言差异较易适应和调整	鼓励发展各类职能的专家
受不同地域劳动法规的影响	分布在不同地域的全集团中心可能面临差异化劳动政策法规的影响	地区性劳动法规问题可以在各个区域的共享服务中心得到解决	将面对不同地域劳动法规的影响
管理难度	相对较难	相对容易	相对容易

2. 三种战略结构的选择

根据人力资源服务分类的结果，企业特别是跨国公司可以选择建立一个全球共享服务中心与几个区域共享服务中心的组合，也可以建立几个相互独立的国家或区域共享服务中心。前种体系组合中区域共享服务中心的数量越少，其标准化程度和规模效益则越高；后种体系则随着区域或国家共享服务中心的数量增加，执行的效率越高，灵活性越高，但成本也会相应增加。具体的设立情况要考虑企业集团的规模、业务的形态、产业的分布状况等。如果企业集团的业务单元集中在同一个地区，则建立集团统一集中的共享服务中心即可。如果业务遍布全国甚至全球，就可以按照区域建立分区域的共享服务中心，由区域中心负责区域内的人力资源服务。

以拜耳集团为例，在规划 HRSSC 体系时，拜耳集团在德国设立了拜耳全球中心来负责执行六项全球化流程（因为集团总部在德国），同时设立了区域或国家中心负责其他因地区而异的流程的实施。拜耳公司的人力资源业务流程中包括三种不同类型：一是在全球的每个地区都能以同样的方式进行的全球化流程，可以纳入全球 HRSSC 中；二是有一个共同基础但是在不同地区会有差异的核心的全球化流程，可以纳入区域 HRSSC；三是在不同的地区会完全不同的全球化流程，则可以纳入地区 HRSSC。

在共享服务模式方兴未艾的时期，很多公司希望建立全球中心来服务全球客户，尽管这种模式在很多业务模块中运转良好，但是建立的难度很大。对业务复杂、需要适应当地语言文化、法律规章的跨国公司来说，区域中心可以作为单一的全球中心的过渡或替代方式。这些公司都会建立一系列配合良好的共享服务中心，将不同的业务放置在合适的地点，自上而下或者自下而上地完成工作流，从而促进效率的提升，增强区域的文化认同。专业中心与前两者相比，可以说是更现实的，它可以作为虚拟共享服务中心的实际形式，让共享服务中心能提供更灵活的服务形式，从而既能保持主要的专家技能，同时也可以维持或者减少整体的运营成本。表 5 - 2 展示了共享服务中心三种战略结构的选择标准。①

表 5 - 2　建立不同结构的共享服务中心的标准

全集团中心	区域中心	专业中心
● 以需求为基础的服务和流程驱动 ● 持续的流程和政策执行 ● 有全球技术支撑 ● 无语言、时差、法律方面的问题	● 需要对当地文化高度理解 ● 能提供全球中心所不能提供的特殊服务及专家 ● 客户人数超过了预期规模或者小国家拥有了大国家的特征	● 比区域中心更小 ● 能提供区域中心所不能提供的特殊服务和专家 ● 存在规章制度 / 文化方面的限制 ● 使用非标准化的语言 ● 提供“面对面的”服务

案例：中兴通讯与西门子公司 HRSSC 的布局与架构

中兴通讯公司的 HRSSC 设在运营服务部，除在海外区域设置 10 多个 HRSSC（大多以国家或地区为单位构建，包括加拿大、美国、德国、俄罗斯、南非等）外，国内也设置了总部 HRSSC 和设在深圳、上海、南京、京津、西安及川渝等区域的六个平台，覆盖全国 30 个研究所 / 办事处（见图 5 - 1）。总部 HRSSC 设有总监，主要负责统一政策平台的建立、服务与工作规范、咨询热线、信息技术业务处理平台、计件标准与规范、全流程跟踪与监控等工作。六个 HRSSC 平台各分设一名 HRSSC 平台经理，主要负责工作常驻地及辐射区域的人事业务办理工作。HRSSC 总监对各平台经理在业务上进行指导和考核。HRSSC 总监及各地平台经理直接向运营服务部部长汇报。②

① Gospel H, Sako M. The unbundling of corporate functions : the evolution of shared services and outsourcing in human resource management. Industrial and Corporate Change, 2010, 19 (5): 1367 - 1396.

② 陈淑妮，谭婷，崔翯也 . 共享服务中心：专业化人力资源管理新模式 . 中国人力资源开发，2011（11）：47 - 51.

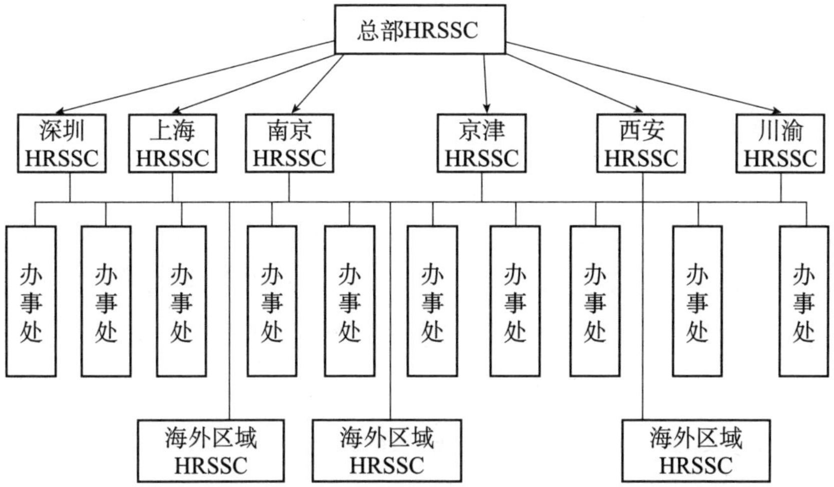

图 5－1 中兴通讯 HRSSC 早期的组织结构

作为世界上最大的高效能源和资源节约型技术供应商之一，西门子公司在全球建立了 7 个共享服务中心，其中美洲 2 个、欧洲 3 个、亚洲 2 个。中国区的共享服务中心服务于整个东北亚地区，成立于 2010 年。共享服务中心主要包括人力资源、财务和采购三大部门，并作为一个单独的团队组织进行运营。西门子公司的 HR 共享服务中心共 110 名员工，已实现的职责为：员工主数据管理、薪资发放、福利管理、外籍员工管理、签证管理、差旅报销管理、HR 系统管理等。培训事务性工作主要包括西门子东北亚地区内部员工的培训课程选择、报名、安排、反馈调研、费用结算等。

二、共享服务中心的选址

集团化企业或全球企业要建立多个共享服务中心才能满足客户的需求，因此企业必须对这些中心进行合理的布局和选址。实践中，一些企业包括咨询公司都是基于经验和案例，总结出一些选址和布局的原则。也有少数的研究者构建和总结了共享服务中心选址的理论模型。

特别是对于跨国公司而言，选址时要考虑的因素更多。概括来看，选择建立区域共享服务中心还是国家特定的共享服务中心都要考虑企业的内外部因素。内部因素包括服务分类的结果、内部客户群的数量规模和位置等，员工数量较多的国家可以建立国家共享服务中心，而那些员工数量相对较少的国家之间可以建立区域共享服务中心。外部因素包括社会－经济因素、税收和补贴因素、基础设施因素、生活环境因素、运营成本因素、办公空间因素、劳动力要素等，具体见表 5－3。

表 5－3　影响共享服务中心选址的外部因素

社会－经济因素	税收和补贴因素	基础设施因素	生活环境因素	运营成本因素	办公空间因素	劳动力要素
● 经济增长 ● 劳动生产率 ● 货币稳定性 ● 教育投资 ● 对外国投资的态度 ● 基础设施投资	● 创造就业机会的要求 ● 资本投资的要求 ● 员工培训成本补贴 ● 税务规则 ● 退出成本	● 公路/铁路/机场便利性 ● 通信网络 ● 信息系统服务的可用性	● 住房成本和住房供应情况 ● 生活费用 ● 教育和成人培训的可获得程度 ● 医疗服务 ● 犯罪率对外国居民的态度	● 劳动力成本 ● 通信成本 ● 公用事业费用 ● 资本投资的折旧 ● 税收成本 ● 信息系统购买成本	● 租用空间出租率 ● 租赁条款的灵活性 ● 建筑的可获得程度 ● 接近就业来源 ● 时区兼容性	● 外语技能 ● 熟练劳动力的可获得程度 ● 劳动力费用 ● 教育水平 ● 招聘成本 ● 服务和团队合作精神 ● 外国雇员的工作许可证 ● 缺勤率

在制定选址决策时，应该重点关注如下因素：（1）规模效益：集中运营的共享服务中心可发挥规模优势、降低运营成本以及管理难度；如果

公司存在其他类型的共享服务中心，在共同地址上建设成本更低。(2)人才：需要重点考虑可供选择的人才的数量和质量、语言能力（对全球运营公司尤为重要)、离职率和工资成本等。(3)基础设施：包括电信的质量、电力的质量和稳定性、房产等。(4)业务展望：业务开展难易度，政局稳定性和自然灾害、税收、7×24 小时运营、数据 / 知识产权保护、供应商成熟度等。

对于国内的大型企业而言，共享服务中心选址统筹是指基于成本、服务、人员等因素选定合适的场地作为建立的地点。通常影响选址的因素包括以下几个方面：(1)场地成本：如果定义共享服务中心为成本中心模式，且当前主要的业务都在总部，则可以在总部单独划出一块场地用于共享服务中心。但如果是外包或支持多地的业务，则需要选择新的场地。(2)人员成本：要考虑选址所在地的人力资源成本的高低和招聘的难度。招聘人员时要选择语言相通者，同时考虑是否有外语的要求。如果当前城市大学较多，相关的资源很容易找到，人力资源成本适中，那么可以在当地的开发区和高新区附近建立共享服务中心。(3)人员异动成本：建立共享服务中心后，涉及外地员工异地安置或离岗，成本较高。因此选择人员异动最少的模式，既可以减少知识的遗失，也可以减少人员异动成本。(4)基础设施成本和风险：要考虑场地备灾需求，所在地的水电、税费、网络的影响。在大城市的开发区，基础设施较好，可以做一个同城备灾。

对于跨国公司在中国的分公司或中国本土企业而言，共享服务中心的选址和布局不用特别考虑语言、政治、汇率方面的差异，只需考虑成本收益和人力资源维度的因素。对于大部分企业而言，在总部和分部所在地分别建立共享服务中心是最简便的方式。特别是在共享服务中心初建期，为了确保平稳过渡及有效管理，共享服务中心多贴近总部选址。

华为公司的 HRSSC 建设[①] 致力于“让人力资源服务触手可及”。从 2012 年开始，所有 HRSSC 都分三阶段：初创期（ESS/MSS/ 呼叫中心 / 入离职管理）、发展期（其他人力资源事务流程和数据分析）、全业务（外派福利 / 学习发展 / 绩效管理 / 员工关系）。HRSSC 可以为员工提供考勤、发薪、社保、劳动合同、人事信息、卡证、签证、绩效、外派补助、户口、入离职、探亲机票等涉及人力资源业务问题的解决方案。华为的业务覆盖中国、亚太、欧洲 / 中东 / 非洲、美洲（销售占比分别约为 38%、15%、35%、11%），相应地，华为的 HRSSC 在全球设置四个大区，即中国 HRSSC、亚太 HRSSC、欧洲及非洲 HRSSC、美洲 HRSSC。

某国有特大型企业拥有员工 10.58 万人，人力资源工作人员 2 352 名。公司主要业务是海上油气开采，总部在北京，在天津、上海、深圳、湛江 4 个片区设立了分公司。2011 年公司已经完成了财务共享服务中心的建设，于同年开始筹划建设 HRSSC。鉴于组织结构较为分散（一级人力资源部 1 个，二级人力资源部 12 个，三级人力资源部 32 个，还包括 1 个下设 6 个分公司的人力资源公司），该公司决定建设混合型 HRSSC，在北京建立中国区的 HRSSC，在天津、上海、深圳、湛江分别建立 4 个地区级的 HRSSC（见图 5－2）。该公司在设计 HRSSC 组织结构时并未考虑选址的相关因素，只是简单地将中国区 HRSSC 置于总部，将地区级的 HRSSC 置于各个分公司所在地而已。这可能是基于控制的考虑，作为特大型国有企业，方便控制是首要的考虑因素。

---

① 华为公司不仅有 HR 共享服务中心，还有 4 个非 HR 共享服务中心：（1）财经共享服务中心：财经领域建立的是多级共享服务模式，年人均处理发票达 8 000 多单。（2）信息技术共享中心：完成 19 个信息技术应用系统智能机器人在线服务的推行，在业务量增长 31% 的同时，平均处理时长缩短 36%。（3）全球技术支持中心：交付领域的全球技术支持中心（GTAC）的远程交付率从 28% 提升至 54%。（4）投标共享中心：销售领域中覆盖全球的四大投标共享中心已全部完成建设并投入运营，并整合形成统一的交易共享中心（deal hub），成为公司所有交易文件的统一出口。

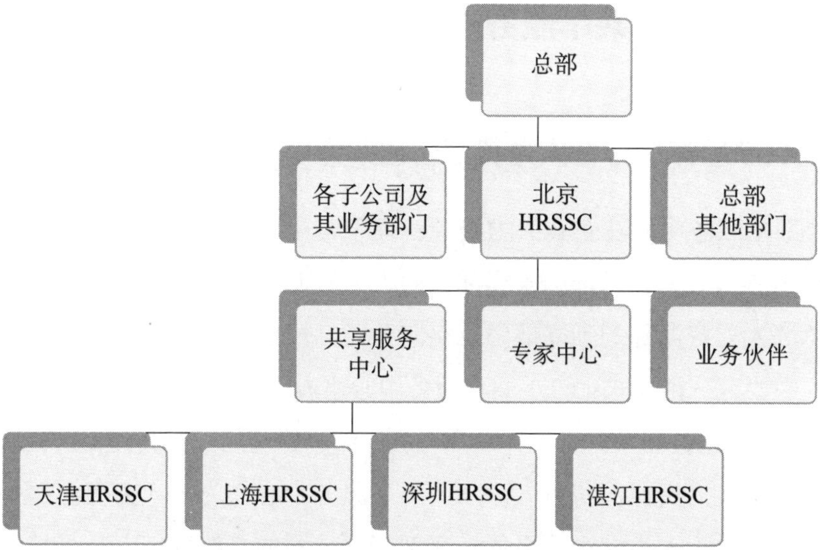

图 5-2　某国有特大型企业 HRSSC 组织结构图

但是，随着共享服务中心的持续发展，特别是近年来共享服务的技术手段与交付模式持续升级，量化、可视化的运营与绩效监控使得管理更加便利与有效，地理位置已不再成为共享服务处理、交付与管控的障碍，远程服务已成为常态。HRSSC 逐步向人工成本较低的城市迁移。以德勤全球交付中心（GDC）为例，在 2007 年开始开展共享服务时，各中心在设计上贴近总部与业务部门，分别在公司总部所在地上海，主要业务分公司所在地北京、深圳建立共享服务中心。在共享服务内容持续拓展、服务流程持续标准化后，出于成本与运营考量，以及员工对共享服务中心接受度的提高，2015 年德勤 GDC 集中迁移至重庆，借助远程服务与协作平台的技术加持，为全国德勤员工提供服务。

5.2 共享服务中心与其他组织的关系

一、共享服务中心在人力资源管理架构中的位置

共享服务中心在企业人力资源管理架构中应该处于什么位置？是作为集团总部人力资源部的隶属部室向人力资源总监汇报，还是平行于集团总部人力资源部的独立部门直接向公司高层汇报？从目前企业实践来看，主要有三种模式：（1）共享服务中心隶属于人力资源部，与 HRBP、HRCOE 平级，是人力资源体系的二级部门、公司的三级部门，其直接汇报领导为人力资源部负责人。（2）共享服务中心作为与人力资源部平级的部门，属于人力资源体系的一级部门、公司的二级部门，其直接汇报领导为分管人力资源的副总。（3）共享服务中心隶属于公司整合的大共享服务平台，属于大共享服务平台的一级部门、公司的二级部门，其直接汇报领导为大共享服务平台的领导，大共享服务平台则直接汇报给分管的公司副总。

组织形式没有好坏之分，主要看企业的具体情况、财务共享服务中心的发展阶段，以及企业基于管理因素的不同选择，因而最符合实际情况的就是最好的。这三种模式各有利弊：（1）模式一：共享服务中心与其他部门归属于同一个直属领导，利于人力资源管控工作的推进，但如果需要获取公司更高层领导的支持，中间环节较多，流程较长。（2）模式二：共享服务中心的直接汇报领导层级最高，利于直接获取公司高层领导的支持和指导，尤其是在建立初期，对于共享服务中心工作的开展和推进有很大帮助；但是，同时也因为直接汇报领导层级较高，对一些待决策的细节问题不能像模式一那样及时给予反馈；此外，人力资源政策向下推行的难度和复杂程度要高于模式一。（3）模式三：将可以共享的业务都归入大共享服务平台，有利于业务的标准化，提高共享程度。但共享服务中心与其他部门之间需要协调的问题也容易出现，对业务的

推进存在一定制约。

二、HRSSC 和 HRBP、HRCOE 之间的互动关系

人力资源部从混合模式向三支柱转型，其本质就是重新定位人力资源部门，将角色一分为三，以提升效率和效能。与传统人力资源管理的水平和垂直分工有所不同的是，HR 三支柱转型通过人力资源管理架构以及不同主体之间分工的调整，试图更好地实现人力资源管理的价值。HRBP、HRSSC 和 HRCOE 三者之间有分工，但更多的是需要协作。概括地看，三支柱中，HRBP 的职能类似于市场部，负责了解业务，掌握客户的需求，与业务单元保持良好的沟通，及时传递业务单元的需求，宣传和推动人力资源政策、企业文化的落地。HRCOE 的职能类似于咨询服务部，是智囊机构，为业务单元提供专业咨询服务，帮助业务单元完善管理，改善流程。HRSSC 则为人事行政服务机构，负责落实政策、制度，以执行和服务为主。这三个部分并不是独立运作的，而是相互配合和沟通，存在层层递进的关系。

每个模块的政策层、流程层、应用层、技术 / 系统层，应如何划分？哪些放在 HRCOE，哪些放在 HRBP，哪些放在 HRSSC？表 5－4 是常见的三者之间的分工协作关系。需要说明的是，三种分工并没有标准要求，不同的公司里会表现出较大的差异性。

表 5－4　HR 三支柱的分工协作关系

职能	HRCOE	HRBP	HRSSC
招聘	● 人才规划与盘点 ● 雇主品牌管理 ● 招聘渠道与资源管理 ● 高端猎聘、内部竞聘	● 业务现场的用人需求分析 ● 业务现场的高端猎聘 ● 贴近业务端能力要求的面试环节	● 招聘线上化、自动化和智能化 ● 简历筛选、意愿沟通、面试安排、录取通知发放、背景调查等相关招聘支持工作 ● 招聘数据分析及持续改进

续表

职能	HRCOE	HRBP	HRSSC
培训开发	● 培训平台的搭建与运营 ● 领导力开发与培养模式的设计 ● 职业发展及培训体系的设计 ● 培训资源的管理	● 业务现场中承接和落实 HRCOE 培训计划 ● 业务现场培训需求发掘与培训实施	● 组织新员工培训、例行培训 ● 承接 HRCOE 和 HRBP 的培训执行 ● 对部分培训供应商的管理
绩效管理	● 岗位评估体系的设计 ● 绩效评估方法论及管理体系的设计优化 ● 业内绩效管理最佳实践研究	● 参与业务现场的绩效管理制度设计 ● 业务现场的绩效评估落地实施 ● 业务现场定制化绩效评估方案的设计	● 推动绩效评估的线上化 ● 组织及跟进例行绩效考核（如考勤）
薪酬福利	● 行业薪酬的研究及薪酬策略的制定 ● 薪酬体系的设计	● 业务现场定制化薪酬福利方案的设计与落地实施	● 薪酬福利调研的对接 ● 核算薪酬及薪酬线上化、自动化的推动 ● 薪酬与福利事务的执行，如算发薪、报税、对账、社保公积金操作、补充福利对接等
员工关系	● 员工敬业度、满意度的管理 ● 员工关系相关政策的制定 ● 劳动合同、员工手册等文档的制定、更新	● 员工特殊情况的处理 ● 业务现场的定制化员工沟通与关怀项目的设计与执行 ● 与劳动争议相关的沟通、取证等工作	● 入职离职、设计异动流程及推动线上化 ● 入职离职、异动手续办理及咨询答疑 ● 毕业生、实习生接收相关管理

续表

职能	HRCOE	HRBP	HRSSC
组织发展	● 组织发展体系设计与政策制定 ● 组织变革牵引及管理 ● 干部管理	● 业务部门的人才梯队建设与人才盘点 ● 业务部门的组织变革牵引及管理	● 对组织变动进行通告 ● 在人事架构图中根据变动进行修改
企业文化	● 企业文化的构建与迭代 ● 组织氛围的打造、沟通机制的建立	● 企业文化展业务现场的落地	● 把企业文化设计植入与人力资源相关的系统平台、产品及服务中

1. HRBP 与 HRCOE 的互动关系

概况而言，两者的关系是：HRBP 向 HRCOE 反馈业务部门的需求，寻求专业指导；HRCOE 指导 HRBP 开展工作。

具体地说：（1）HRCOE 制定的公司人力资源政策，需要业务现场的 HRBP 落实和推进，从而实现自上到下的整个人力资源体系保持一致。（2）HRBP 贴近业务现场，在工作中遇到自己无法处理的问题或需要公司人力资源制度的支持时，可以向 HRCOE 反馈。HRCOE 一方面向 HRBP 提供个性化的咨询和指导，另一方面则把公司诸多 HRBP 反馈的问题汇集起来，研究、设计并提供新的人力资源管理解决方案，从而通过制度来解决业务现场普遍存在的问题，尽量规范管理制度，提高工作的统一性和标准化，提高整体人力资源管理效率。这里也包括，HRBP 需要提出并将发现的人力资源管理方面的问题交付给 HRCOE，以便将设计得更加合理的工作流程交付给 HRSSC。（3）HRBP 在制度推广中通过员工的反馈，了解制度的可行性及可操作性，发现不足和问题，提出制度和流程的优化建议并反馈给 HRCOE，帮助 HRCOE 完善公司的人力资源政策、制度。

两者之间的互动关系如图 5－3 所示。

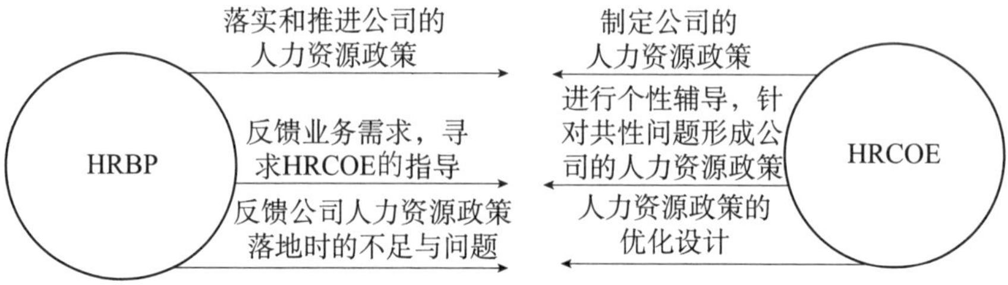

图 5－3　HRBP 和 HRCOE 的互动关系

2. HRBP 与 HRSSC 的互动关系

概况而言，两者的关系是：HRBP 向 HRSSC 反馈业务部门的人力资源工作需求，寻求 HRSSC 的服务支持；HRSSC 提供服务，分担 HRBP 的人力资源工作任务。

具体地说，HRBP 可以把自己面临的人力资源工作分为以下几种类型，采取不同的方式来分担处理：（1）对于可以纳入 HRSSC 的重复性工作，要求 HRSSC 分担；（2）对于有重复性，但是 HRSSC 目前不能够支持的工作，可通过 HRCOE 反馈，由 HRCOE 进行判断分析，按照业务需求制定出服务标准，交给 HRSSC 分担；（3）对于自己可以便利处理的工作，可以通过 HRSSC 授权后自己处理；（4）余下的人力资源工作自己承担。

两者之间的互动关系如图 5－4 所示。

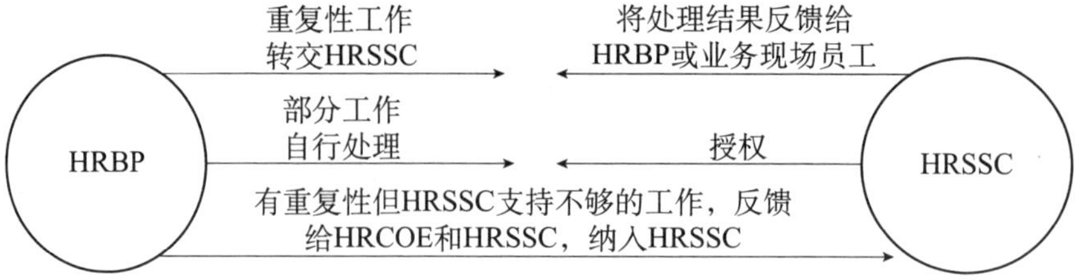

图 5－4　HRBP 和 HRSSC 的互动关系

3. HRSSC 与 HRCOE 的互动关系

概况而言，两者的关系是：HRSSC 提供公司的人力资源服务，并寻求 HRCOE 的专业指导。

具体地说：（1）HRCOE 和 HRSSC 制定的公司人力资源服务标准和流程，需要 HRSSC 落实和推进，从而保持整个人力资源服务标准和流程从上到下的一致；（2）HRSSC 把 HRBP 反馈的以及自己发现的需要纳入共享服务中心的服务，向 HRCOE 反馈，通过和 HRCOE 合作，扩展新的服务范围和标准，并将其纳入共享服务中心。（3）HRSSC 在服务过程中通过员工的反馈，了解服务标准和流程的可行性及可操作性，发现不足和问题，提出服务和标准的优化建议并反馈给 HRCOE，帮助 HRCOE 完善公司的人力资源服务标准和流程。

两者之间的互动关系如图 5－5 所示。

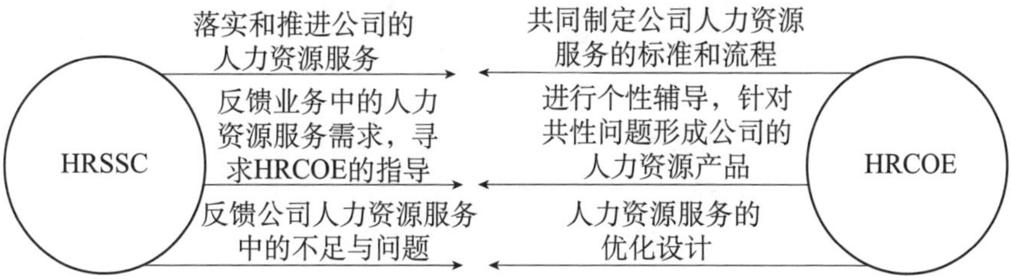

图 5－5　HRSSC 和 HRCOE 的互动关系

当然，很多时候三者并不是两两之间的互动关系，更多的是三者之间的分工协作。例如，HRBP 向 HRCOE 反馈工作中的过程，对制度和 HRSSC 提出需求，HRCOE 便通过分析给 HRBP 提供制度。如果需要 HRSSC 提供支持，则需要提供处理标准，HRSSC 便根据提供的标准提供系统和外包支持。HRSSC 对标准若有疑问，将会向 HRCOE 反馈问题，HRCOE 分析问题后，如果认为制度需要修改，则应该对 HRBP 进行宣导。

合理的组织结构设计保障了三个板块权责明确、分工合理、相互作用、相互优化、协调发展，从而从战略到制度实施都形成闭环运作。每一个环节发现了问题，都可以通过其他环节的统一优化来调整。三者共同确保人力资源管理工作顺利开展，不仅体现了客户价值导向，有效支持了内部客户对人力资源管理的需求，而且共同形成了完整高效的人力资源管理组织结构及作用机制。

案例：腾讯公司 HR 三支柱之间的关系

腾讯公司构建了 HR 三支柱后，逐渐形成了三支柱之间的分工和协同关系，如图 5-6 所示。

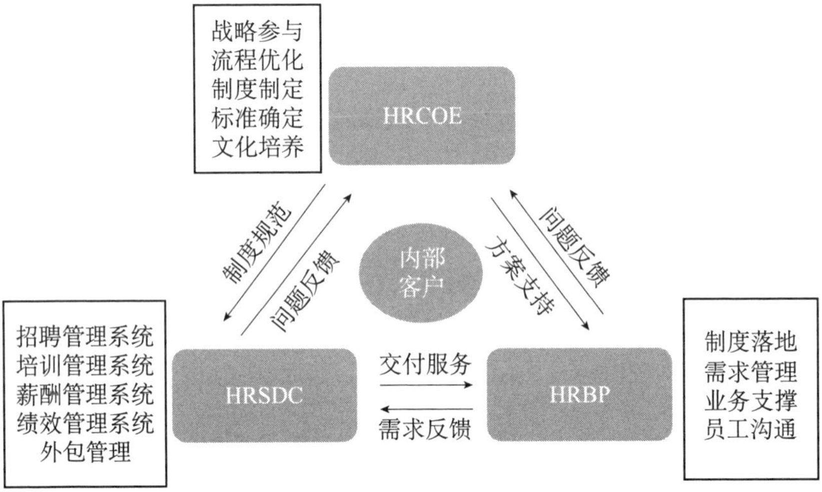

图 5-6 腾讯公司 HR 三支柱的关系

（1）HRCOE 与 HRSDC 之间的关系。HRCOE 制定的战略、制度、政策是 HRSDC 进行系统优化、外包管理的依据和准则。随后的具体工作需要 HRSDC 进行落实和细化。HRSDC 在执行政策、标准并将其系统化、流程化、精细化的过程中，要积极把发现的问题反馈给 HRCOE，以便及时修正和提升人力资源制度与政策，优化流程，提升人力资源管理效率。

（2）HRCOE 与 HRBP 之间的关系。HRCOE 基于公司战略并根据内部客户制定人力资源管理战略后，需要 HRBP 推广落实到内部客户。HRBP 在政策传导、政策落地的过程中，根据本业务部门的特点进行优化细化，使其更加符合本部门情况，促进员工对人力资源方针和政策的理解和认同，提高政策的可行性。同时 HRBP 在帮助业务部门梳理政策、挖掘需求的过程中，当发现人力资源服务产品并不符合内部客户的需要或者业务部门需求有变化时，需要向 HRCOE 积极反馈，促进 HRCOE 的优化和改进。两者的配合，使得人力资源管理在尽量规范化的框架内，既能确保制度的弹性，又能更好地满足业务部门的个性化需求。

（3）HRBP 与 HRSDC 之间的关系。HRBP 作为人力资源管理的一线人员，在对业务部门进行人力资源需求管理、员工沟通、发现问题的过程中，跳出烦琐的日常事务，负责提出业务部门对人力资源管理需求的解决方案，并将方案提交至 HRSDC，自身的主要精力放在与内部客户的接洽与方案的优化上。HRSDC 在收到 HRBP 所提出的人力资源管理需求后，通过自身的资源信息平台和专业化操作，将人力资源管理需求的产成品交付给各个业务部门，满足其人力资源需求。

5.3 共享服务中心的内部结构

一、共享服务中心的基本组织结构

共享服务中心有别于传统的业务部门组织，是一个专业的服务提供部门。比起一般组织，共享服务中心更强调标准化的流程、专业技能与服务的提供。因此，共享服务中心内部结构的设计应遵循以下四个原则：（1）流程化运作。以流程化运作为主要管理模式，追求人力资源服务提升工作效率和控制风险。（2）同质业务归并。对同一性质的业务如考勤服务、档案管理、招聘入职等进行归集，以保障该业务的统一。（3）高效协作。内部组织间相互提供协作和支持，并且保持这种协作关系的顺畅高效以及充分。（4）管理跨度合理。保持合理的管理跨度，使得每个小组之间以及共享服务中心经理能够有效地和组内成员保持管理沟通。

依据这些原则，共享服务中心的组织结构通常包括三类基本的部门。

（1）业务操作部门。业务操作部门负责日常工作，通常包括薪酬福利计算与发放、系统数据录入、人事异动/入离职处理、税务、社保处理与申报以及提供员工咨询服务等。通常情况下，业务操作部门的业务又可能分为两类：第一，呼叫中心，负责全模块、全集团内的员工咨询，包括服务热线的问询处理、疑难事件向中后台升级、对未完成事件的跟进、对职责范围外事件的准确转接；在对接员工需求之外，还需完成知识库的搭建、优化和日常信息的维护更新。第二，员工事务处理，通常聚焦于人事、社保、薪酬、福利等具体事务模块的业务处理，采用大厅服务与现场支持相协同的模式，可能包括人事、招聘、培训等业务操作人员。同时，承接相应的二线咨询解答、手续办理、薪资核算、福利造发、证明开具等业务，对业务办理的准确性、发薪的及时性和准确率负责。总体上，业务操作部门支持由 HRCOE 发起的主流程的行政事务部分（如发薪、招聘）。

（2）运营部门。运营部门侧重于流程梳理、服务质量监控、数据分析、信息技术（包括自助服务）、供应商管理、运营管理等支持模块内容。内设若干运营支撑岗，包括流程制度优化、系统运维、绩效、培训、服务等支撑人员，负责共享服务中心各个管理维度的支持。例如，运营部门的制度主管主要负责对集团的人力资源政策进行分解，并制定具体的业务细则；而培训、招聘等业务操作小组则需严格按照共享服务中心制定的业务细则落实执行，并将具体工作中出现的业务细则中未包含或不合理的内容及时反馈，从而形成发现问题和改进问题的循环优化机制。同时，运营部门的成员在组织运营中，需要将流程、系统、质量、绩效、培训、服务、标准化等各方面的运营管理规定落实到各个业务小组，确保各单元规范运营，不断提升组织的管理成熟度，建立健康、协作的成长型、学习型组织。

（3）系统支持部门。系统支持部门主要负责提供人力资源信息化解决方案与系统运维，将共享信息化平台的规划和建设、系统优化需求的分析与设计、新产品及新技术的应用、主数据的管理、日常运维、与其他信息系统的数据整合和集成等纳入其职能体系中。

案例：某公司 HRSSC 的内部分工

某公司 HRSSC 的内部分工包括以下三个方面（见图 5－7）。

（1）业务面主要负责入职手续、劳动合同、社保、公积金、户证、档案等人力资源业务处理，具体分为前后端，其中前端员工直接面对客户，收集和发放各项人事材料、接受咨询。后端员工承接前端的员工，负责与各政府部门联络，办理调户和各项社会证件以及劳动合同审核盖章、数据核算等后台业务。前端和后端员工定期实行岗位轮换机制，互相配合以实现对员工的有效服务。

（2）监控面主要进行人力资源业务流程的管理和监控，以提升业务处理与快速反应能力。

（3）服务质量评估与员工投诉面负责对服务中心业务的服务质量进行及时评估与优化，同时负责客户投诉，以不断提升 HRSSC 的服务质量。

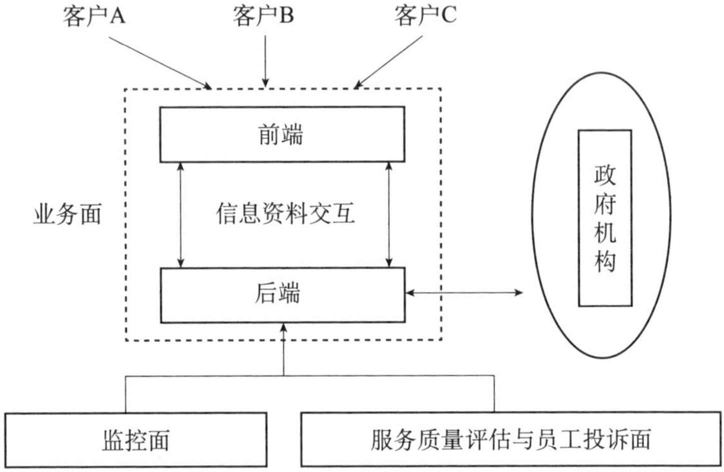

图 5-7　某公司 HRSSC 的内部分工

二、共享服务中心业务操作部门的内部岗位设置

员工事务处理中台的内部结构即流程事务处理中心包括的范围最能代表 HRSSC 的服务内容。常见的共享服务中心业务操作部门的组织划分方法有三种。

1. 按服务业务类别划分

这种方式遵循了专业化原则，按照不同岗位的具体工作职能划分，标准化程度高，有利于提高人员的使用效率，同时也简化了培训工作。但容易使人员过度局限于自己所在的职能部门而忽视组织整体目标，组织间的协调比较困难，只有最高主管才能对最终成果负责。按照这种思路设计的组织结构常采用“1+*N*”模式（见图 5-8），即 1 个支持小组（支持业务单元的运行）和 *N* 个业务团队。根据业务流程的性质，在每个 HRSSC 内部根据流程划分模块，比如将一个 HRSSC 内部分为流程 A 组、流程 B 组等，按流程（人力资源模块）进行管理。这种结构最大的优点是流程标准化程度高，工作效率高。

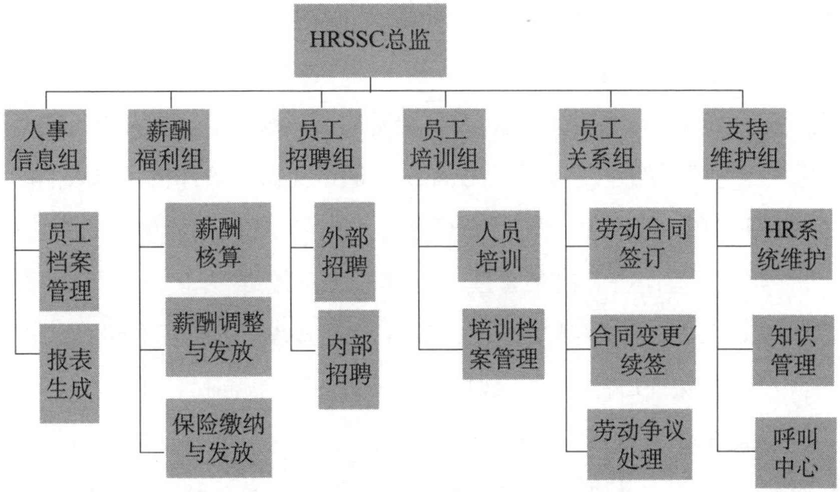

图 5－8　HRSSC 内部常见的“1+*N*”模式

例如，富智康公司的 HR 共享服务平台辐射全球，其服务涵盖了中国区的五个厂区，同时延伸到印度以及越南厂区，在全球共覆盖了 10 个以上据点。其全球 HR 共享服务中心共有员工 102 人，服务全球 10 万名员工。共享服务中心下设五个部门：（1）招聘配置：负责人才招募、校园 / 社会招聘的规则制定、品牌招募政策制定。（2）组织发展与学习：负责知识管理、组织设计配置、全球学习平台的搭建。（3）薪酬管理：负责高管 / 员工薪酬管理、组织绩效管理、职位管理。（4）企业文化与关系：负责文化和价值观管理、雇主品牌、道德准则和纪律管理。（5）产品开发运营：负责人力资源运营管理共享平台的搭建、人力资源信息平台的搭建、网络管理维护。其中前四个部门都是按照流程结构来设计的，第五个部门属于 HRSSC 的运营管理部门。

再如，DHL 中国公司 HRSSC 的组织分工包括：（1）薪酬福利团队，负责全国 73 家分支机构的工资统一计算和发放、寄送工资单及员工薪酬福利咨询；对于社保在当地办理的部分由操作中心与人力资源外包商合作完成。（2）培训及绩效发展团队，负责集中管理培训师的津贴、费用申请和报销；集中管理绩效管理系统；推广培训课程，制作电子期刊，制定标准化培训组织的模板及要求。（3）招聘团队，负责与其他职能部门建立默契合作关系，提供有效的人员发展建议；选择最优方案进行招聘信息的发布，协调各部门的时间组织面试，通过面试准确评估候选人的能力从而推荐适当人员。（4）员工信息团队，主要负责员工劳动合同的签订、终止和续签管理，员工档案管理，以及信息系统维护等。（5）管理报告团队，整合公司对外的各项报表，负责为内部各职能部门提供所需的人力资源报表，保证口径一致、数据来源一致。①

2. 按服务对象地理区域划分

这种方式下，共享服务中心人员针对不同国家、不同区域的客户分别提供相应的服务。此种方式适用于不同区域的业务有特殊需求的情况，特别是由于不同的区域存在法律法规、政策环境等因素的限制，需要与特定区域相匹配的知识。这样划分便于共享服务中心人员更好地针对服务对象的业务情况提供服务，迎合特定客户的需求，有利于提高客户满意度。不足之处在于对人员要求较高、流程标准化程度低以及工作效率低。在按区域划分组织的方式中，有很多公司会将不同的分中心建在靠近服务对象的地方，以获得语言优势。

大型跨国公司多采用这种结构。由于跨国公司的全球化、多元化业务体系带来了庞大的管理体系及组织结构，因此 HR 共享服务中心涉及多个区域的服务。例如，伟创力公司的 HR 共享服务中心起名为 HRGBS，包括亚洲 HRGBS、印度 HRGBS、欧洲 HRGBS 及墨西哥 HRGBS。其中，亚洲 HRGBS 不包含印度，分别在中国深圳、珠海及马来西亚设置了共享服务中心，服务范围包括中国、马来西亚、新加坡、日本、韩国、菲律宾、印度尼西亚等亚洲国家的超 8 000 名员工。中国区的深圳 HRGBS 和珠海 HRGBS 服务范围包括薪资福利（C&B）、

① 梁淑巍 . DHL 公司人力资源共享服务中心建立研究 . 长春：吉林大学，2012：32. 本书作者进行了整理。

人力资源信息系统（HRIS）、客服中心（help desk）、招聘支持（TA support）和全球派遣支持（global mobility support，GMS）等，服务超过 68 000 名员工。

3. 按公司业务板块划分

这是指共享服务中心内部按照整个公司的业务板块类别来构建内部的组织结构。例如，某大型跨国公司按照汽车板块、化工板块分别搭建共享服务中心模块。采取这种模式的主要原因是，不同的业务单元在人力资源服务的需求上往往会有差异。这种结构能更精准地聚焦于内部客户的需求。但是，这就意味着不同业务单元之间人力资源流程的标准化程度较低，那么从整个公司来看，总体的工作效率也会有所降低。

4. 混合模式

不少大型企业集团的共享服务中心综合运用了上述不同逻辑的结构设计方法，既考虑了不同区域客户的业务特殊性，也考虑了岗位职能的专业程度。这种方式既有按区域划分组织的优点，又在业务单元内部进行专业分工，提高了处理效率。根据 HRSSC 体系的设计，一个共享服务中心需要向某一区域内的所有内部客户提供服务，因此选择哪种内部结构取决于该服务区域的内部需求，比如该区域内业务单元的需求差异性较大，则可选择业务单元结构。同时，项目团队要考虑如何将前面设计的分层交付模型嵌入选定的内部结构中，比如在分层交付模型每一层中按流程、业务单元或区域进一步分类，这样将保证向客户提供服务时更具针对性，从而提高工作效率。例如，某公司的 HR 共享服务中心对同质业务进行归并，按人事服务、培训、招聘划分不同的业务模块。然后在招聘业务模块中，按照客户的业务区域进一步分组；在区域招聘组中，又按照入职、校招、社招等不同招聘业务类型再分设不同岗位。

从对当前实践 HRSSC 的企业的调查结果来看，对于共享服务中心的内部分工与结构设计，有 15.5% 的企业按照不同的事业部（或业务单元）进行内部分工；有 77.5% 按照不同的服务职能（如招聘、薪酬福利、劳动关系）进行划分；按照地理区域划分的是少数，只占1.4%。当然，这和调查的样本特征有关。原则上，组织内部结构模式的选择是由共享服务的战略定位决定的，需要在成本与客户满意间寻求平衡。越是打破客户边界、以业务职能为主进行分组，越能体现共享服务的规模、成本、效率优势，但有可能牺牲个别客户的个性需求，影响客户满意；越是以客户为主进行分组，客户满意度越高，但在成本效率方面的效果就会相对较低。我们很难评判哪种设置方法是最优的。考虑到服务对象的业务特点，共享服务中心所处的阶段及提供的业务范围等因素，选择合适的组织划分方法，对共享服务中心本身的成本控制、服务质量及服务效率都具有重要的影响。

案例：腾讯 HRSDC 的组织结构

腾讯 HRSDC 建立了三个具有平台特性的服务和咨询机构。

（1）区域人力资源共性解决方案的服务与咨询团队。其职责是为区域业务板块的发展提供高效、周到、细致的业务支持和服务管控，提供更能让公司和业务信任的共享资源管理平台。具体表现为：负责区域的人才招聘、人才培训、综合人力资源事务服务平台的建设和运营，确保公司各项人力资源战略、政策、措施在区域的传承和落地上有充分的资源平台支持；满足区域业务长期发展和持续成功对人力资源专业服务支撑的需求；满足区域员工对组织氛围、各种人力资源服务的需求。

（2）人力资源信息化建设的服务和实施机构。其职责具体表现为：输出人力资源信息系统的建设机制和流程，并推动其得到优化和落地执行，确保企业内部人力资源信息系统的有序性、高效性、安全性；深入挖掘和快速响应人力资源部门和人力资源信息系统用户的需求，通过专业化需求分析，总结和提炼出与人力资源信息系统建设规划相匹配的方案，并推动开发实现；承担人力资源信息系统的运维工作，跟踪人力资源信息系统的运行健康度，通过对各类数据的分析找寻人力资源信息系统待改进提升的“优化点”，使之转化为新的需求规划，推动人力资源信息系统循环改进。

（3）基础人事运营的服务和咨询机构。该机构是以提高效率、降低成本、提升服务满意度为目标，以共享、标准、高效为特点，处理各种人力资源方面重复性、操作性事务的集成化服务平台。基础人事运营的服务和咨询机构分为“经济”基础、运营管理、服务质检体系三个层面：1）“经济”基础即底层的运维有效性管理，包括成本 – 价值理念、资源规划与投放、关键指标体系；2）运营管理包括运营平台建设和信息系统建设两个部分，涵盖交付管理（业务接入、业务标准化、交付控制）、数据管理（服务数量、人力布局）、作业平台系统建设、呼叫系统建设、知识库系统建设等多方面内容；3）服务质检体系关注多维客户，确保各种能力的循环改进。

资料来源：根据 https：//new.qq.com/rain/a/20201030A0BR8K00 相关资料整理。

案例：法国液化空气集团 HRSSC 的组织结构

法国液化空气集团是全球工业与医疗保健领域气体、技术和服务的领导者，在巴黎的泛欧证券交易市场上市（A 类），同时是法国 CAC 40 指数、欧洲斯托克 50 指数及富时社会责任指数成员企业。2020 年集团销售额达到 200 亿欧元，业务遍及 80 个国家和地区，员工约 67 000 人，为超过 300 万名客户与患者提供服务。法国液化空气集团目前在中国设有近 90 家工厂，遍布 40 多个城市，拥有逾 4 000 名员工。中国已成为集团继美国、法国、日本和德国之后的第五大市场。集团在华的主要经营范围包括工业及医用气体的运营，由全球工程技术业务单元开展工程技术业务，由先进事业技术部和上海研发与技术中心从事创新业务。公司业务已覆盖中国重要的沿海工业区域，并继续向中部、南部和西部地区拓展。[①]

① 根据法国液化空气集团中国公司官网相关资料整理。

该集团中国公司 HRSSC 的总体设计目标有三点：第一，支持公司战略决策。人力资源部门需要根据中国公司的业务发展战略，从“数量”和“质量”上对公司的人力资源战略进行研究和分解，确保每个目标和任务都能落实到具体的工作岗位上，加强人力资源部门在决策支持、公司发展战略规划、资本运作和信息管理等方面的支持功能，促进公司战略目标的实现。第二，职责清晰，增强内部沟通。指清晰划分人力资源部门内的纵向授权管理和横向职责分工，增强部门内部沟通。通过职责分工和相关业务整合，使 HRSSC 在提高效率的同时符合相关人力资源制度和风险控制管理的要求。第三，以人力资源流程的标准集中化实现效率提升。在中国总部与各个区域、各个业务线执行统一标准的人力资源政策、统一的福利政策。按照统一的要求集中编制中国公司各个子公司的人力资源报表，对外提供准确、一致的人力资源信息。通过 HRSSC 把分散的人力资源整合为集中化、标准化的管理流程，为整个公司集中提供高效、低成本和高质量的服务。在具体实施中，由于分公司较多、分布分散，很难一步到位实现所有职能。公司首先在华东区试点，把 HRSSC 覆盖的职能定位为薪资、员工关系和招聘三个模块。然后，逐步推广到各个区域从而完成全国 HRSSC 的构建。HRSSC 的组织结构设计如图 5－9 所示。HRSSC 的岗位设计应满足 ISO 9000 内部控制的具体要求，在保证工作效率的前提下将内部控制环节在共享服务中心内部做到合理落实和分配，并采取管理监督措施。各个岗位必须根据 HRSSC 的组织结构和相关职能来设计，并构成一套较完整的岗位职责说明书。①

① 根据相关资料整理，主要参考：林明泉．跨国公司人力资源共享服务中心构建研究．上海：上海外国语大学，2014：28－29.

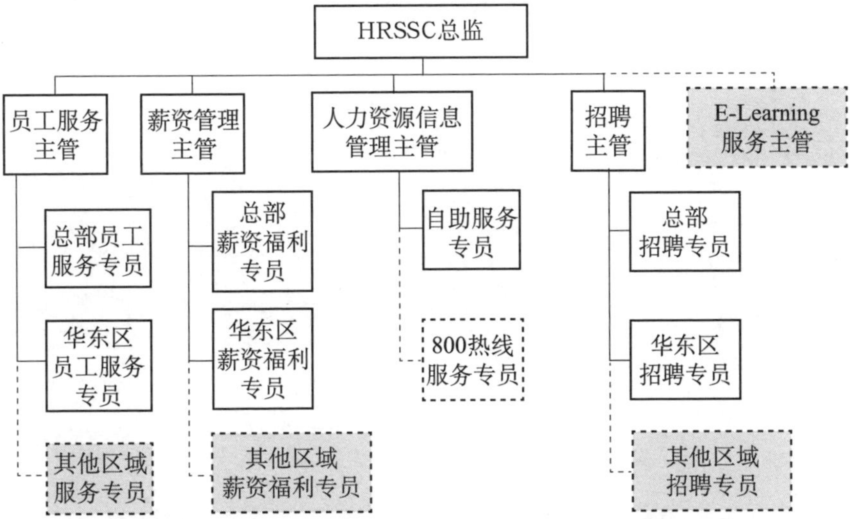

图 5-9 法国液化空气集团中国公司的 HRSSC 组织结构

06

第 6 章

HR 共享服务的人员管理

HRSSC 不同于传统的人力资源部门，其角色和职能都发生了较大变化，因此对于内部的人员管理也不同于传统的人力资源专业人员管理。传统上认为 HRSSC 主要是人力资源事务性工作的集中化、规模化、标准化处理，对内部岗位设置更多的是操作性岗位，人员要求也更多倾向于服务岗位的素质标准。但是，随着智能技术的广泛应用，人力资源服务的自动化、自助化程度得到了极大提高，HRSSC 的职能定位发生了很大变化（参见第 3 章）。相应地，HRSSC 内部人员的配置也发生了很大变化，操作性岗位的数量和人员配置减少，专业技能要求越来越高，并且衍生出人力资源服务产品经理、客户经理、员工体验师、数据分析师等新岗位。这些变化也扭转了曾认为 HRSSC 仅仅是低端操作服务岗位的偏见。

6.1 共享服务中心的人员配置与能力要求

一、人员配置

传统 HRSSC 的人员构成主要是事务处理人员、呼叫中心服务代表及少量负责 E-HR、流程和质量管理的人员。具体来看，HRSSC 的人员构成可以分为三个层级（Reilly & Williams，2003）。自助服务是不需要特定的工作人员的。第一层是人力资源前台办公人员和呼叫代理，他们与客户有最直接的连接，解决客户面临的实际问题，比如员工福利、差旅管理。第二层是人力资源顾问，只在一些比较偏向实际的规则方面提供具体的帮助。第三层是人力资源专家，他们既可以作为 HRCOE 的一员，也可以单独为 HRSSC 工作，他们的工作就是阐释更为复杂的政策方面的问题。其中第二层和第三层的人员既可以坐在一线办公室与客户直接联系，也可以在后台工作，将其专业知识直接通过特定技术渠道汇集到一线人员那里（Farndale et al.，2009）。[①]HRSSC 内部的组织结构和人员构成参见图 6－1。

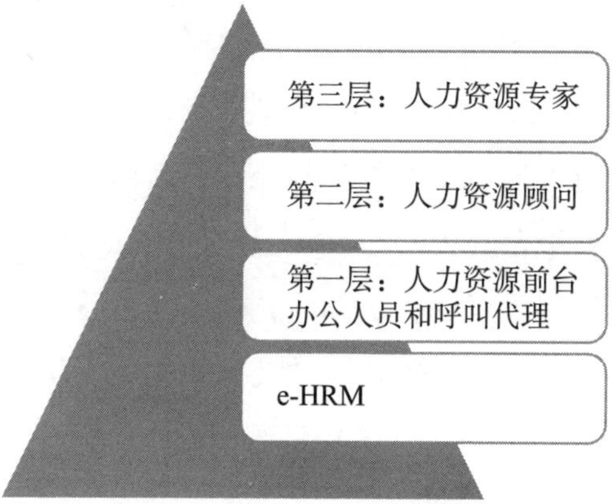

图 6－1 HRSSC 内部的组织结构和人员构成

如何合理配置员工规模，是搭建 HRSSC 面临的一个重要问题。通常利用 HRSSC 的员工人数与服务对象之间的比值来反映 HRSSC 员工的配置比，例如博世中国 HRSSC 的员工配置比约为 1∶246。综合当前已经建立 HRSSC 的公司的经验，HRSSC 的员工配置人数通常与以下因素有关：（1）服务对象的规模。共享服务中心的人数与服务对象的规模基本成正比，在 10 000 人以上企业中共享服务中心的人数在 50 人以上的比例明显增高。（2）覆盖的人力资源服务范围。随着覆盖的人力资源服务范围的扩大，共享服务中心的人数也增加。（3）信息化条件。如果共享服务中心更多的人力资源事务通过规范化、标准化的方式实现信息化

① Farndale E，Paauwe J，Hoeksema L. In-sourcing HR：shared service centers in the Netherlands.International Journal of Human Resource Management，2009，20（3）：544－556.

操作，特别是更多地可以通过自助服务平台实现对员工的人事服务工作，那么共享服务中心需要的人员配置将大大减少。

最重要的是，流程的持续优化，特别是近年来借助新兴技术实现对流程的重构与智能化，极大提升了 HRSSC 的工作效率与效能。例如，机器人流程自动化软件可以轻松模拟人工在系统界面的操作，高效完成日常的大批量、重复性高、标准化、有规则的工作，能够打通内外系统、自动执行、7×24 小时不间断工作，且效率高、零失误零误差、安全合规。这是提升 HRSSC 运营水平最为直接有效的一种解决方式。在实践上，软通动力公司[①] 通过组织变革与流程再造以及产品创新、新技术应用，使其企业服务平台为公司数字化运营创造了价值，为人力资源等职能部门的战略转型提供了助力。同时，软通动力公司通过建立完善的质量运营体系，使得人力资源等业务的处理效率大大提高，服务支持比从 1 ∶ 207 提升至 1 ∶ 500+，人力资源组织成本大幅降低。

案例：施耐德电气 HRSSC 的组织结构与人员配置

施耐德电气的“One HR”模型包括：（1）HRBP：面向实体管理，主要向当地人力资源主管或业务主管汇报，关键作用在于形成业务共识，与领导者密切协作，通过持续加强后备力量来创造业务价值。（2）HRCOE：主要负责“薪酬福利”与“学习发展”两大模块。学习发展团队主要进行一些培训项目的设计，后期的执行交付由 HRSSC 完成。而薪酬福利团队近几年的职责覆盖面越来越窄，与运营相关的职责基本上已被 HRSSC 覆盖。（3）HRSSC：施耐德亚太共享服务中心建立于 2009 年，向全球人力资源部门汇报。HRSSC 主要服务的国家和地区包括中国、新加坡、马来西亚、泰国、菲律宾、印度尼西亚、越南、印度、韩国、日

① 软通动力公司是中国领先的软件与信息技术服务商、企业数字转型可信赖合作伙伴。公司于 2005 年在北京成立，立足中国，服务全球市场。经过 10 多年的发展，目前公司在全球 36 个城市设有 90 多个分支机构和 25 个全球交付中心，员工超 50 000 人。

本、澳大利亚和新西兰，主要服务内容包括亚太区人力资源调配、招聘、人力资源运营、人力资源信息系统、绩效、外事服务。

施耐德电气中国 HRSSC 的内部组织结构分为：（1）人力资源运营团队，几乎包含所有与人力资源运营相关的职责模块，例如人力行政、薪酬福利、学习发展运营、热线服务等。运营团队分两个小团队，商业运营团队主要针对施耐德电气中国总部及各事业部员工，工业平台团队主要服务于施耐德电气在中国设立的 20 多家工厂的蓝领员工。（2）国际人才流动管理中心，其服务对象为在中国工作的外国人、中国派出国外的员工，提供国际流动过程中的各种服务工作。（3）人力资源信息系统。（4）招聘团队，为公司招聘所有级别的员工并负责整个招聘流程。

二、共享服务中心从业者的基本能力要求

共享服务中心与员工的关系转变为服务与被服务的关系，就需要将员工视为客户去服务，随之而来的是意识上的转变。贴近员工需求意味着对客户需求的分析要更为精准与全面。除了原本的日常事务，还要关注员工的工作、生活、学习、发展，这对人力资源部门提出了更高的要求。由于共享服务中心的服务定位，其业务涉及对人力资源事务的处理、沟通、协调，对人力资源服务流程的优化和标准化，对人力数据的处理与分析等工作。因此从总体上看，共享服务中心从业者不仅要具有基本的人力资源管理专业知识和能力，而且要有较强的沟通协调能力、执行能力、问题解决能力、流程设计和再造能力、数据处理能力、分析和洞见能力、团队合作能力、项目管理能力等，更要有较强的客户服务意识和成本意识（刘凤瑜等，2020）。

（1）基本的人力资源管理专业知识和能力。从业人员只有具备了人力资源管理各个模块的基础知识和基本能力，才能很好地与人力资源领

域专家进行对接，为员工和业务经理提供人力资源行政事务性服务。

（2）客户服务意识和成本意识。习惯于传统金字塔式管理模式的人力资源管理者，在面对集中的 HR 共享服务时要由管理者转变为服务者和支持者，这需要管理层的管理理念做出很大的转变，需要管理层和员工以全新的观念和意识来推动组织变革。HRSSC 通过规模化和标准化的人力资源服务，提高人力资源管理效率，降低用人成本，因此从业人员的客户服务意识是为客户提供优质服务的关键。从业人员也要具备成本意识，并在实际服务过程中平衡好客户标准化服务与个性化需求之间的关系，尽最大努力以最少的成本满足客户的需求。

（3）沟通协调能力与问题解决能力。从业人员应该具有较强的沟通协调能力和问题解决能力，从而更好地为内部客户提供优质、快捷、高效的人力资源专业咨询服务，不断改善员工和业务经理的服务体验，提高客户的满意度。

（4）流程设计和再造能力以及执行能力。HRSSC 需要依据标准化的工作流程以提供标准化的人力资源基础服务。因此，一旦企业把相关人力资源政策或项目制定或规划完毕，交由 HRSSC 来执行，从业人员首先要将相关政策和项目转化成操作流程，并且基于客户反馈对现有的操作流程进行调整，甚至需要进行重新设计。因此，流程设计和再造能力以及执行能力就成为从业者必须具备的基本能力。

（5）项目管理能力。一方面，基于业务部门和客户的需求，HRSSC 往往会通过项目的形式解决客户的特殊问题；另一方面，在既定的标准化操作流程的执行过程中出现的问题，常常通过项目的形式进行改善。因此，HRSSC 的服务人员需要具备项目管理能力，通过项目管理来满足客户需求和优化 HR 共享服务，以实现卓越服务。

（6）数据处理能力、分析和洞察能力。HRSSC 正在进行数字化转型，从业人员将面对服务过程中积累的大量数据，如何利用这些数据为企业人力资源管理提供决策服务变得越来越迫切。因此，数据处理能力、分析和洞察能力必然成为从业者不可或缺的能力。

（7）团队合作能力。HRSSC 主要以团队为单位向客户提供优质服务，而且一些规模大的 HRSSC 往往提供全天 24 小时服务。团队成员之间的工作交接、相互合作对提高和改善客户体验来说至关重要。此外，HRSSC 需要与这些非人力资源部门统一思想、相互合作，形成合力，只有这样才能从根本上改善员工体验，提高客户满意度。

在聚焦员工体验、以员工为中心的人力资源发展新趋势下，搭建标准化的流程并只关注执行和效率是远远不够的。企业 HRSSC 的定位、成熟度不一样，对从业者的整体要求会有区别。基础型企业的 HRSSC 的主要能力需求在于流程设计、标准化服务、变革能力、时间管控和安排；卓越运营的产品型企业的 HRSSC，强调服务产品的创新，要主动服务客户，努力给客户带来良好的服务体验。这种转型带来了从纯服务交付到产品管理能力的迭代，对原有人员的胜任力也提出了新的要求。HRSSC 更加注重的是全流程的产品管理能力和创新能力，强调要有用户意识与效率优化的概念，员工要具备主动性，主动寻求改变和获取信息。对内部人员的普遍要求就是要具备服务管理、问题识别、项目管理和数据导向能力。当然，在具体的能力项上，很多能力是在原本的胜任力模型中便存在的，并不是根本性的变动，只是在侧重点上有所变化。

乌卡（VUCA）时代，企业对 HRSSC 员工的胜任力要求在深度和广度上均发生了变化：深度上的变化是对员工的岗位技能，特别是软性服务技能、持续改进能力要求更高；广度上的变化则在着重培养跨界思维上有所体现。例如，博世 HRSSC 员工的胜任力主要分为七个核心技能：学习敏捷性（learning agility）、设计思维与用户体验的专业能力（design thinking / UX expert）、公仆式领导力（servant leadership）、精益思维（lean thinking）、高效沟通（effective communication）、敏捷的项目管理能力（agile project management）、结果导向（result orientation）。

HR 智享会的一项调查表明，随着 HRSSC 的角色从早期的被动满足人力资源服务需求（HRSSC1.0 阶段）发展到主动满足更大范围的人力资源服务需求（HRSSC2.0 阶段），员工的胜任力发生了很大的变化。[①] 从调查企业最关注的十项胜任力对比中可以看到（见图 6－2），“以客户为中心”是差距最大的能力项目。除此之外，HRSSC2.0 阶段新增的“团队合作”和“创新”备受关注，主要是因为在成熟发展阶段的 HRSSC 会有更多跨职能、跨业务领域的合作项目，需要人员具备团队合作能力。与此同时，随着流程再造、对客户需求的挖掘、被动需求变为主动供给，对于解决方案的设计及后续的持续跟进和优化，导致在实施和落地的整个过程中创新能力的需求逐渐显性化。

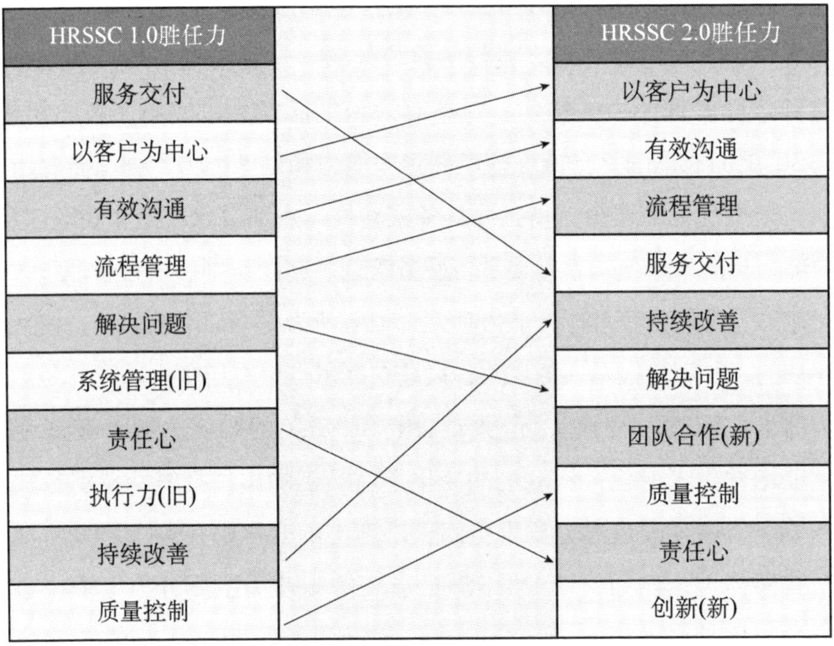

图 6－2　不同发展阶段 HRSSC 员工胜任力的变化对比

此外，HRSSC 中也不断产生新的岗位（例如本章后面提到的服务产

① HR 智享会，上上签．共享服务中心团队人员能力发展调研报告，2020.

品经理岗、产品体验岗）。一名专业的人力资源工作者必须将搭建人力资源服务流程的注意力从关注流程本身转移到关注员工身上，要有“用户思维”“场景思维”“赋能思维”，设计的服务流程要能够赋能员工，让员工有意愿、有机会彰显个性，体现自身的价值。

案例：蒙牛集团 HRSSC 员工的核心能力要求

蒙牛集团 HRSSC 员工的核心能力是团队中任何岗位均需具备的基本能力，包含四项：服务导向、精益管理、结果导向及学习与应用 HRSSC 相关技能。每项能力中还可细分，支撑结果的达成。

（1）服务导向。将客户放在一切工作的中心，发扬服务精神，追求客户满意度。具体包括积极倾听、识别客户需求、追求良好的沟通、进行冲突管理等。

（2）精益管理。通过建立管理秩序，持续优化流程和提高管理水平，有效衡量绩效，最终达到客户满意、成本降低和效率提升的目的。要求员工关注服务质量，关注细节优化，遵从标准流程。

（3）结果导向。通过 HRSSC，整体持续表现出高质量、高效率的工作，在有限的资源和时间内利用专业知识和项目管理工具，实现项目准时和高质量的交付，以及运营活动的有效执行，确保交付成果达成客户服务和管理要求。绩效管理、项目管理和运营管理均对结果导向的达成产生积极影响。

（4）学习与应用 HRSSC 相关技能。熟练掌握并应用人力资源专业知识与 HRSSC 相关技能，持续不断地进行专业学习与能力提升。该项能力的细分能力有六项，分别是掌握人力资源专业知识、分析与解决问题的能力、应用 HRSSC 相关技能、持续学习、听取反馈建议、学习移动互联知识等。

在核心能力的基础上，对各个层级和岗位也依据特点制定了相应的能力要求，为员工的选拔、培养和晋升提供依据。HRSSC 的岗位共设四个层级、五个部门，以前台、中台、后台为界，对每个岗位的具体能力要求进行再进一步的划分和明确。

案例：华夏幸福 HRSSC 的员工核心胜任力

华夏幸福 HRSSC 的员工核心胜任力包括业绩导向、战略思维、服务意识、务实专精，如表 6-1 所示。根据对每项核心胜任力的差异化的行为描述，将胜任力划分为三个层级，对应不同的岗位级别。表 6-2 陈述了业绩导向的具体行为描述。

表 6-1 华夏幸福 HRSSC 的员工核心胜任力

维度	具体内涵
业绩导向	高质量、高效率地完成任务 遇到问题不惧怕，迎难而上 不呆板，勇于尝试用新思路、新方法解决问题 能够借助其他资源，快速解决问题
战略思维	用发展的眼光发掘业务的未来需求，并提前准备 正确理解华夏幸福的战略、人力资源战略，并与所负责的业务相关联 善于全面、系统地思考业务问题 心胸宽广，具有共赢思维
服务意识	能够站在客户的角度思考问题，洞察客户的根本需求 服务过程热情、细致、周到 一线人员具有良好的情绪管理能力 能够快速抓取员工的需求
务实专精	快速诊断业务问题，并给出解决办法 熟悉政策流程，并熟练运用 洞察风险，严防死守业务红线 务实求真，确保信息 100% 正确

表 6－2 “业绩导向”能力的分级标准

行为描述	● 高质量、高效率地完成任务 ● 遇到问题不惧怕，迎难而上 ● 不呆板，勇于尝试用新思路、新方法解决问题 ● 能够借助其他资源，快速解决问题	关键词	● 勇于担当 ● 敢于创新 ● 快速响应
层级一：高质量交付	● 基本了解 HR 共享服务的业务运营模式和业务内容；熟悉所在子模块的业务基础知识和流程，正确理解本岗位的职责，能够按照流程、标准作业程序和服务水平协议的要求，高效、高质量达成业绩目标 ● 有意识地持续改进和优化业务流程和工作方法，能够形成具体的优化方案并且落地执行 ● 面对客户的常规需求，能够迅速响应并且提供标准解决方案，从而获得客户的认可；遇到异常情况，不拖沓，能够形成初步解决思路并且寻找资源解决问题，最终形成异常问题处理方法		
层级二：创新优化	● 正确理解 HR 共享服务模式，掌握子模块的全部业务内容，主动了解 HR 共享服务的发展趋势并且与自身业务联系；在熟练掌握子模块的业务基础上，积极学习和承担模块内的其他工作任务，为本模块的业绩达成提供有力支持 ● 不满足现状，积极寻求改进优化机会；提出制度的缺失点或待优化点，能够持续优化流程；具备良好的风控意识；在全面评估风险的前提下，通过创新实践来实现业绩目标 ● 面对客户需求和业务问题，积极快速响应并且提供全面可行的解决方案；跨模块 / 跨职能通力合作，对于复杂问题能够借助内外部资源进行解决		
层级三：业绩卓越	● 掌握 HR 共享服务某模块的全面工作，创造标杆性的优秀实践；敢于承担组织内有挑战性、责任重的工作任务，并追求达成卓越业绩成果；主动将业务知识和优秀工作方法传授给他人，影响并提升组织整体业绩目标的达成水平 ● 帮助他人或团队以崭新的方式、思路思考复杂问题，培养团队成员的创新思维方式；积极寻求创新机会，能够将创新方案与实践推荐给他人及管理层 ● 独立建立或者引导团队成员建立业务快速响应机制，并监督其有效执行；对客户负责，树立对外的良好形象		

负面表现	● 不熟悉 HR 共享服务业务，专业知识和能力不足；面对困难和挑战，推卸责任，缺乏担当精神 ● 解决方案一成不变，无法自我突破，不鼓励新思路、新方法 ● 面对客户需求，不能快速给出解决方案，响应实效低

资料来源：HR 智享会，德勒．“人力资源共享服务中心价值大奖”获奖案例集，2019.

三、不同类别岗位的能力差异

根据共享服务交付模型以及 HR 共享服务内部发生的新变化，HRSSC 内部员工涉及的岗位包括服务类岗位、交付类岗位和管理及规划类岗位，这些岗位在能力要求上存在较大的差异性。

1. 服务类岗位

服务类岗位可以分为两大类：一类是在前台提供基础事务性服务的普通员工，另一类是负责特殊案例处理的更为专业的员工。在配置这两类员工时要注意他们在来源及管理上的差别。

第一类员工与内部客户通过人力资源信息平台、电话沟通，也可以面对面接触，他们应对的客户需求大多比较基础，但范围涉及人力资源管理的各个模块而且数量非常庞大，这决定了他们日常工作以机械的流程化工作为主，而工作强度比较大。这类员工只需要具备基本的沟通技能、计算机操作技能和基础的人力资源专业知识就能完成工作。因此，在配置这类员工时选择企业内部现有的低层人力资源工作人员，或从外部招聘初级人力资源工作者即可。例如，华为全球 HR 共享服务中心的人力资源事务员岗位负责华为全球人力资源业务的日常事务处理，解答海外的员工及人力专员对人事事务处理的问询，宣传相关操作方式的变更，不断提升人力数据质量，保证前后端起薪、职级等关键信息传递的准确性，并使用事件管理工具登记处理全过程。因而应聘这一岗位的人员不仅要具备较强的知识储备和学习能力，而且要具有良好的英语口语、书面表达能力，还要能熟练操作计算机办公软件系统，熟练运用 Excel 工具处理数据和各种报表。对性格和岗位的匹配度也有较高要求，比如要求员工性格开朗、沟通力强，有良好的团队合作能力，并且具备一定的职业操守和保密意识。

第二类员工的任职要求比第一类员工高得多，他们必须对人力资源某一领域的专业知识有深入的理解，并对公司各个业务单元有一定的了解，从而有能力处理前台员工无法解决的特殊案例并向专家中心提出新的政策需求。因此企业最好以内部竞聘的方式挑选这类员工，在现有的各个人力资源模块里挑选那些进入公司时间相对较长、经验较为丰富的从业者。

由于这两类岗位的特殊性，和以往的从业者相比，其知识和能力要求也会有所不同。大多数受访企业对 HRSSC 员工的能力要求可归纳为以下几点：（1）对法律、法规、政策要熟悉，具有一定的人力资源工作实务操作经验；（2）具备较强的自我学习与创新能力；（3）具备较强的分析、解决问题能力；（4）具备较强的服务意识并以客户为导向，对人力资源工作有较高的工作热忱；（5）对所服务的业务熟悉并能换位思考；（6）具备良好的沟通技能，有耐心，细心。

2. 交付类岗位

这类岗位需要按照流程及操作规范提供对应的中台交付工作。因此，需要具备相关的专业领域知识，熟悉相关的法律法规，有耐心，细心，具备沟通协调能力。

3. 管理及规划类岗位

这是共享服务中心规划、建设及迭代的跨界人才，不仅需要了解人力资源专业知识，还需要了解对应的专业领域知识，例如流程再造及优化、服务产品的设计及运营、标准建设及管理、质量管控、数字化转型及运营、数据治理及应用、采购流程及规范、供应商选择及管理等。

案例：博世中国与无限极（中国）HRSSC 的岗位人才画像

不同类别岗位的具体能力要求会有较大的差异性，我们在这里介绍博世中国和无限极（中国）HRSSC 的岗位任职要求。

博世中国 HRSSC 成立于 2013 年 7 月，主要为博世中国的员工提供人力资源操作方面如招聘、薪资、培训组织、国际派遣等集中式的卓越服务。博世中国 HRSSC 三支核心团队的工作职责与能力特征如表 6－3 所示。

表 6－3 博世中国 HRSSC 三支核心团队的工作职责与能力特征

	工作职责	能力特征
薪资团队	负责按时发放工资、办理养老医疗等各类社会保险，缴纳个税，制作公司每月的工资报表、进行薪酬数据分析及统计等工作，进行完成人工成本、人工费用的报告，为各部门提供薪资福利方面的咨询服务	具备扎实的人力资源专业知识，精通薪资、考勤、信息管理等模块以及相关法律法规的应用。通过强大的信息技术工具和流程支持，接触不同的博世事业部，遵从地方法规的独特性、市场的差异性、行业的多样性、政策操作的灵活性，全面了解并熟悉整个博世集团的薪酬福利管理
HR-IT 团队	主要负责 SAP 系统组织管理模块、人员信息管理模块、薪资模块以及考勤模块的应用和推行，目前分为项目团队和日常支持团队，分别负责 SAP 模块的推行和应用过程中的问题处理	作为 SAP 百科全书，帮助未实施 SAP 的公司将现行政策、流程操作等通过系统进行实现；是系统专家，通晓系统配置逻辑，负责解决操作方面的所有问题；在掌握系统逻辑并熟练应用的基础上，立足系统，理解并融会贯通各家公司在系统配置中都蕴含的管理智慧
国际派遣团队	负责协调和管理国外公司派遣到中国的员工以及从中国派遣到国外工作的员工	不仅需要了解与熟悉全球和中国的有关政策，而且需要了解国家的相关规定（例如税务、签证、合同、社会保险等），帮助外籍同事与中国同事及家人做好出国工作的准备，协助他们顺利地在中国和国外安顿，并在他们派遣期间做好对有关事项的管理

无限极（中国）有限公司成立于 1992 年，是李锦记健康产品集团旗下的成员，立足健康养生产业，以中草药健康产品研发、生产、销售及服务为主。表 6－4 是该公司 HRSSC 若干岗位的人才画像。

表 6－4 无限极（中国）HRSSC 若干岗位的人才画像

岗位名称	基本属性	成长经历	日常做派
人事操作岗	女，95 后	薪酬福利、共享服务、人事服务	工作热情、投入，踏实肯干，充满活力和正能量；负责任、细心、有耐心，具备专业能力与税务处理能力；随时充电，爱学习，保持外部对标，塑造了专业的形象
招聘中心岗	男女不限，95 后	招聘、猎头	充满活力，能正确面对挫折和目标压力；懂得“营销和包装”；对外部市场嗅觉灵敏，善于捕捉行业资讯和机会，目标感强；善于沟通和表达，能理解客户的需求
数字化运营岗	男女不限，95 后	信息技术、数字化、互联网	善于发现和挖掘机会点、痛点和需求；对信息技术、数字化有感觉；有数据敏感度；有目标意识；沟通协调能力强
员工体验岗	男女不限，95 后	员工关系、员工体验、营销策划	具备创新意识，有设计、策划功底；有项目管理和推进能力；能够洞察人性，喜欢交流、社交；有发现需求的能力和嗅觉
员工关系岗	男女不限，90 后	法律、劳动关系、员工关怀	熟悉劳动法律法规；沟通、谈判能力强；能控制自己和别人的情绪；能深刻理解、洞察人性

四、职业通道设计与能力要求

根据 HRSSC 所处的发展阶段和组织结构的差异，内部人员的职业通道设计会表现出较大的差异性。通过对当前很多企业 HRSSC 内部职业通道设计的调查和概括，HRSSC 内部人员可能有以下几种发展路径：

（1）某人力资源职能服务团队内部的向上晋升，包括按照专业通道晋升（例如：薪酬服务助理→专员→高级专员→主任）和按照管理通道晋升（例如：薪酬服务助理→专员→主管→经理→团队负责人）；

（2）跨团队的职业轮换与发展（在共享服务中心中若干个人力资源服务团队之间的调动）；

（3）三支柱之间的职业轮换与发展（调动到 HRBP 或 HRCOE 团队去发展）；

（4）大共享服务平台之间的职业轮换与发展（由人力资源共享服务中心转换到信息技术和采购共享服务中心）。

相应地，随着职业发展方向的不同，HRSSC 各个岗位上的能力要求也体现出一定的差别。通过在以上若干方向上进行调岗、轮岗、晋升，内部人员在每一次调动时都会面临考核，通过考核的人员才可以实现调动。这种发展方式不仅开拓了 HRSSC 员工的视野，还提高了专业技能并有助于个人的职业发展。

案例：HRSSC 职业通道的企业实践示例

越来越多的公司为 HRSSC 员工设计不同的职业通道，以下是华夏幸福、蒙牛集团、同程艺龙和西门子的示例。

华夏幸福为了人才发展和人员保留，对 HRSSC 以岗位梳理、公司职级体系梳理为基础，提出了“职业发展双通道”，并匹配相应的岗位级别（见图 6－3）。该设计以职业发展双通道为根基，通过柔性组织打造项目、关键人才培养和发展项目、管培生培养和发展项目进而覆盖不同职业阶段员工的培养，真正有效地帮助员工实现横向跨模块、纵向职级上升的职业发展。

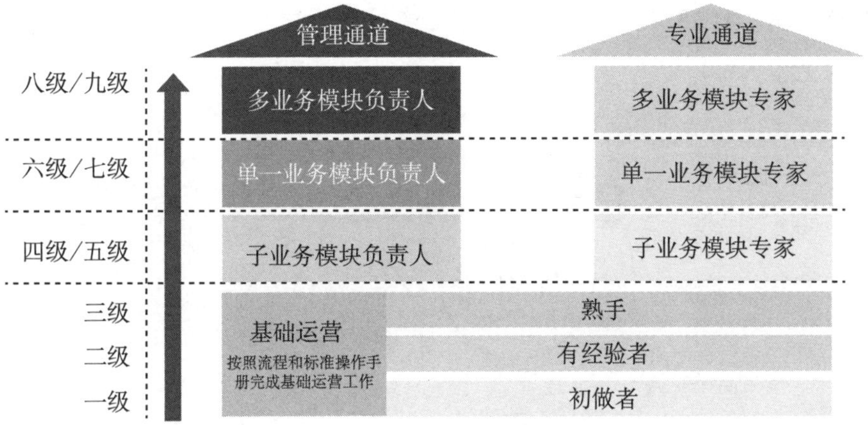

图 6-3 华夏幸福 HRSSC 的职业发展双通道设计

蒙牛集团 HRSSC 为员工设计了四条发展路线：(1) 绩优前台向后台发展；(2) 绩优呼叫咨询向业务发展；(3) 绩优业务向运营发展；(4) 向多模块人才 HRBP、HRCOE 发展。为方便对职业的发展晋升进行量化管理，引入贡献积分制度，日常行为、工作改善、项目创新、特殊贡献均有相应积分，而且划定薪酬体系并明确晋升待遇，让积分与待遇挂钩，积分越多，待遇越高，如此实现精准调薪；鉴于能力和岗位晋升离不开工作历练，HRSSC 建立定期轮岗机制，帮助员工发掘潜力，期间以服务意识为基础进行考量，从而使 HRSSC 服务理念得以落地；利用 HRSSC 学院助力学员成长，学院仿照学术界建立学制、匹配课程，高年级学员要适时帮扶“学弟学妹”，营造良好学风。

为了帮助员工更好发展，同程艺龙 HRSSC 提供了双向发展通道，即 P 线（专业线）和 L 线（管理线）。专业线发展通道共设置 12 个职级（P1 ～ P12），根据个人专业能力，综合专业职级价值定位、最低专业经验要求确定职级，同时参考本岗位任职资格标准。管理线发展通道共设置 10 个职级（L1 ～ L10），根据个人综合胜任力确定。员工可根据个人能力与意愿选择适合自己的发展路径。如果发展过程中想要转换发展通道，HRSSC 也提供相应的转换机会。同程艺龙 HRSSC 的组织结构见图 6－4。

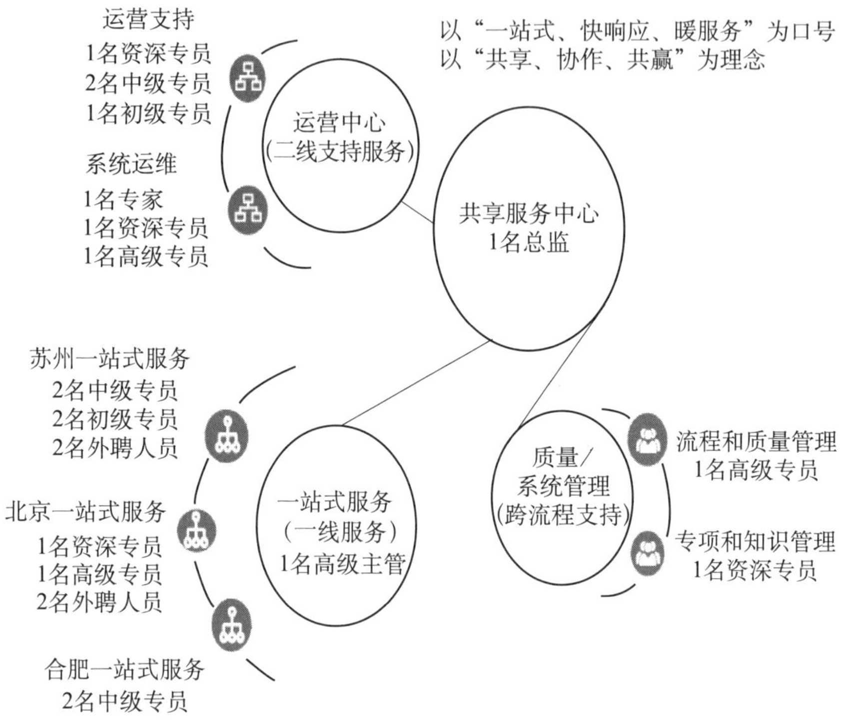

图 6－4　同程艺龙 HRSSC 的组织结构

西门子在 GSSHR 内部将员工定义为三类专家：业务领域专家、流程管理专家、系统运用专家。基于这三者的定位，西门子向员工提供以下三种发展方向：（1）服务经理：专门负责区域性的服务与客户管理。（2）项目管理经理：西门子共享服务中心的业务优化和风险管理，都是基于项目形式开展的。共享服务中心相比传统的人力资源服务模式，会增加更多的项目管理工作，项目管理能够帮助员工成为专家型人才。（3）发展成为 HRBP、HRCOE：由于共享服务中心的员工熟悉运营流程，并且了解企业文化及公司内部的运营情况，HRBP 和 HRCOE 会倾向于吸收具有本公司共享服务中心工作经验的员工。

案例：某公司 HRSSC 不同层级岗位的工作角色与能力要求

表 6－5 是某公司 HRSSC 不同层级岗位的工作角色与能力要求。

表 6－5　某公司 HRSSC 不同层级岗位的工作角色与能力要求

<table>
<tr><th rowspan="2">岗位层级</th><th rowspan="2">工作角色</th><th colspan="5">能力要求</th></tr>
<tr><th>呼叫咨询部</th><th>员工服务部</th><th>薪酬核发部</th><th>运营管理部</th><th>系统应用部</th></tr>
<tr><td>总监</td><td>统筹全局</td><td colspan="5">● 全面统筹规划 HRSSC 管理体系，根据公司战略，进行 HRSSC 内部组织结构设计，人员规划与团队建设、整合等，提高人力资源服务交付效率、质量，改善成本</td></tr>
<tr><td>经理</td><td>管理团队</td><td>● 掌握系统、扎实的专业理论知识，熟练掌握呼叫中心全部业务流程
● 能够带领呼叫中心团队，进行持续改进和精益管理，确保服务水平协议达成
● 与 HRCOE 和 HRBP 合作，从而推动问询获得解答</td><td colspan="2">● 掌握系统、扎实的专业理论知识，熟练掌握事务中心全部业务流程
● 能够带领事务处理团队，进行持续改进和精益管理，确保服务水平协议达成</td><td colspan="2">● 负责 HRSSC 运营体系的建设与效率提升
● 主导建立 HRSSC 服务水平协议，并推动服务交付符合标准
● 投诉处理与工单响应
● 主导 HRSSC 的运营流程、信息技术和数据改进</td></tr>
<tr><td>主管</td><td>指导他人</td><td>● 熟悉人力资源理论知识，能灵活将理论应用于实践，对主导流程进行改造，并建立工作规范
● 独立完成复杂的呼叫咨询工作，能够解决有争议的呼叫，能够跟踪管理者、员工的问询，能进行一定的趋势分析
● 能够对新员工进行指导</td><td colspan="2">● 熟悉人力资源理论知识，能灵活将理论应用于实践，能对主导流程进行改进，并建立工作规范
● 能够独立解决升级到第 2 层级的事务处理工作
● 能够对新员工进行指导</td><td colspan="2">● 独立处理 HRSSC 的技术应用系统支持、流程、数据改进、质量管理、运营管理审计与管理规范
● 管理流程与制度
● 解决与预防重大投诉事件</td></tr>
</table>

续表

岗位层级	工作角色	能力要求				
		呼叫咨询部	员工服务部	薪酬核发部	运营管理部	系统应用部
专员	独立执行	● 对职责所涉及的专业有一定的理论基础，独立完成常规工作，或针对一般性问题能提供解决方案或技术支持 ● 能够按照操作流程和制度规定，独立完成常规的呼叫咨询工作	● 对职责所涉及的专业有一定理论基础，能独立完成常规工作，或能针对一般性问题提供解决方案或技术支持 ● 能够按照操作流程和制度规定，独立完成常规的事务处理工作		● 数据分析与报表管理 ● 运营报告管理与运营宣传 ● 合规与作业标准审计 ● 工单问题解决与响应 ● 投诉事件的解决与跟进 ● 开展常规性的支持、流程、数据改进、质量管理方面的工作	

6.2 以服务产品经理为代表的新岗位出现

HRSSC 要把员工当成客户来服务，就需要更准确、全面地分析员工的需求，从各个维度关注员工的工作、生活、学习和发展。因此，随着 HRSSC 的迭代升级与持续革新，人力资源从业者的角色也需要一些转型。在传统的咨询服务、事务处理、运营管理以外，HRSSC 开始承担产品设计与管理、数据建模、自动化应用研究等新兴职责，内部出现了服务产品经理、员工体验工程师、自动化人力资源专家、数据分析专家和服务产品经理等新兴角色。[①] 其中，员工体验工程师的角色是：开展企业内外部的协作，发展和管理员工体验，以推动生产力的提高，提高员工的敬业度，并打造积极的雇主品牌。自动化人力资源专家的角色是：通过提供各种积极的人力资源客户体验渠道，部署综合解决方案并持续改进人力资源服务，为人力资源客户设计和部署先进的技术工具。数据分析专家的角色是：对数据标准、质量进行规范，并通过数据建模、大数据分析开展趋势预测，以数据驱动人力资源决策。服务产品经理的角色是：设计并维护人力资源政策、计划和流程，整合以往分散和孤立的人力资源职能领域。在这些角色中服务产品经理岗位的出现尤为重要，一定程度上员工体验工程师、自动化人力资源专家也是隶属于或服务于服务产品经理的工作职责。

一、服务产品经理岗位出现的原因

1. 数字化时代的产品和服务正在融合

产品是指那些可以规模化生产、大规模复制的物品，包括有形的物品（例如家电、手机等）和无形的物品（例如知识产品、软件）。通常来说，产品可以一次购买、多次使用，而且使用过程中不依赖于人和人的接触。服务是通过生产者和消费者的交互提供价值的，非常依赖于人和人之间的接触（例如教育、旅游），这个过程本身就能影响消费者的体验。服务通常是一次性的、不可重复的和非标准化的过程。在数字化时代，产品和服务的界限变得越来越模糊，由此出现以下两种现象。

一种现象是产品服务化。产品服务化是制造业企业从以提供有形产品为中心转变为以有形产品为载体、以提供与产品相关的服务为核心的价值创造模式。例如，在以前的销售模式中，海尔公司把洗衣机卖给高校里承包自助洗衣的服务商后就完成了所有的交易，并没有机会接触这些产品的使用者。为了拓展新用户市场（大学生），海尔研发了一款新的

① 德勤 . 2020 年中国地区人力资源共享服务调研报告，2020.

APP——“海尔洗衣”，主要目标用户是需要自助洗衣的大学生群体。海尔在每一台洗衣机上都安装了 SIM 卡，把所有洗衣机连到一台服务器上，这样通过中央服务器就能掌握每台洗衣机的状态。“海尔洗衣”APP 改变了原来的产品形态，从卖产品到卖服务，从卖洗衣机赚钱到通过卖洗衣机和服务赚钱。联网后，洗衣机的利用效率提高了一倍，每天可以洗 8 ～ 10 次，营业收入提高。大学生通过“海尔洗衣”APP，能完成预约和锁定，节省了很多排队等待的时间，用手机即可完成结算，获得了更好的体验。

另一种现象是服务产品化。把服务的生产过程变得像产品制造一样，即通过改变服务的生产方式，把服务的内容分解，实现标准化；然后，按照传统产品市场的原则，把服务产品交付给客户。服务产品化可以根据用户的需要提供个性化、定制化的服务，能够更好地提升服务质量，不断优化、规范服务产品。服务的可重复利用和产品化已成为大势所趋，可以让客户体验到不断提升、不断改进的卓越服务。

例如，2012 年，一个特殊群体的流失率引起了腾讯人力专员的特别关注——毕业进公司满 3 年的毕业生，其流失率达到普通员工流失率的 3 倍。从表面上看，员工离职排前三位的理由是：继续深造、职业发展和家庭因素。以用户需求为导向的腾讯人力专员没有放弃追问。他们针对核心毕业生做了深入的电话访谈，以收集第一手信息，结果发现：2012 年前后深圳房价快速攀升，即便是腾讯这样的公司加薪幅度也远远追不上房价的涨幅。毕业三年就到了适婚年龄。很多优秀的毕业生面对房价，选择了逃离北上广深，回到二线城市或家乡置业。腾讯人力专员和首席财务官立刻行动起来，进行头脑风暴，发现了三个关键点：第一，基于投资回报和公司薪资的增长，这些员工将来一定买得起房。腾讯需要做的只是缩短这个周期；第二，如果买房找银行贷款，以毕业生的情况根本贷不了很多钱；第三，腾讯账上有很多现金，本金和利息成本是腾讯在人才保留上可以承受也愿意投入的。基于这样的分析，腾讯推出了著名的“安居计划”：公司拿出一笔基金，免息提供给符合条件的员工，帮助员工提早买房。该举措的效果特别显著，公司实施几年之后发现：在人才竞争非常激烈的外部环境下，参与安居计划的员工流失率不到 1%。腾讯推出的人力资源服务产品“安居计划”，就是用产品思维做人力资源工作，只有从表面现象中挖掘根源，找到员工的真实需求，才能采取真正有用的措施解决问题。

产品和服务的边界模糊了，两者逐渐融为一体。不管是产品还是服务，其核心价值都是要真正满足客户的某种需求。

2. HRSSC 中的服务场景与产品开发

（1）HRSSC 中的服务场景化。在传统的工作模式中，员工的分工以岗位、模块化的工作内容为标准来切分。在一个流程改进的项目中，若将一个大项目切割成几个小项目会导致过于“各司其职”，而参与成员的视野也多局限在自身领域。这样的现象造成了团队配合乏力、员工工作衔接不够流畅。在精益生产、去除浪费、高效交付的运营理念下，HRSSC 需要在原来的流程设计中导入产品设计的理念，基于完整的产品线，以全局观的角度俯瞰全局。于是，越来越多的 HRSSC 中出现了产品经理（product manager）岗位。例如，施耐德电气出现了新的岗位——产品经理，其需要将产品思维植入运营，将服务打包成产品，利用设计思维去优化产品，让员工切实感受到优质的服务。因此，原来的流程负责人转化为产品经理，负责服务产品的管理。产品经理需要具有用户思维，基于一些特定的场景转化提供能满足用户需求的产品设计，并且把控整个产品线上的所有环节，跟进从项目启动到实现的整个过程。具体而言，产品经理应在调研用户服务需求的基础上，定义产品、规划和设计产品，根据产品的生命周期，协调研发、营销、运营等，确定和组织实施相应的产品策略。

HRSSC 中一些常见的场景包括社保公积金、医保津贴、档案调转、证明开具、请假考勤、员工福利、招聘管理、公司制度、员工培训、报销等。服务产品经理基于这些场景，开发出特定的人力资源服务产品。下面我们对两个常见的服务场景举例介绍（刘凤瑜等，2020）。

1）“员工自助证明打印机和自提柜”场景。员工自助证明打印机与银行自助柜员机的功能类似。当人力资源服务人员在系统中完成证明信的出具后，这份证明信就会从系统后台推送至智能机器，智能机器可以给员工发送邮件或短信，员工只需要在机器上扫一下身份证或员工卡，便可在 60 秒内轻松打印出加盖了人事章或公章的证明。员工通过一台自助证明打印机，就可以轻松完成从打印、盖章、通知、发放到领取等所有步骤。目前，百度、阿里巴巴、戴姆勒、施耐德电气等公司都引入了自助证明打印机，员工对此评价极高，员工的满意度也有了很大的提高。

2）“薪酬福利”场景。在传统的薪酬福利管理模式下，人力资源工作人员每个月需要收集各部门的考勤、入离职、社保等数据，并对不同类型的数据表格进行反复整合校对。仅仅是计算工资一项，就要耗费人力资源工作人员大量的时间和精力。随着数字化进程的推进，市场上出现了众多的智能薪酬平台，员工可以通过这些一站式平台进行打卡、请假、查考勤、报加班、查工资，这些信息都可以同步到智能薪酬平台，从而自动计算员工的病事假扣款、考勤工资以及加班费等。会话式机器人还会引导员工进行福利登记，由机器人代填简单的业务表单等。

（2）人力资源服务产品的开发。产品经理全权负责产品的开发、落地和运营。公司 HRSSC 的产品设计过程包括以下主要阶段：

1）需求挖掘。在正式纳入某项职能前，HRSSC 会“走进”用户，了解用户真正的痛点，结合这些痛点制成“漏斗”，并通过多种形式进行沟通，最终输出需要纳入 HRSSC 的具体业务及用户画像。若调研到的问题并不属于人力资源领域，HRSSC 将会作为总接口将其归纳总结后分发给不同的部门并直到问题解决完。

2）产品设计。在了解了用户需求后，将这些需求形成产品，设计产品运营方案，内容包括但不限于业务内容、现状分析、痛点分析、问题解决方案、运营执行方案、运营流程、标准作业程序、服务水平协议、产品名称。产品设计完成后会交付相关负责团队进行研讨，研讨后进入体验测试阶段。

3）测试与灰度运营。HRSSC 的所有产品在正式上线前会邀约部分体验官。这些体验官均来自内部员工队伍，通过自愿报名形成，其主要工作是为新产品做测试，并针对产品进行测试反馈。HRSSC 结合反馈，在评估后对产品进行调整与修改。测试通过后，进行产品推广，即进入灰度运营，试运行一个月左右会进行整体复盘，出具灰度运营报告，优化后再正式交由服务交付团队开展正式运营，并大规模投入上线。

以某个公司的人力资源服务产品开发流程为例，如图 6－5 所示，各级单位用户在突出服务需求后，由相应的服务组接收问题，判断需求问题归属于哪个业务组，对该问题进行分析、解决和记录，并考虑是否需要技术服务组配合甚至其他小组支援，随后确定完成产品开发的主体责任者，进行相关产品的开发，并与提出单位进行沟通、提供反馈，直到解决问题。

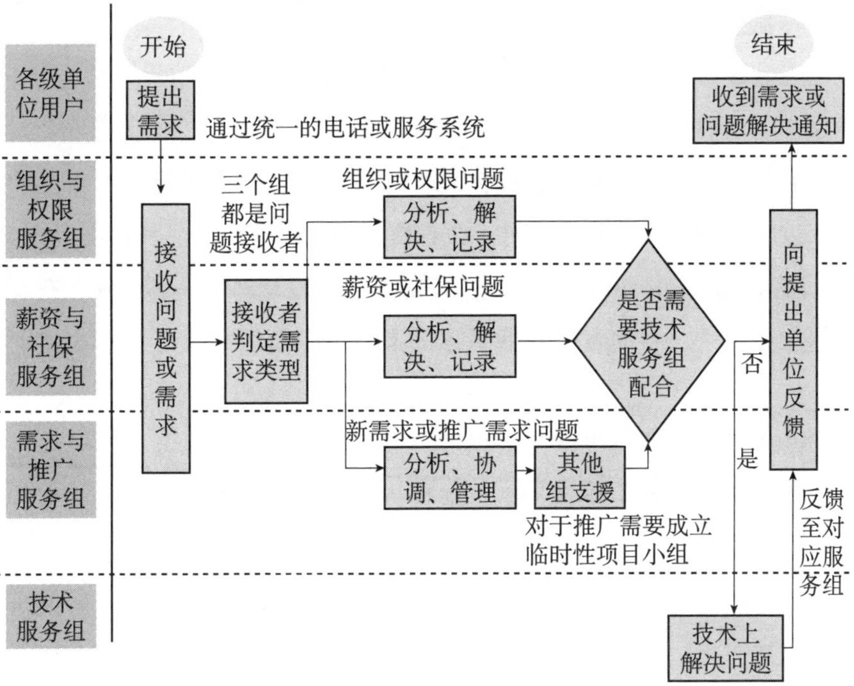

图 6－5　某公司人力资源服务产品开发的总体流程

在运营中，产品经理还要建立新需求反馈渠道，分析、研究产品的迭代趋势。以入职产品为例，HRSSC 以打造产品型组织为目标，产品经理需要负责该产品全流程的设计、交付、培训与用户反馈。从录用审批流程开始，便需要参与进来，直至候选人正式入职、完成信息录入，从而形成了一个端到端的闭环流程。另外，产品经理还需要定期对产品的效率与用户体验进行评估，基于发现的问题，对流程进行不断迭代与优化，完善标准作业程序与产品知识管理，对产品交付的人员进行培训与考核，确保交付质量与用户满意度。

二、服务产品经理的产品思维与胜任力

为支持 HRSSC 运营模式的转变与技术应用的不断拓展，HRSSC 是否具有匹配的组织能力成为关键，包括设计思维、移动互联等能力。其中，服务产品经理的能力提升尤为重要。

1. 服务产品经理的设计思维

产品设计就是看到用户、倾听用户、判断用户，与用户建立连接，并且在与用户的交互反馈中迭代和优化的过程。产品思维就是一个人打造产品的思维方式，包括判断信息、抓住要点、整合资源，把自己的价值打包成一个产品向客户交付，并且获得回报。在做产品和服务设计时，设计思维（design thinking）是常用的方法。设计思维是通过提出有意义的创意和想法，帮助各个专业背景的人通过创新的解决方案解决特别的问题。

设计思维的第一步是开放思维，需要调动右脑来思考；第二步是聚焦，从多个可能性中找到一个可能性，这是左脑思维；第三步需要右脑思维，做出样品；第四步需要左脑思维，找出问题，优化每一个细节。只有通过这四个步骤，充分调动左脑思维和右脑思维，才可能使创新更符合市场需求，提高成功概率。如果只用右脑思维，做出来的产品很可

能是天马行空，不接地气；如果只用左脑思维就会受到许多条条框框的限制，打不开思路。

IDEO 公司是第一家将设计思维应用于解决商业问题的公司。IDEO 的创始人戴维·凯利（David Kelley）把设计思维分成五大步骤：

（1）同理心（empathy）。同理心是对他人的情感或情绪感同身受，比如他们会为了什么事情不爽和不满，因为痛点背后都蕴藏着需求。做产品的过程，就是通过产品来服务人，解决用户的痛点问题，让用户得到满足。比较常用的做法是通过用户访谈或者行为观察来进行用户研究，从而了解人们真正关心的东西，了解他们的处境。

（2）需求定义（define）。通过访谈和行为观察，产品经理可以了解人们在特定活动中的实际需求。产品经理的思维要从点到面，开放式地去发现市场中未被满足的需求，发现各种各样的可能性。

（3）创意构思（ideate）。产品经理不仅要关注问题陈述，还要提出解决问题的想法。重点不在于获得一个完美的想法，而是想出尽可能多的想法。产品经理要画出自己的最佳想法，将它展示给客户，并努力得到他们的反馈，然后聚焦到某个点上进行突破。

（4）原型实现（prototype）。产品经理要勾勒出最终的解决方案，并建立一个真正的原型，开发模型样品。

（5）实际测试（test）。寻找实际用户测试所设计的原型产品，并根据反馈，完善理念或原型。不断创造、不断测试、不断推倒重来，是每一个产品设计师熟悉的步骤。需要强调的是，互联网时代强调快速试验，模型产品不求最好但求最快。

2. 服务产品经理的胜任力需求

人力资源管理者不仅要有经营思维，更要有设计思维，以提升人力资源工作的价值。基于对业务的了解，人力资源管理者是沟通企业业务部门与员工的桥梁。人力资源部门也是为人提供服务的部门，从传统的方法出发永远找不到新路，也诞生不了新的创意，这就需要借鉴设计思维，从新的思维方式、新的视角、新的方法出发为员工和企业提供全新的工作体验和协作关系。德勤发布的《2016 年全球人力资本趋势》显示，79% 的管理者将设计思维列为高度优先的工作；50% 的管理者表示采用设计思维后，人才管理项目得到极大改善，高绩效的组织更习惯在管理员工中采用设计思维。HRSSC 产品经理的设计能力是非常重要的，他需要对客户需求有持续深刻的理解，需要具备对业务的高度抽象能力以及良好的逻辑归纳能力，在此基础上完成产品设计。因此，服务产品经理是服务产品化真正的中坚力量。

按照传统的服务流程，负责这个流程的人员并不一定需要具备跨职能、跨领域的理念。但是，产品设计的理念导向是基于完整的产品线。宜信公司针对“产品经理”这一角色，设定了特殊的胜任力模型（见图 6－6）。对一个服务类的产品进行设计规划时，要先了解服务需求，用技术和设计理念来实现，在运用过程中了解客户反馈，并进行后续修改。在这个过程中，产品经理的工作是跨职能的，既要了解用户，设计服务产品，还要理解技术，将流程转化为自动化、场景化的产品，甚至在后续的落地过程中，知道如何推广、运营，且持续改进。产品经理的工作方式体现出跨领域、跨团队的实践过程。其能力需求更倾向于专业的通才，在技术、业务、项目管理、设计和沟通能力上都有能力需求标准。因此，对于原来只专注于自身领域的人员而言，面临进一步提升能力的挑战。

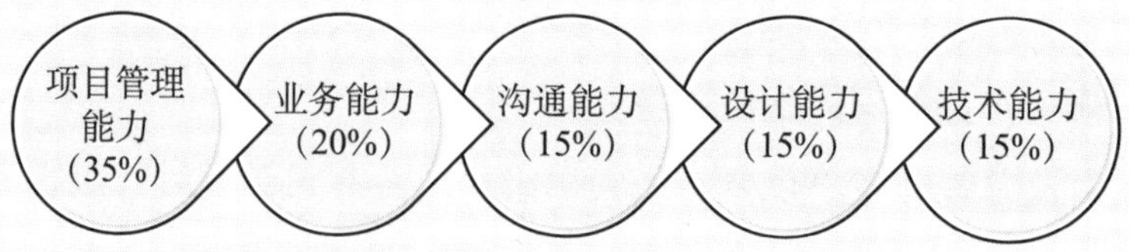

图 6－6　宜信 HRSSC 中产品经理的胜任力模型

案例：某公司人力资源产品体验调研岗（员工体验 / 用户研究岗）

职责描述：（1）参与 HRSSC 发展规划，调研和落实业务产品的发展规划，推动员工服务、系统、流程、规则、产品等体验升级；（2）参与构建员工体验反馈通道与机制，主动识别并洞察员工的各接触点，联动人力资源相关部门有效解决影响员工体验的相关问题，输出改进方案并推动实施；（3）通过员工访谈、问卷调查等多种形式的用户原始数据收集，倾听员工心声，定性与定量分析用户的调研反馈，推进并落地体验改善项目，有效提升员工满意度；（4）通过数据驱动相关人力资源业务指标，推动员工体验闭环的良性循环，支持人力资源品牌正向运营。

任职要求：（1）统招本科及以上学历，人力资源管理、企业管理、经济学、统计学、心理学、项目管理等相关专业；（2）3 年及以上工作经验，熟悉 HRSSC 的运营流程和体系，有咨询、项目管理、产品、客户体验等复合型经验者优先；（3）对互联网行业有深刻的认识与较高的敏感度，了解用户体验领域的理论和方法，熟悉并掌握可用性评估或体验度量方法，具备产品思维和数据能力，能够运用产品化、数据化的方式进行业务推进；（4）有创新意识，逻辑分析能力强，善于沟通和协调，能够承受高强度的工作压力，具有优秀的执行力及计划实施能力。

07

第 7 章

HR 共享服务的运营管理

在三支柱模式下，人力资源部门实际上成了一个新兴的部门，其职责是对企业内部其他用人部门提供低成本、标准化和专业化的人力资源服务。在市场机制的作用下，HRSSC 应该如同企业外部一个真正的公司来经营和运作，不仅要考虑成本更要考虑经济效益。最大的变化是，HRSSC 与其他部门之间的关系已经由原来的行政管理性质转变为提供服务。与目前流行的企业外包公司相比，HRSSC 不过是外包公司的企业集团内部化，集团内部各部门既有权选择企业外包公司提供服务，也有权选择内部 HRSSC 提供服务。因此，HRSSC 与企业外包公司是竞争关系，这区别于传统只作为管理职能部门存在的人力资源部门。在某种意义上，可以将 HRSSC 理解为企业的外包中心，所有的服务、问询都可以量化，并可以跟踪每一笔业务进展及客户满意度，所以共享服务是一种精益管理模式。为此，HRSSC 需要建立完善的内部运营监督体系，通过内外部管理体系规范业务操作流程，明确服务对象、服务职责以及服务水平要求，提高内部运营效率，同时确保向外输出优质的客户服务。总体上，共享服务中心可以通过基于标准作业程序的服务水平协议、关键绩效指标来完成企业内部正常的运营和监管。此外，企业在推进 HRSSC 变革的过程中，还会遇到各种挑战，而对人力资源服务的集中管理则会带来信息安全风险，因此 HRSSC 还需要进行有针对性的变革与风险管理。

7.1 服务设计

传统的人力资源管理部门被改变成人力资源服务部门，其运营也将按照服务和服务组织的模式，依照服务管理的特点和规律来实施。如果将人力资源管理服务化这一趋势与当今及未来大数据、云计算、人工智能技术在人力资源管理中的应用相结合，势必会对人力资源服务的各个方面产生深刻甚至是颠覆性的影响。无论怎么定位，无论采用何种组织结构，HRSSC 的基本职能就是提供高效、高质量的人力资源服务。HRSSC 通过对一系列指标的监控、分析，了解客户需求，并依托全员参与服务，通过对服务效果、服务能力、服务时限、服务态度等服务质量工作的管理与提升，达到使客户满意的目标。对于已进入独立运营阶段的 HRSSC，做好服务设计，可以及时发现客户的各种需求，调整服务内容，提高客户的忠诚度和满意度，并吸引更多的客户。

一、HRSSC 的服务质量

HRSSC 的服务质量具有一定的特点和规律，一般从以下几个维度考察（刘凤瑜等，2020）。

（1）安全性。HRSSC 在为员工和管理者提供人力资源事务性服务时收集和管理了员工的个人信息。因此，必须依法收集、使用、传输、储存和销毁这些个人信息，这就是服务的安全性。HRSSC 必须正确管理员工的个人信息，才能创建安全的工作环境，才能与员工形成真正的信任关系，这是 HRSSC 得以顺利提供人力资源服务的根本保障。

（2）准确性。HRSSC 为员工提供的许多基础性、事务性人力资源服务都与员工的切身利益密切相关，如工资支付、福利发放、年假与医疗期计算、专业问题回答等，这些都要求准确无误，这就是服务的准确性。服务的准确性是衡量 HRSSC 服务质量的重要指标之一，是达成客户满意的基本前提条件。

（3）及时性。员工对咨询人力资源专业问题、办理员工离职手续等服务的响应和处理速度会有心理上的预期。HRSSC 必须在合理的时间内做出迅速响应和处理。服务响应是否迅速、及时直接影响着员工对服务和服务质量的感知，以及对 HRSSC 整体服务的满意度。

（4）经济性。HRSSC 要通过集中化、规模化、标准化的人力资源专业服务来满足员工和管理者的需求，提高人力资源服务效率，节约成本。因此，服务的经济性也是必须关注的。标准化提升了服务的经济性，但是有可能忽视个性化的服务需求；若过度关注员工的服务体验，则有可能增加服务的成本。因此，HRSSC 必须处理好这些关系，实现必要的服务经济性。

（5）同理性。服务的同理性是指 HRSSC 的服务人员设身处地地站在员工的角度理解他们的服务需求，急员工之所急，想员工之所想，通过人性化的服务，让员工有一个愉悦的服务体验。

二、服务水平协议及其特征

在 HRSSC 正式运行前，业务单元和 HRSSC 需要提前达成服务水平协议。服务水平协议是指提供服务的企业与客户之间就服务的品质、水准、性能等方面所达成的双方共同认可的协议或契约，属于法律文件范畴，需要得到双方的承认，并且共同遵守。它规定了需要交付的服务、具体的要求和参数、覆盖的业务单元、总成本、费用如何支付、服务交付的时间框架、外部供应商的管理等内容，还包含一系列关键绩效指标（成本、质量、时间等方面的量化绩效）。服务水平协议通过服务水平的量化和衡量指标明确了服务的期望，定义了用于测量服务质量的方法，明确了关键流程和整体性能以及双方可接受的需求和期望，并成为 HRSSC 和客户沟通的基础与解决冲突的有效工具。

服务水平协议体现了双方的意愿，对无形的服务约定了量化的标准和考核指标。通过签订服务水平协议来明确 HRSSC 与各法人之间及各业务部门之间的权利以及对应的承诺，所有职责均落实到每个具体的责任人和责任实体身上。服务水平协议能够帮助 HRSSC 清楚地认识客户的需求，能够更好地达成客户的期望，也有助于优化配置竞争所需要的稀缺资源，例如通过服务水平协议避免提供不合理的高水平服务。

服务水平协议具备几个核心特征：

（1）协议性。服务水平协议是双方共同商讨达成的，明确规定双方的责任，更具权威性，可执行性更好。服务水平协议不同于服务承诺，后者是服务供应商单方面做出的，不需要征得客户的同意，可以独自决定许诺的内容、约束条件、赔偿方式和数量以及行使程序。

（2）相互性。服务水平协议是服务供应商和客户双边共同构思协商的结果，其中既有服务提供商的许诺，也有客户的许诺，即约束条件。这种相互性特征会带来"定制服务"，即针对不同的客户提供不同的服务或采用差异化的服务方式、赔偿方式等。相互性特征的另一个表现是服务水平协议明确了在考虑双方共同利益基础上的最低可接受服务水平，使双方都达到效益最大化，防止不必要的、昂贵的"质量过剩"，以实现双赢。例如，一个 HR 共享服务公司可能向客户承诺 5 天的招聘速度。但是较快的招聘速度也意味着较高的费用，而 5 天和 7 天的招聘速度对客户的影响可能差异不大。因此，有的客户也会接受 7 天的招聘速度，从而让该服务涉及的双方成本最低。

（3）量化性。服务水平协议提供了一系列量化的服务水平指标，以清晰准确地衡量服务的水平。例如，HRSSC 承接一个客户企业的薪酬发放业务，那么协议中会约定发放时限、差错率，以及针对服务缺陷的赔偿机制，这些都必须是清晰的可量化指标。通常企业可以将外部标杆和内部历史绩效相结合来避免目标绩效脱离实际。

三、服务水平协议的内容

服务水平协议一般包括服务内容、最低可接受服务水平（即服务标准)、客户许诺、收费机制、例外事项处理流程、其他事项等要素。

（1）服务内容。共享服务适用的范围很广，包括财务、信息技术、客户关系管理、供应链、人力资源等。不同的服务领域包含不同的服务项目。就 HR 共享服务而言，具体服务项目包括人事信息、薪酬福利核算、招聘、培训等。例如，伟创力将其服务水平协议细化到最小的服务单元，采用统一标准撰写，一般包含简介、目的、服务范围、定义、参考、政策、责任、衡量标准等模块内容。表 7－1 是服务水平协议常涉及的内容模块与具体考核指标。

表 7－1　服务水平协议常涉及的内容模块与具体考核指标

涉及的模块	具体考核指标
人事信息录入及整合	及时率 员工档案资料完备度 正确率
薪资福利核算	及时率 正确率
呼叫中心	第一次服务应答率 第一次服务解决率 第一次服务满意率 当日解决率 当日满意度 当月解决率 当月满意度
差旅与派遣	及时率 正确率
培训与发展	及时率 正确率 培训表现与成果

（2）服务标准。服务标准就是最低可接受的服务水平，也是 HRSSC

要保证的最低服务水平。如薪酬发放的时限、差错率，新入职员工的信息的录入时限，招聘需求的完成时限等都需要在这部分进行具体、清晰的界定。表 7－2 是某 HRSSC 薪酬发放流程的服务标准。

表 7－2　某 HRSSC 薪酬发放流程的服务标准

服务	时间 / 频率	期望的服务标准	目标
输入录入的准确性	持续	95%	99.5%
薪资项目设置和调整	持续	在业务触发后的 3 个工作日内完成 95%	99.5%
对错误的修改	持续	在同一工作日内完成 95% 的错误修改	99.5%
核算及发放的准确性	每月	95%	99.5%
提供准确的管理报表	每月	符合每月的统计管理时间	100%
内部核算的准确性	持续	95%	99.5%

例如，唯品会的 HRSSC 为了从流程上保证用户的满意度，对所有工作流程制定了详细的服务水平协议（见表 7－3），将所有服务项目细化，并对每个服务项目做出相应的服务承诺。这使得 HRSSC 员工的所有工作有据可依，在优化工作流程的同时提高了服务效率。此外，还定期提取数据，对服务水平协议的达成情况进行回顾，对未完成服务指标或未严格执行流程的员工加以警告并督促改进。在共享服务工作中，常常遇到标准作业程序之外的情况，这就需要对此类情况进行及时讨论并制定后续标准操作，同时及时更新标准作业程序，使得之后的操作均有章可循。除此之外，还对系统、制度及标准提出改善型思考，积极推动整体体验的优化。经持续改善，薪资、社保、公积金等问题解决的准确率均不断提升。如此，HRSSC 对于用户给出的每一个满意度评分及反馈都认真思考，希望能从流程、体验的持续改善入手，不断提升服务满意度。

表 7-3 唯品会 HRSSC 的服务水平协议示意

服务产品	服务项目	服务承诺
考勤类	考勤机打卡	一般问题在 1 个工作日内处理，复杂情况在 2 个工作日内处理
	考勤咨询（请假、补卡、假期余额、打卡时间、异常、加班时间、考勤历史等）	员工可以通过移动 OA 里的 HR 小助手查询，如有疑问可在 HR 自助服务平台、HR Helpdesk 发起咨询，由各部门考勤员回复。一般问题在 1 个工作日内回复，复杂情况在 2 个工作日内回复
	月度考勤异常处理	各部门考勤员每周 / 每月底发布一次考勤异常数据
	考勤流程审批（补卡、请假、外出）	1 个工作日内审批完
商业保险类	员工意外险理赔咨询及保险公司服务质量反馈	简单问题由 HRSSC 在 1 个工作日内回复，复杂问题交由保险公司直接回复
	高管健康险咨询和理赔	员工可通过手机 APP 理赔
	商业保险咨询及报销公司服务质量反馈	简单问题由 HRSSC 在 1 个工作日内回复，复杂问题交由保险公司直接回复
薪酬类	薪酬核算及发放	每月固定日期准时准确完成发放（如遇节假日提前）

（3）客户许诺。客户许诺是对服务接受方的约束条件或者是服务接受方需要提供协助的约定。HR 共享服务中一般包括但不限于以下内容：公司材料提供、相关法律资料提供、人力资源信息资料提供等。

（4）收费机制。收费机制是指 HRSSC 的收费方式，主要包括持续优化法、利益共享法和实际业务量法（陈虎，孙彦丛，2014），见表 7-4。持续优化法类似于设置阶段目标，达成目标后，可按预先商定的固定标准收取费用。利益共享法则好比承包责任制，只要达到既定目标，多出部分无论金额大小都归业务部门和 HRSSC 所有。实际业务量法与计件工资原理相似，完成一单业务，HRSSC 就可以向业务部门收取相应的费用，表 7－5 为某公司 HRSSC 的收费标准示例。

表 7－4　HRSSC 服务水平协议的收费机制

收费机制	具体描述	优点	缺点
持续优化法	● 就 HRSSC 的成本降低方案进行协商 ● 通常，第一年业务单元承担协商的所有成本，包括拟进行的成本降低的投入 ● 如果 HRSSC 没有获得显著的效率提高，公司将承担进行成本降低的投入以及实际与协商成本之间的差异	● 降低内部服务对象的业务单元在实施阶段的抗拒心理 ● 业务单元可清楚地了解到 HRSSC 实现的成本降低	● 需以良好的客户关系管理为前提
利益共享法	● HRSSC 与业务单元根据试运行期间的成本协商基准线，考虑利润加成（将 HRSSC 视同利润中心） ● 设定每年基准线。实际成本之间的差异（超出或降低）由业务单元和 HRSSC 共同承担 ● 基准线在通货膨胀或服务范围及数值发生改变时才会调整	● 可确保 HRSSC 及业务单元的工作效率	● 既定的目标如果难以实现，可能对未来 HRSSC 的运营效率和运营效果造成不利影响
实际业务量法	● 根据实际处理数量向业务单元收费，如处理的发票数量 ● 单价的计算以业务单元的历史成本为基准或试运行期间的成本为基准，考虑 HRSSC 的利润加成（将 HRSSC 视同利润中心） ● HRSSC 利用收益实现持续成本降低和对系统的投资等	● 在管理方面是中等难度 ● 如果考虑利润加成，利润将用于 HRSSC 财务系统的升级	● 如果没有利润加成，不能激励 HRSSC 提高效率 ● 如果有利润加成，业务单元会担心 HRSSC 利润再投资的透明性

表 7－5　某公司 HRSSC 的收费标准示例

<table>
<tr><td colspan="2">双方一致确认，甲方选择乙方提供的人事管理服务项目为以下第【　　】项。</td></tr>
<tr><td>服务内容</td><td>服务费用（人民币）</td></tr>
<tr><td>1. 人事代理
1.1 代办理员工录用和退工手续
1.2 代缴纳社会保险费及办理开户手续
1.3 代办理各类商业保险业务
1.4 提供有关劳动社会保障的法律政策咨询</td><td rowspan="3">正式工
××元/人·月（苏州）
××元/人·月（徐州）
派遣工
××元/人·月（苏州/徐州）</td></tr>
<tr><td>2. 人事档案管理
2.1 办理甲方员工人事档案的调入、保管和转移
2.2 为人事档案保存在乙方的甲方员工提供相关身份证明文件</td></tr>
<tr><td>3. 提供信息系统平台服务（数据分析）</td></tr>
</table>

注：服务费用根据服务人数进行结算。对超过千人的大客户给予八至九折优惠。

（5）例外事项处理流程。例外事项是指服务过程中遇到的协议没有界定的突发事项或客户提出的协议以外的特殊服务需求。由于协议的内容不可能囊括所有细节，也不可能预测到将来会发生的所有状况，因此，例外事项处理流程是服务水平协议中必不可少的，需要事先在协议中约定处理流程、沟通方式以及负责人等。

（6）其他事项，即协议约定以外的事项。对于其他事项，双方应约定进行友好协商。

商定服务水平协议的过程是 HRSSC 不断获取客户需求的一条途径，它帮助客户和 HRSSC 共同确定和理解期望，从而避免协议内容脱离实际，还能帮助 HRSSC 聚焦于客户的重要活动，从而加强两者的联系。服务水平协议不是一次性文件，它应该用于定期的内部客户会议和跟踪关键绩效指标从而衡量实际服务水平与协议的差距，因此要根据客户需求的变化持续改进协议内容。通过基于服务水平协议构建的人力资源服务架构（见图 7－1），可以建立“多个入口，一个平台”，实现“一个管控点”，即服务台连接用户与 HR 共享服务团队，管理员通过服务台就可以对整体人力资源工作进行把控，从而提高人力资源服务管理水平，同时，通过服务台进行事件分派，并通过系统进行记录和管理，保障 HR 共享服务“忙而有序”。

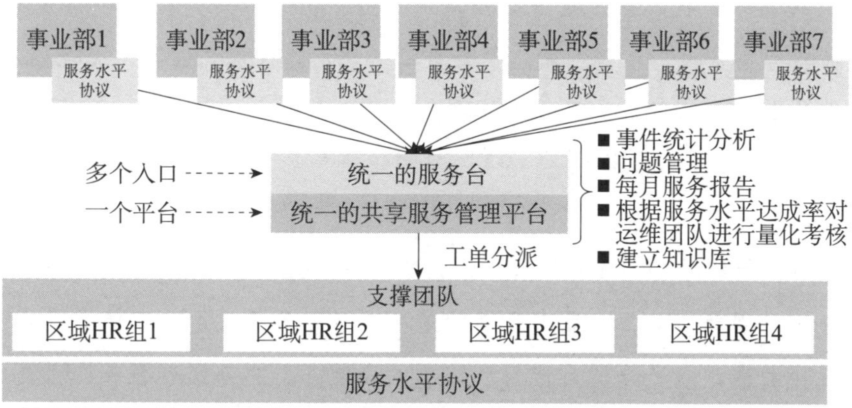

服务内容	级别	电话响应时限（小时）	现场响应时限（小时）	解决/协调处理时限（小时）	处理过程中的汇报时限
HR系统中断运行	一级事件	0.01（1分钟）	0.25（15分钟）	1	NA
入职相关	二级事件	0.01（1分钟）	0.5（30分钟）	2	NA
人事咨询	三级事件	0.01（1分钟）	2	4	NA
基础服务	四级事件	0.01（1分钟）	4	8	NA

图 7－1　基于服务水平协议构建的人力资源服务架构

案例：无限极（中国）HRSSC 的组织设计与服务水平协议

无限极（中国）的共享服务价值观包括三个重要方面：员工体验、产品思维、业务导向。该公司 HRSSC 基于数字化流程、数字化工具与平台，通过利用外部资源，提供高效精准的 HR 共享服务运营。其运营重点是集约 80% 的运营事务，通过数字化流程和工具提升人均效能，建立精准的用户标签，提供智慧服务，推动雇主品牌建设，提升人才获取效率。共享服务中心的组织设计包括以下五个团队：（1）人事操作：负责员工职业生命周期全流程管理，包括入转调离退、合同续签、调薪、福利操作。（2）招聘中心：负责进行雇主品牌与招聘管理，包括雇主品牌建设及营销、人才招募、岗位画像、行业评奖。（3）数字化运营：负责人力资源流程数智化管理，包括线上流程、无纸化、数据看板、大数据。（4）员工体验：负责员工体验创新，包括员工关怀、弹性福利创新、流程创新。（5）员工关系：负责员工关系管理，包括员工帮助计划（EAP）、离任管理、劳动纠纷、应急处理。

1. 人事操作

（1）组织结构。无限极（中国）设有一个共包括 12 人的人事操作团队，按对接部门分工。最高级别的是共享服务负责人，其直接下属是人事操作经理，向下分别对接生产中心人事服务、业务人事服务、研发中心与数字化中心人事服务、营销 / 公共事务 / 后台人事服务（见图 7－2）。主要的工作任务是负责日常人力资源运营事务，包括入转调离退、薪酬福利操作、合同续签、体检跟进，以及进行人力资源政策、制度的管理、检查、更新。

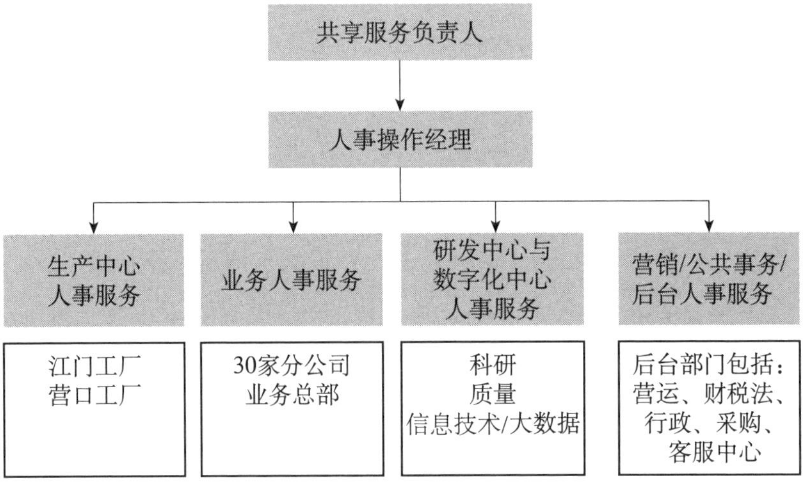

图 7－2 人事操作团队组织结构图

（2）人事操作服务清单（见图 7－3）。其人事操作服务主要包含八个

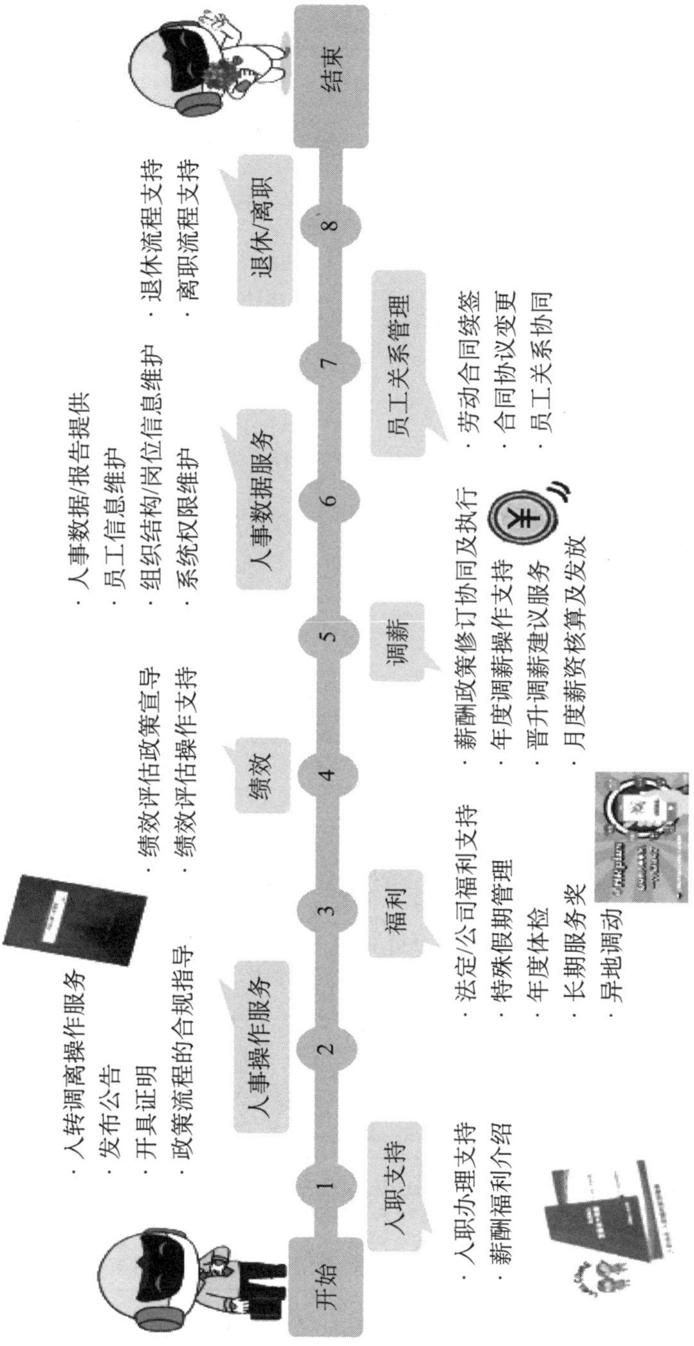

图 7－3　人事操作服务清单

方面：入职支持，包括入职办理支持、薪酬福利介绍；人事操作服务，包括入转调离操作服务、发布公告、开具证明、政策流程的合规指导；福利，包括法定/公司福利支持、特殊假期管理、年度体检、长期服务奖、异地调动；绩效，包括绩效评估政策宣导、绩效评估操作支持；调薪，包括薪酬政策修订协同及执行、年度调薪操作支持、晋升调薪建议服务、月度薪资核算及发放；人事数据服务，包括人事数据/报告提供、员工信息维护、组织结构/岗位信息维护、系统权限维护；劳动关系管理，包括劳动合同续签、合同协议变更、员工关系协同；退休/离职，包括退休流程支持和离职流程支持。

（3）人事操作服务水平协议。目前无限极（中国）在数据、操作、流程的维护与执行上准确率已经高达100%，流程解决率同样高达100%，实现了全流程数字化。处理速度可以达到：人事数据每条<2 分钟；结构数据每条<5 分钟；离任手续<10 分钟；服务需求响应时间≤2 天。

2. 招聘中心

招聘中心团队共有 6 名员工，其组织结构见图 7－4，按照对接部门提供服务。

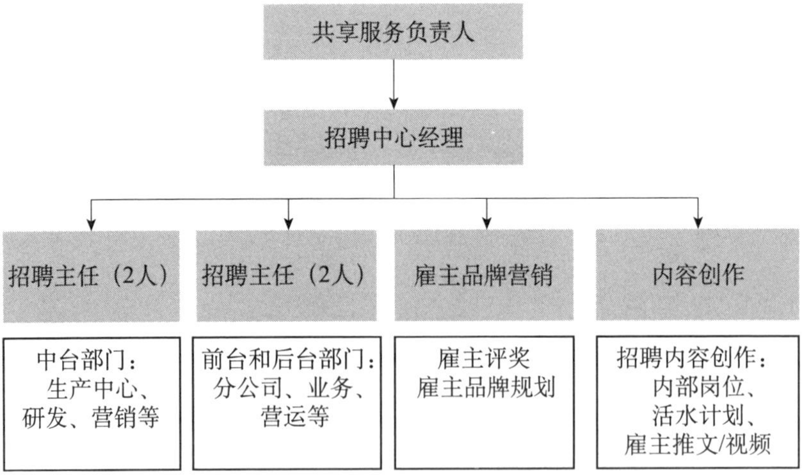

图 7－4　招聘中心团队的组织结构

招聘中心的服务水平协议如下：

【交付周期】

普通工人 <20 天；技术工人 <30 天；职员 <30 天；主任 <60 天；经理 <80 天；总监及以上 <100 天。

【过程指标】

（1）面试通过率（指从第一轮复试到拿到录用通知的平均成功率，如 2 人参加复试有 1 人拿到录用通知，则通过率为 50%）：工人 >80%，职员 >60%，主任 >40%，经理 >30%，总监及以上 >20%。

（2）试用期通过率（指招聘入职人员通过试用期的百分比）：工人 >90%，职员 >85%，主任 >80%，经理 >80%，总监及以上 >75%。

3. 数字化运营

无限极（中国）的数字化运营团队共有 10 名员工，其中 HRSSC、HRBP、IU 负责项目的运营及实施，数字化运营团队与 HRSSC、HRBP、IU、员工体验项目组组建交叉项目组，负责智能机器人的运营，共同完成数字化机会点的发现，并联动内部信息技术团队，为数字化运营提供开发支持，从而完成需求转化及交付。

数字化运营服务水平协议：（1）机器人自助咨询一次性解决率 >80%；（2）HR 热线 / 线上人工客服一次性应答率 >80%，一次性解决率 >80%；（3）线上流程一次性完成率 >95%。

4. 员工体验

员工体验团队只有 3 名员工，按照项目进行分工协作（见图 7－5）。

5. 员工关系

员工关系服务水平协议的目标是无投诉、无主流媒体曝光、仲裁无败诉，按照响应事件的风险性与复杂性划分等级，按照分级体系确定结案时长：I 级 <5 个工作日；II 级 <15 个工作日；III 级 <30 个工作日；IV 级 <60 个工作日，要保证员工帮助计划服务使用率＞ 1%，并且服务满意度 >85%。员工关系事件的相应类别如表 7－6 所示。

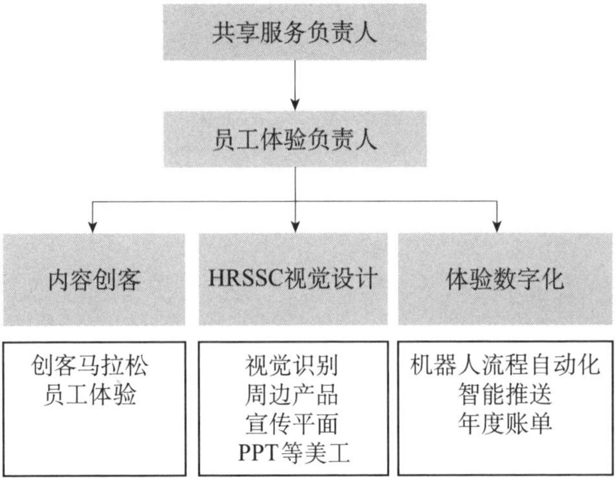

图 7－5　员工体验团队的组织结构

表 7－6　员工关系事件的相应类别

类别	风险性／复杂度	分级参考	响应对象					示例
			BP	BBC OPS	法务	专家	外事	
Ⅰ级常规操作	低风险／常规	常见一般问题，可参考标准作业程序，有标准法规可依	√	√				第一次合同不续签，退休，工伤，医疗期
Ⅱ级个体协商	较高风险／复杂	问题较特殊，需协商，可能存在纠纷	√	√	√			第二次合同不续签，绩效不达标协商解除，违纪，等等
Ⅲ级群体协商	较高风险／特殊	涉及组织层面的调整及变革，复杂度高，涉及面广，需拟定方案，评估内外风险	√	√	√	√如果需要	√	• 社保公积金政策／生育政策调整，个税调整 • 大范围组织结构调整(涉及15人以上)，集体性裁员，大规模停工安排
Ⅳ级突发特殊事件	高风险／特殊	• 需快速响应，降低风险和影响面 • 所有涉及生命安全的事件	√	√	√	√	√	媒体曝光，群体罢工，重大工伤事故，员工身故，等等

四、服务产品的优化与管理

当推出的一个服务产品获得市场认可后，还需要与用户同步向上升级迭代，形成产品与用户共同消费升级的情形。随着时间的推移，用户的需求会不断升级，而产品也要不断迭代以满足用户的新需求。总体来看，产品的升级迭代可分为性能阶段、美学阶段、服务阶段。人力资源服务产品也具有类似的升级迭代路径（见图 7－6）。

1. 性能阶段：好用才是硬道理

（1）“能用”：产品是为了满足用户需求而存在的，而性能的好坏直接关系到用户需求的满足问题。产品首先要基于功能性，也就是产品要“能用”。在人力资源服务产品设计初期，产品是否能用、能否满足用户实实在在的需求，是影响用户购买的主要因素。

（2）“好用”：在“能用”之后，产品将进入效率提升阶段，也就是要“好用”。性能在满足了用户的基本需求之后，用户将开始对产品的运行效率有要求，希望用更快速、更高效的产品解决具体需求，因此产品会从效率的层面进行升级。

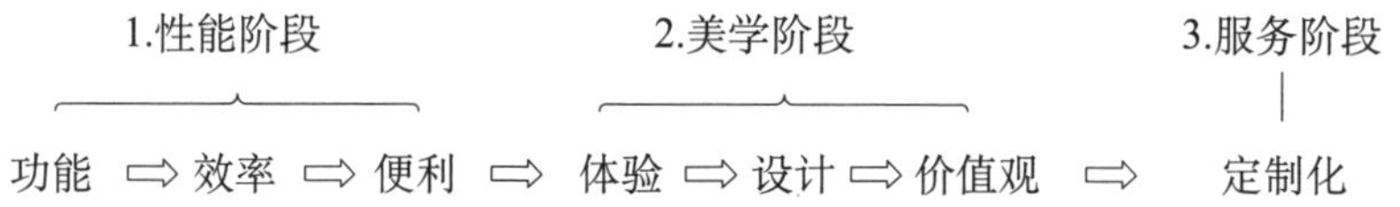

图 7－6　人力资源服务产品迭代发展的路径

（3）“方便”：“好用”之后，产品将进入便利性提升阶段，也就是产品要“方便”。功能和效率并不需要无止境地提高，当产品性能和效率达到一定程度后，对于用户来说再升级将没有太大的吸引力，因为产品已经足够满足日常需要了。效率过后，产品将进入便利性阶段。例如，HR 自助服务端口从以往的 PC 端应用发展到如今的移动端应用，再到云端应用，这都是产品便利性的标志。

2. 美学阶段：赏心悦目的产品体验

产品经过性能阶段后，将进入美学阶段，更多地体现为用户主观的审美及兴趣。

（1）“体验好”：产品在满足性能之后，还需要拥有人性化的体验，也就是产品要“体验好”。当市场上有大量的产品可供用户选择时，用户对产品的要求会不断提升，品牌商家开始进入强竞争状态。用户从注重产品的硬指标，转向注重产品的软指标，从而进行所谓的消费升级。例如，在与朋友聚餐时除了考虑口味之外，也会开始考虑餐厅的环境是否太过嘈杂等，这些都是性能之外的用户对体验的考量要素。

（2）“好看”：体验合格之后，用户开始注重产品外观，也就是产品要“好看”。产品数量越是庞大，用户越是重视产品的包装及外观设计，从而产品跨入颜值时代。颜值经济的例子数不胜数，只要是与消费升级挂钩的产品基本上都会在产品包装、产品设计上下功夫。比如，有着浓厚大众化气质的名创优品极其重视产品的设计包装：精致或华丽的插画、具有设计感的 Logo、具有可拍性的线下店面装潢……设计和审美的升级已经成为新兴消费品牌的必备，当然，美感的提升也能刺激用户消费。

（3）“文化”：在产品“好看”之后，用户更加重视品牌内涵，也就是产品要有与之匹配的价值观。品牌在讲述产品价值之后会开始讲述精神价值，即品牌在“务实”之后开始“务虚”，因此品牌的对外宣传内容都是在述说某类价值观。当用户因品牌价值观而选择产品时，多数备选产品在性能、体验、美感上已经相差无几，这意味着用户进入了“非理性”阶段。

3. 服务阶段：定制化是产品的最终阶段

产品升级迭代的终点多以定制化的形式出现，用户更加注重品牌与个人的点对点服务。定制化的过程也是“去品牌化”的过程，因为品牌方会基于每个用户的需求进行深度定制。每个用户的产品的性能、设计甚至文化都会不一样，产品也将进入千人千面的时代。此时品牌方更多地作为一个专业的服务者而存在，体现的品牌价值只有高端和专业。定制化将先会从批量定制实现过渡，针对某一特定人群批量定制产品，最终进入全方位定制阶段。

产品的迭代是跟随用户需求而升级的。总体上，产品将经历性能、美学、服务三个主要阶段，沿着“功能—效率—便利—体验—设计—价值观—定制化”的路径进行迭代，这就是产品消费升级的路径所在。在智能化技术的快速发展与应用下，人力资源服务产品也呈现出这样的迭代趋势。

案例：快手科技公司 HRSSC 的服务产品迭代与管理

快手科技公司[①]HRSSC 通常从产品的整体现状来优化产品的服务功能，即在产品广度上做扩容，在产品深度上升级迭代，双管齐下。按照成熟度与功能完善程度，快手科技公司人力资源服务产品迭代可分为三个阶段（见图 7-7）：（1）功能阶段：产品“能用、好用、方便”。（2）美学阶段：产品不仅“体验好”而且“好看好玩”。（3）定制化阶段：产品能够实现“千人千面”，根据用户的不同提供定制服务，为用户提供超出预期的使用 / 服务体验，并增加主动性的信息推送与提示（例如，在女员工产假期间主动推送产后护理与育儿知识、防治产后抑郁的员工帮助计划服务链接、哺乳期员工的休假规则介绍等）、便捷的系统自助化服务等。这种细致化、前置化的产品服务也是快手科技公司 HRSSC 当前大部分服务产品的目标追求。

① 快手科技公司是一家主要运营内容社区和社交平台的投资控股公司，主要提供直播服务、线上营销服务及其他服务。感谢快手科技公司人力资源总监（HRSSC&ER 负责人）张贤对调研和案例使用给予的支持。

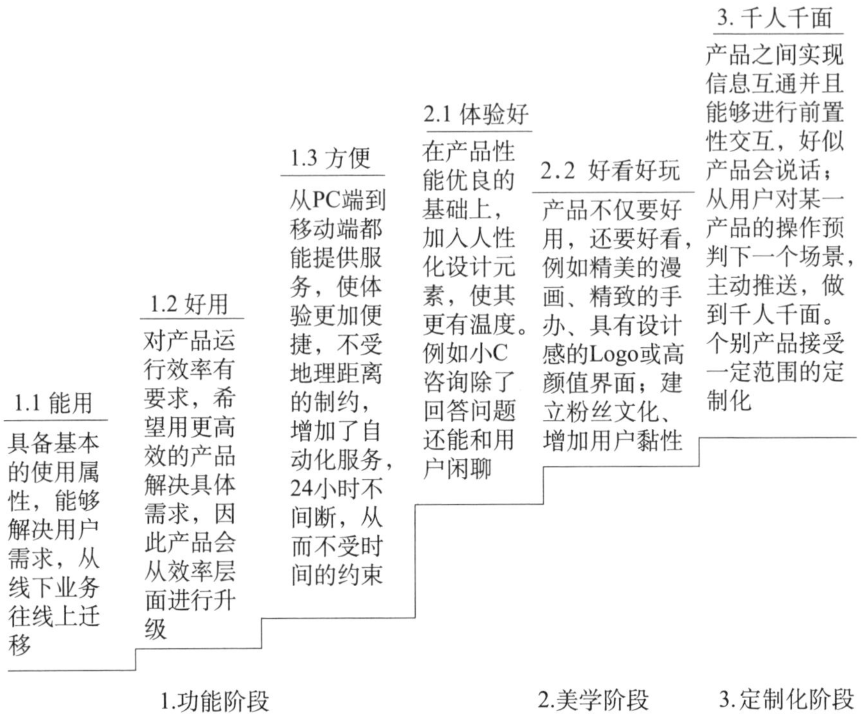

图 7－7　快手科技公司人力资源产品迭代的三个阶段

1. 持续性的产品功能维护

快手科技公司 HRSSC 所有上线的服务产品都会保有持续性的产品维护与更新机制，从产品内容的深度和广度持续不断地改进，给员工更舒畅的使用体验。这样的产品维护主要从三个角度出发：（1）“望远镜”：对比外界同类产品，明晰产品服务的优劣势。（2）“显微镜”：开展内部调查，按照从低到高的“1 ～ 5”评分制去收集员工对产品各项指标的评价得分，了解用户使用体验。（3）“照镜子”：结合上述两类调查的结果，对产品做整体复盘，盘点 HRSSC 所有的业务项目内容，例如基于业务整合过程中发现的用户对产品感知度的高低、产品功能与业务定位匹配度的高低等，判断该产品是根基产品、关键产品还是明星产品，接着对其进行投资收益率（ROI）评估。对于评分≤ 3 分，且预估受影响的工作量占

比 ≥ 8% 的服务流程与内容，会进行单点产品的升级方案设计以及落地运营。

2. 利用定性与定量指标评估服务产品

（1）定性评估。HRSSC 针对每一个产品设计了标准化评分标准，分别从三个角度评估产品界面，从七个维度评估产品功能，以此保证 HRSSC 对产品的了解无死角。部分定性评估指标如表 7－7 所示。评分时，HRSSC 会按照从低到高对应 1 ～ 5 分的评分模式，评估产品是否投诉较少、是否能有效解决问题、是否满足客户预期以及单项业务工具手册的可用性与时效性等。

表 7－7　快手科技公司人力资源服务产品的部分定性评估指标

指标	评分标准
用户满意度	1——低：用户吐槽 / 投诉非常多，而且无法有效解决 2——较低：用户吐槽 / 投诉较多，改善效果甚微 3——一般：用户吐槽 / 投诉较少，能有效解决问题 4——较高：用户吐槽 / 投诉几乎没有，有主动收集用户反馈的机制 5——高：用户体验好且无吐槽，设计人性化，有正向反馈
客户满意度	1——低：针对内部管理控制或服务的产品功能和价值几乎未实现，无法达成内部客户预期 2——较低：针对内部管理控制或服务的产品功能和价值实现不到 30% 3——一般：能满足客户部分预期，针对内部管理控制或服务的产品功能和价值实现约 50% 4——较高：满足内部客户的大部分预期，实现产品价值 5——高：完全满足或超出内部客户的预期，产品价值全部实现
系统成熟度	1——低：全手工工作，几乎没有系统支持 2——较低：少部分工作 / 子功能有系统支持，大部分还停留在手工工作 3——一般：系统能够替代 50% 的手工工作，优化空间较大 4——较高：系统能够有效支持几乎全流程和 80% 的手工工作，还有部分优化空间 5——高：系统能够完全满足需求，用户界面友好

续表

指标	评分标准
经验沉淀程度	1——低：没有标准作业程序框架或规则沉淀 2——较低：仅有简单规则或基本流程；最近流程有较大变动 3——一般：已有完整流程 / 标准作业程序框架，内容不够翔实，新人按照手册仍无法完整操作 4——较高：有完整的标准作业程序框架、制度和流程，但未及时更新 5——很高：有完整的标准作业程序框架，更新及时，新人按照手册可以完全准确地操作

（2）定量指标。定量指标包括用户类型、用户范围、用户数量、业务量、工作量占比、系统操作与人工操作的各自占比等。依靠定量指标，快手科技公司 HRSSC 打通了对整个产品的深度评估，最终使每一个产品都有一个得分，HRSSC 可以根据不同产品的得分情况去做产品的单点扩容，持续拉伸产品深度，最终实现产品满意度的提升。

7.2 绩效评价

绩效评价是用于监控和管理组织绩效的方法、准则、过程和系统的整体组合，它涉及组织管理和运营的方方面面，并以整体一致的形式表现出来。客观准确地评价 HRSSC 的服务，对于改进和提高 HRSSC 的服务质量与水平，有效创造人力资源服务价值，满足客户的需求和提高客户的满意度具有非常重要的意义。

一、对 HRSSC 的服务评价

从 HRSSC 建立和发展的历史来看，对 HRSSC 的服务评价经历了一个从运营卓越到员工体验卓越的过程（刘凤瑜等，2020）。早期更多地强调服务运营卓越的评价。关注的重点有：是否以更少的资源提供更多的服务，服务的流程是否简单、有效，服务的成本如何，服务的效率如何等。一般来说，HRSSC 运营卓越的评价指标主要有服务的合规性、服务的准确性、服务的及时性、服务的生产率等。后来，评价也开始关注员工服务体验。关注的重点是客户的需求是否得到及时响应、客户的需求是否得到完全满足、客户对服务过程的体验如何、客户的整体服务满意度如何等。

是注重评价是否运营卓越还是注重评价是否员工体验卓越，反映了 HRSSC 不同的经营理念和定位。鉴于 HRSSC 的定位，即在满足客户需求的同时追求运营卓越，降低成本，成熟的 HRSSC 的服务评价指标一般会把运营卓越和员工体验卓越结合起来，以准确体现 HRSSC 的创建目的。

在制定人力资源服务流程的过程中，还需要明确对流程输出结果的要求。可以通过制定服务水平协议和关键绩效指标，明确服务使用者的期望和服务提供者的职责。服务水平协议主要规定服务交付的时间，关键绩效指标则是衡量流程绩效的一种目标式量化管理指标，从质量、效率、投诉率等方面进行规定。例如，回答员工的问询时，需要在接到工单后 24 小时内回复，这个服务提供者要完成的动作以及完成的时间要求就是一个服务水平协议。员工投诉率要低于 0.5%，数据录入准确率要高于 99.5%，这是两个典型的关键绩效指标。

在对服务交付和质量控制进行测量与考评时，服务水平协议、关键绩效指标是很好的工具和手段，可以协助 HRSSC 管理和控制员工雇佣旅程周期人力资源服务交付的质量。建立服务水平协议和关键绩效指标也是 HRSSC 将员工当作客户的一种体现，说明企业开始关注员工的服务感受和服务评价。

二、对 HRSSC 的绩效评价

1. 常见的绩效评价指标

对 HRSSC 如何考核，总体上取决于 HRSSC 的发展阶段以及企业对 HRSSC 的定位。一般来说，HRSSC 的主要评估指标有服务响应时间、客户满意度、员工信息录入的准确性和完备度、员工投诉率、人事材料与档案的完整度、员工数据隐私和数据安全事故率、员工自助服务平台的使用率、日常事务处理的效率（平均员工服务人数）等。

Farndale、Paauwe 和 Hoeksema（2009）在调查荷兰 15 家实施 HRSSC 的企业后总结了这些公司 HRSSC 的关键绩效指标，包括：第一次与客户接触就完成客户请求的比例（%）；呼叫中心的用户等待时间（秒）；呼叫周期（分钟 / 秒）；接到客户邮件到回复客户邮件的周期（天）；每位全职人员处理的事务数量（件 / 月）；客户投诉量（次 / 月）。HR 智享会的调查报告表明，参与调查的企业 HRSSC 的评估指标包括客户满意度（调查企业的采用率达到 62%）、服务响应时间（采用率达到 59.2%）、事务信息录入的准确性（采用率达到 56.3%）、事务处理量（平均员工服务数量，采用率达到 52.1%）、事务处理准确性（采用率达到 49.3%）、优化改进的项目量（采用率达到 28.2%）、投诉率（采用率达到 26.8%）、预算与实际运营成本（采用率达到 19.7%）、人员培养数量（采用率达到 14.1%）、新服务的增加与覆盖面（采用率达到 8.5%）、员工自助服务平台的使用率（采用率达到 5.6%）。

富智康公司共享服务中心的运营指标就设置了用户使用满意度达到 70%、每人使用活跃度达到 80%、季度经验分享 2 次、季度竞品分析报告、企业活动推广执行状况、参与组织外竞赛 2 次 / 年等六大指标。表

7－8 是某公司 HRSSC 对自助服务、呼叫中心和人力资源流程事务处理的评价指标。

表 7－8 某公司 HRSSC 的评价指标

自助服务	呼叫中心	人力资源流程事务处理
● 管理者自助服务使用率 ● 员工自助服务使用率 ● 每个接入渠道的服务请求量 ● 渠道可得性	● 服务请求解决百分比 ● 呼叫中心初次电话解决率 ● 呼叫量 / 服务代表人数 ● 30 秒电话响应及时率	● 人力资源服务交付子流程的人均成本 ● 人力资源服务交付子流程及时率 ● 人力资源服务交付子流程准确率

2. 基于平衡计分卡的绩效评价

实践中，可以借助平衡计分卡对 HRSSC 所涉及的财务、客户、内部流程、学习创新等四个维度进行绩效指标细化，通过与 HR 共享服务的自身特点密切相关的指标设计来达到全面评估 HRSSC 的目的（西门子公司 GSSHR 的运营关键绩效指标就被划分成四个维度，基于这四个维度再根据不同的产品，设立针对性的关键绩效指标）。

（1）财务维度。财务维度指标的选择和 HRSSC 的自身定位有密切关系。通常情况下，独立运营模式下的共享服务中心的财务维度指标设计和其他服务业组织有诸多相似之处，往往侧重于投资收益率、成本、利润等指标。不过，对于服务于特定集团内部的 HRSSC 而言，它们更多地定位于成本中心，其财务指标更多地集中在预算达成度等指标上。最常见的 HRSSC 成本指标包括总成本、单位服务成本、人员成本及单位人员成本等。

（2）客户维度。客户维度指标体现了共享服务中心和客户之间关系的紧密程度，以及客户对共享服务中心的认可程度。Deloltte（2011）针对已经建立共享服务中心（不仅仅是 HRSSC）的公司进行的统计显示，大部分公司将绩效指标、服务水平协议、客户满意度调查视为共享服务中心治理结构的核心组成部分。常见的客户维度指标包括客户满意度、客户沟通、服务水平协议达成程度、客户投诉率。具体来看，考核指标可以分为外部和内部两个方面。从外部来看，主要是客户满意度，可以用随机发放问卷的方式从员工、直线经理那里获取相应时间、沟通质量、解决方案等方面的评分和反馈，以及对于 HRSSC 整体服务的反馈。从内部来看，根据 HRSSC 的服务内容，可以设定自己的关键绩效指标，通过跟踪这些关键绩效指标来评估流程效率，并作为持续改善的参考和依据，比如：数据质量、问题响应时间、薪资准确率、流程周期时间等。除此之外，如果涉及外包的情况，可以将外包服务相应的关键绩效指标与整个 HRSSC 的关键绩效指标相结合。因为对于 HRSSC 的客户来讲，外包部分也是 HRSSC 提供的服务。

例如，某共享服务中心客户维度的指标设计包括以下内容：1）客户满意度：基于问卷调查所形成的客户满意度指标是对客户评价的综合反映。2）客户沟通：客户沟通指标体现了共享服务中心和内外部客户之间是否有完善的沟通渠道，如呼叫中心、公用邮箱等。此外，基于特定的沟通手段，是否有稳定的客户沟通量，以及客户对沟通效果的评价也是客户沟通指标要考虑的内容。3）客户体验管理能力：客户体验管理能力指标体现了共享服务中心对客户体验或客户感受实施积极管理的意愿和能力。4）服务水平协议达成度：服务水平协议的执行情况直接影响到客户对共享服务中心的评价，该指标用于衡量服务水平协议的执行与达成情况。

（3）内部流程维度。内部流程维度指标体现了共享服务中心的内部运营管理能力，涉及具体业务实施过程中对效率的关注、对实施质量的关注、流程的优劣等诸多方面。对内部流程维度的关注能够引导共享服务中心改进自身流程，提升运营绩效。常见的内部流程维度包括单位人员的服务对象数量、出错率、服务响应时间、业务连续性管理。

例如，某共享服务中心内部流程维度的指标设计包括以下内容：1）业务数量：业务数量体现了共享服务中心的业务规模，通常该指标能够体现共享服务中心是否有能力承接大型运营项目。2）人均业务数量：人均业务数量体现了共享服务中心的业务处理效率。3）一次性成功比例：一次性成功比例体现了业务顺利通过的程度，一次性成功比例越高，其内部流程能力越强，反之则内部流程能力越差。4）差错率：差错率指标体现了共享服务中心的服务质量，即业务处理的可靠性。它间接反映了其内部流程在保障运营质量过程中的可靠性。差错率较高的共享服务中心将难以持续获得稳定的客户和较好的客户声誉。5）周期改进：周期改进指标体现了共享服务中心对出现的问题或流程进行改进的能力。好的周期改进体现在内部流程的优化有一套完善的程序，当出现问题或流程优化被发起后，共享服务中心内部负责流程的单位能够迅速定位问题、实施优化或改进措施，并将改进后的结果第一时间予以落实。6）流程执行力：好的内部流程不仅体现在流程的设计优化能力上，更为重要的是流程执行力。好的流程如果没有得到有效的执行，对组织绩效的贡献将微乎其微。

（4）学习创新维度。学习创新维度是共享服务中心未来能够持续发展，并形成竞争优势的重要方面。学习创新维度一方面体现在组织内部对员工的培训以及学习氛围的营造，另一方面则体现在组织内部对创新性事物的接受程度以及主动创新的动力和能力。学习创新维度指标包括创新观点数量、员工培训实施比例、员工培训效果、内部知识分享次数。

某共享服务中心学习创新维度的指标设计包括以下内容：1）创新观点数量：用于评价共享服务中心一定期间内创新观点的总量，从而体现其组织内部创新的积极程度。2）创新观点实施比例：用于评价所提出的创新观点总量中的有效数量，以及有效观点是否得到了积极有效的实施。实施比例高的组织，说明其创新质量较高，组织对创新的实施能力较强。3）人均培训学时：用于评价共享服务中心对其员工的基本培训量。4）培训有效度：培训有效度是通过调查问卷的方式评价共享服务中心对其员工所作培训最终达到的效果。通常每次培训后都应对受训者进行调查，在期末的时候平均计算组织的培训有效度。培训有效度是对培训工作的综合评价指标，其问卷中将涵盖与培训内容相关的诸多方面。

案例：施耐德电气 HRSSC 的关键绩效指标

施耐德电气对 HRSSC 的考核指标主要包括：

（1）人均服务员工数，设定目标为 1∶192。

（2）财务预算（控制与往年预算的平衡）和运营有效性（人均费用每年降低 5%）。

（3）热线服务“Help Desk”：一次性解决问题的比例；按照紧急程度把用户需求分为三类（最紧急的为 8 小时内，其次为 24 小时，再次为 40 小时），考察对不同需求的解决速度。

（4）运营效率：包括工资计算与发放的准确性（99.85%）和准时发放（100%），招聘周期（经理级别为 75 天，经理以下为 45 天，蓝领为 15 天）、招聘质量（试用期通过率 >90%）、招聘渠道有效性（猎头 <12%、员工推荐 >25%、直接搜寻 >25%、招聘网站为 15%、内部流动为 10%、校园招聘为 8%、其他为 5%），以及客户满意度等。

（5）外籍员工派遣管理：新增外籍员工数、人均服务外籍员工比例（>50 位员工）。

（6）HR 系统的运营和维护：系统和报告的准确率、为员工提供系统培训。

（7）培训运营：培训小时数（每人 7 小时 / 年）、线上学习小时数（每人 4 小时 / 年）、培训出席率（>90%）、培训系统使用率（>90%）。

（8）HRSSC 部门的离职率、员工满意度。

（9）客户满意度调查：针对招聘进行月度调查，针对运营中心进行半年调查，针对全球情况进行年度调查，这些满意度调查将作为 HRSSC 服务的重要指标计入各自团队的关键绩效指标。

三、对 HRSSC 运营业务人员的绩效评价

人员绩效是对组织绩效的分解，只有与组织绩效保持一致的情况下，对人员的激励才能促进 HRSSC 实现组织目标。绩效考核指标对于 HRSSC 服务人员的行为有着明显的导向作用。在实践中，员工可以基于绩效导向的影响，持续改变自己的行为。因此，从客户服务视角设计相应的考核指标是基本出发点。企业在考核 HRSSC 人员的绩效时，可以参考对销售等部门的考核方法来确定相关人员是否已完成当年的考核指标，这样可以督促 HRSSC 人员转变工作思想、工作思路，提高服务意识，从而提升企业的人力资源管理水平。

HRSSC 的运营业务人员是主要构成部分，他们是人力资源服务的直接提供者，也是组织内最为活跃的成员。由于直接面对客户并提供产品，他们所面临的压力也是最为直接的。同时他们在 HRSSC 从事已经设计好的标准化业务，通常情况下，他们具有技能同质化、收入水平相对偏低、发展需求不强烈、流动性大、特定工序实践经验丰富等特点。

运营业务人员的绩效可以从业务处理时效、质量以及客户满意度几个方面进行考核。业务处理时效指标要求员工在规定的时间内完成任务，质量指标反映在差错率上，客户满意度指标通过客户对业务处理结果的反馈以及定期的满意度调查获得。如果低于基准，运营业务人员会被扣除一定比例的浮动薪资。

基于服务客户的功能定位，很多公司的 HRSSC 也对内部员工的服务行为进行规范化管理，明确具体的标准。表 7－9 为西门子公司

GSSHR 员工的职业化行为规范。

表 7-9 西门子公司 GSSHR 员工的职业化行为规范

职业化行为规范	合格行为	合格行为与特殊贡献	影响他人与榜样
客户需求服务理念	重视客户的需求，能够站在客户角度考虑问题，并持续以客户的接受和满意作为服务结果的衡量标杆	重视客户的需求，能够提供岗位职责要求之外的服务以满足客户的需求；或者经常帮助其他员工对客户的需求进行分析理解，以提高服务质量；能够虚心对待客户的反馈意见（批评等）	重视客户的需求，主动同客户沟通，理解客户的需求和意见，对本团队内部或跨团队如何提高客户满意度提出可行性建议
质量观念	对每一项工作，能够持续保持对工作质量的严格要求和对控制流程的执行	对每一项工作，能够持续保持对工作质量的严格要求和对控制流程的执行，并能够对他人的违规行为进行指正	对每一项工作，能够持续保持对工作质量的严格要求和对控制流程的执行，并经常提出改善工作流程和工作质量的可行性建议
行为表率	持续遵守各项工作规范/规定，无任何违规行为	持续遵守各项工作规范/规定，在特殊情况下有额外突出的表现行为（例如：牺牲个人时间，在身体不适情况下提供客户服务等）	持续遵守各项工作规范/规定，并对团队或部门的整体职业化行为规范提出建议
持续改进的意识	主动、及时地理解与学习更新的工作流程、工具和规范	能够帮助其他员工改善工作流程和工作质量；能够牺牲个人时间完成本职工作以外的改进任务	能够对跨部门的服务流程优化提出建议；主动承担并按时完成部门服务优化项目；对服务供应商的工作改善能够提出可行性建议

续表

职业化行为规范	合格行为	合格行为与特殊贡献	影响他人与榜样
快速回复服务理念	对任何客户的需求都能够遵守 24 小时回复规范来反馈并按承诺的时间跟踪进度	能够帮助其他员工对客户的需求做出及时的回应；主动提醒他人对客户做出反馈；能够对服务供应商的任务负责并及时跟踪；主动根据客户的利益及时提供服务信息	主动跟踪对客户抱怨的处理；能够对服务供应商的任务负责并及时追踪；能够对部门整体如何提高对客户的及时响应提出建议并执行改进方案；能在服务产品提供中主动建议并执行同客户的沟通
复核工作习惯	能够操作各项细节，独立认真完成工作；严格执行针对流程的每一项检查要求复查工作结果	能够详细操作各项细节，独立认真完成工作；严格执行针对流程的每一项检查要求，复查工作结果，并能协助同事检查工作结果	能够详细描述，设计操作各项细节工作；严格执行针对流程的每一项检查要求，复查工作结果，并提出补充服务流程质量漏洞的检查点和改进建议
分析性思维能力	对于个人职责范围内的服务问题能够清楚地分析问题根源；能够根据服务水平协议和客户要求的实际情况客观地优先安排处理任务；能够同时处理多项服务任务并按时完成	对于团队合作服务流程中的问题能够分析问题根源，并提出可执行的改进建议；能够指导同事安排执行任务的优先等级；能够同时处理多项服务产品并按时完成	对于部门整体常见问题或错误能够分析问题根源，并以改进项目的形式实施改善建议；能够同时执行多个项目并按时完成

续表

职业化行为规范	合格行为	合格行为与特殊贡献	影响他人与榜样
高效利用资源整合	熟悉工作所需的各类资源（工作手册、工具、合作团队的联系人/职责分工等），掌握资源使用的方法；对工作职责范围内需要了解掌握的并已公布的相关政策和通知完全理解并将其运用于工作服务中；能够主动获取相应资源以提高工作效率	熟悉工作所需的各类资源（工作手册、工具、合作团队的联系人/职责分工等），并经常补充资源的内容；对工作职责范围内需要了解掌握并已公布的相关政策和通知完全理解，能够主动及时学习最新的政策内容；能够及时提出服务反馈意见，帮助公司完善政策内容，帮助团队成员提高工作效率	能够对部门整体知识资源管理的有效性提出可行性建议，主导知识库的改进和补充；主动推动部门同事对知识资源的使用和共享；主动同管理部门沟通，对公司具体执行政策的设计和内容完善提出可行性意见
团队工作	能够明确自己在团队任务中的角色和职责，并主动配合团队其他成员完成工作任务，主动分享工作经验和建议	能够在团队任务中担任领导角色，主动承担团队新工作任务，并帮助团队成员协调互相之间的工作配合；能够协调纠纷事故；能够理解并协助同事的工作，对其他同事的工作改进从积极的方面提出建议；能够避免相互指责和责任问题争论	能够团结部门所有成员，获得团队成员的认可，并通过自己的影响力调动部门成员的积极性；能够有效完成部门指标及任务；能够主动改进同其他团队的合作关系

关键绩效指标体系可以细化到各个最小服务单元，以确保个体和整体向客户输出优质的服务。例如，当 HRSSC 收到一个背景调查的申请时，许诺客户 48 小时之内完成调查。之后，HRSSC 会用关键绩效指标

考核背景调查的所有报告是否都在 48 小时内完成，这也是考察内部员工的服务有没有达到期望的标准。关键绩效指标的设立有助于发现 HRSSC 内部存在的问题，以便及时解决。

四、服务质量的监控与反馈机制

HRSSC 所提供服务质量的高低常常最直观地反映在员工的各类反馈之中，重视员工的信息反馈是持续改善 HRSSC 服务内容和流程的重要方式之一。大多数公司的 HRSSC 都在内部建立了服务质量的员工 / 客户反馈管理系统，所有来自员工 / 客户的反馈都会通过该系统记录并加以汇总。

1. 服务质量的评价方法

共享服务质量可以通过客户满意度调查来测定，共享服务中心可以通过逐单反馈、电话访谈，以及调查问卷等方式收集客户的反馈。一个好的客户满意度调查应该做到问题定位清晰、回复率较高、测度指标可量化。基于问卷的客户满意度调查应保持前后期间的可比性，从而形成稳定的绩效考核结果。共享服务中心的客户满意度调查可以采用多种方式进行，如电话访谈或定期向客户发送共享服务中心满意度调查问卷等。电话访谈可即时获得结果，时效性高。但缺点在于：成本较高；由于电话沟通中被访者思考时间较短，准确性稍显不足；若拨打时间不合适，易被拒绝等。问卷调查的成本较低，可大范围发送，被访者可选择合适的时间仔细填写；但缺点在于问卷容易被忽略。通过调查共享服务中心可以直观地了解自身的服务水平，并对服务的短板开展有针对性的改进。为了保证问卷调查的客观性，员工在接受服务后，应匿名对服务做出客观评价。随着人力资源管理系统的不断完善，这种问卷调查往往在企业的内部网站上即可完成。为了能够深入探查评分背后的原因，共享服务中心也常常会采取访谈、座谈或焦点小组讨论等形式了解服务问题背后的深层次原因，以便确定服务出现问题的根本原因并进行服务改善。

与满意度调查相对应的检测服务质量的途径可以是投诉管理。客户的需求多种多样，要做好服务工作、满足每个客户的需求，不是一件容易的事。即便服务出现瑕疵，导致客户投诉，客户对共享服务中心的认可依然是可以挽回的，这就需要共享服务中心能迅速分析原因，解决问题，进而通过投诉处理提升客户满意度。

2. 服务质量的评价内容

根据评价内容可以将调查分为两种类型。

（1）针对单项服务的调查。公司共享服务中心借助反馈管理系统针对员工提出的问题或者需求，随机向员工发放调查问卷，了解某项服务或某个问题的解决进展以及服务反馈。为了确保用户反馈的真实有效，系统在发放调查问卷时，对象与发放时间都是随机选取的。当员工收到调查问卷时，则会被问到某问题是否得到解决、解决的及时性、得到反馈的准确性、服务的态度、问题解决后的现状等问题。

在调查问卷的设计上，可以参考基于客户感知服务质量影响因素的问项——PZB（1990）[①] 提出的 SERVQUAL 模型中所包括的 5 大因素和 22 个问项（见表 7－10），虽然它不能适用于所有服务行业。鉴于 HRSSC 有别于其他服务的特性和客户感知服务质量的影响因素，可以对这些题项进行适当修改，以了解客户对共享服务中心服务质量的评价。

① Zeithaml V A，Berry L L，Parasuraman A. Communication and control process in the delivery of service quality. Journal of Marketing，1998，52（2）：35－48.

表 7-10　客户感知服务质量影响因素问项

感知服务质量的 5 大因素	调查问题
可靠性	● 对共享服务中心的流程设计的认可程度 ● 对共享服务中心的标准及操作规范的认可程度 ● 对共享服务中心员工职业素养的认可程度 ● 对共享服务中心整理能力的认可程度 ● 对共享服务中心服务质优价廉的认可程度
信任度	● 对共享服务中心业务处理的认可程度 ● 对共享服务中心按约定提供优质服务的认可程度 ● 对共享服务中心能够及时解决问题的认可程度 ● 对共享服务中心的正确率评价
响应性	● 对共享服务中心员工响应速度的评价 ● 对共享服务中心业务处理速度的评价 ● 对共享服务中心解决问题速度的评价
沟通	● 对共享服务中心员工是否礼貌的认可程度 ● 对共享服务中心员工对贵单位的业务熟悉程度的评价 ● 对共享服务中心员工沟通效果的评价
参与程度	● 对共享服务中心员工到贵单位进行面对面沟通频率的评价 ● 对共享服务中心流程和业务标准的了解程度 ● 对共享服务中心业务处理透明度的认可程度 ● 对贵公司与共享服务中心就业务流程改进的探讨频率的认可程度 ● 对贵公司向共享服务中心提出问题或建议，对方接纳并改进的认可程度

（2）针对全员的满意度调查。公司大多数员工会在每年特定时间收到来自共享服务中心的满意度调查问卷，在调查中员工会对共享服务中心的系统稳定性、员工服务水平、问题解决效率等各个方面进行打分。与针对单个问题的调查类似，满意度调查也采用随机的方式，即每天都会随机给一部分员工发放满意度调查问卷，以便及时收集并跟进员工的评价与反馈。

HRSSC 人员在收集到上述反馈之后，会根据员工对各个模块的评分进行自检，从工作流程、制度规范和员工工作状态等多维度出发，自我调整不足之处。对于一些认真给出反馈意见的员工，还会专门拜访，深入了解情况，吸收有益建议。员工 / 客户满意度调查已经成为公司 HRSSC 不断实现服务水平提升的重要工具之一。此外，还有一些企业设定了“首问责任制”专项监控机制。

案例：HRSSC 对服务质量监控的企业实践示例

为了扮演好服务中心的角色，HRSSC 特别关注用户对服务工作的评价和反馈。我们这里列举蒙牛、伟创力、玛氏中国、同程艺龙四家公司的实践。

在蒙牛集团 HRSSC 运行过程中，用户的反馈对其优化和完善自身有重要指导作用。HRSSC 重视用户的反馈意见，通过多个渠道收集反馈信息，不断对现有服务进行反省、优化：（1）建立大客户服务沟通机制：HRSSC 初期定期召开事业部沟通会，听取管理层的意见和需求。（2）推行上门服务：对大区周边的分散点，员工服务部与业务部门商定，每周固定时间进行上门面对面服务，保证 HRSSC 能够有效覆盖周边地区。（3）利用调查与日常评价，提升服务水平（半年度 / 年度）：调查问卷设计合理 / 调查分析有针对性；对问题深度剖析，设专题改进；持续听取客户心声，从对服务不满意的客户身上寻求改进机会。（4）收集客户建议：通过呼叫咨询渠道、大客户拜访、业务沟通等机制，每月总结问题并改进。

伟创力 HRGBS 每季度都进行全球范围的客户满意度问卷调查（也称为客户 / 业务伙伴之声），每次调查都会从不同国家及地区抽取一定数量的工厂 / 研发中心作为对象，窗口期为一个月。HRGBS 会在窗口期启动之后自动发送邮件，提醒参与调查的客户 / 业务伙伴登录系统完成在线调查问卷，而调查结果会在窗口期结束后被同步到线上的数据仪表盘（real-time dashboard）供各业务部门查看。

玛氏中国的 MyP&O 团队成立了持续改进委员会和敬业度委员会两个组织，帮助完成监管，为共享服务中心高效率和高质量运营提供强大的后援力量。持续改进委员会负责整个共享服务中心持续改进能力的建设，因为其更容易听到基层同事的真实“声音”，所以每季度会向同事征集提升运营效率和质量的“金点子”，小到在办公室入口增加指示牌，大到在系统中增加特定功能，并将之规模化应用于提升日常运营能力。敬业度委员会负责增进共享服务中心同事对于业务单元的生意运营和人员的了解，定期组织市场走访和业务分享，帮助同事深入了解服务对象，并从中提炼高质量服务的关键点。

同程艺龙实行一站式反馈机制，即提供一站式服务的员工在收到员工需求后，需要一跟到底，及时满足员工需求或者找到解决的方式。即使无法即刻解决，也要及时响应收到的需求，并实时更新需求处理进度。比如，员工提交智能打印证明申请，一站式服务会告诉他打印的流程是怎样的。如果采用标准模式的证明模板，会告知预计何时可以拿到证明。如果是非标准模板，会有一个审核的流程，但同样会告知预计拿到证明的时间。一站式服务经理会在后台监管每一个节点的响应数据以及员工满意度反馈情况，对于评价较低的服务，会进一步跟进，找出原因，并加以解决。目前，一站式服务机制正在升级完善中。同程艺龙的共享服务中心计划将一站式服务升级为员工服务大厅，整合人力资源、行政、财务、信息技术等部门，将员工服务大厅打造成可以为员工提供更加全面的一站式服务平台。服务大厅的优点还在于，可以将各部门统一到一个入口，实现“一窗统办，后台流转”。若员工找错了部门，那么在服务大厅可以将其需求直接转交给相应部门，解决了员工在出现问题时不知道找谁的难题。同时，对于一些需要跨部门处理的问题，服务大厅可以为各部门之间提供一种协作处理的机制。

7.3 变革与风险管理

一、变革管理

HRSSC 的搭建是企业中一项重要的变革，不仅仅涉及人力资源部门。国外大量的研究和调查分析表明，在这场变革中，沟通不到位和不恰当的沟通、不现实的计划、组织缺乏对 HRSSC 的承诺、过于强调标准化服务、忽视个性化需求、忽略人性化、没有面对面服务、在建立 HRSSC 的过程中遇到阻力时的高压政策、现有员工的重新定位和重新安置等问题都会给 HRSSC 的建设带来毁灭性的灾难。我们结合企业构建 HRSSC 的一些实践案例，对这一变革中遇到的主要挑战进行总结。做好变革管理，是搭建 HRSSC 的关键内容。

1. HRSSC 搭建过程中遇到的挑战

（1）打破原有组织中责权利的平衡状态带来的变革阻力。与传统金字塔式的人力资源管理不同，共享服务意味着从业者由管理者转变为服务和支持者。HRSSC 的搭建伴随着组织结构调整、岗位再设计、职能权利及资源转移，将会打破原先组织中责权利的平衡状态，会涉及原来员工所处职位或者权力的变动，一定程度上意味着其权力的失去，影响员工个人利益，致使其产生心理落差，甚至可能会使部分人员面临转岗或离职。这些变革必然会受到来自既得利益者的强大阻力。此外，在共享服务的实施过程中，在对管理流程进行梳理和再造、对相关流程进行标准化和程序化的过程中，需要仔细分析每个流程节点的合理性和必要性，尽可能去掉只是为了体现和平衡权力以及没有增值作用的节点，而这样的工作必然会触动部分部门和人员的利益，从而导致其不配合、消极对待、故意刁难等。

因此，这些变革对于之前的企业文化、传统工作方式及思维习惯都构成了挑战。要搭建一个高效的共享服务中心，必须改变员工的传统工作方法和思维方式，而传统的工作方法和思维方式往往是由于企业的文化积累和长期沉淀所形成的。德勤 2011 年的调研表明，这方面对 HRSSC 的挑战往往比企业当初的预期大得多。

（2）员工能力和知识不足带来的挑战。HRSSC 的成立对于员工的能力和知识带来了新的要求。HRSSC 是否能够顺畅运营取决于其员工是否具备足够的能力与其他部门进行业务上的资源共享。在众多企业中，许多员工不具有其他部门的业务经验，这不利于进行业务上的协同共享。另外，对于原部门的员工，在传统的人力资源体系中其压力来源比较单一，建立 HRSSC 后，原部门的员工还将面临来自 HRSSC 调配过来的人力资源协同共享的压力。这种压力不仅包括要对调配过来的人员进行培训，还包括调配过来的人员对其升职或者业务报酬的威胁。

对于跨国企业来讲，HRSSC 相关人员不仅需要了解和掌握所在国家的法律、法规，还需要对其所服务的其他国家的法律、法规、薪酬体系等有相当的了解和掌握，这就对 HRSSC 相关人员的语言能力、知识和跨文化交流能力提出了较高的要求。

HRSSC 通过流程的简化、标准化、自动化，充分运用信息技术，通过线下的共享服务大厅、自助服务一体机、服务热线，再到线上的智能服务机器人、数字化工作平台、移动端工作平台、邮件等，实现真正的随时随地服务联通，从高频的面对面接触向高科技接触转变。HRSSC 工作模式的智能化也意味着相关人员必须转变工作方式和思维习惯。

（3）HRSSC 建立初期相关准备工作不足带来的挑战。建立 HRSSC 必须有成熟的系统和信息技术的支持。HR 系统是 HRSSC 的基础，是实现数据集成、提高共享服务效率和实现跨地域的远程服务与支持的必要保证。同时，建立 HRSSC 并不是人力资源部一个部门的事，还会涉及企业的财务、内控、采购、信息技术等部门。其他部门现有流程和规定的制约，会给 HRSSC 的建设带来意想不到的困难。

2. 应对 HRSSC 变革挑战的若干要素

面对诸多变革挑战，仅靠人力资源部门的协调和沟通是难以解决问题的。成功搭建最佳 HRSSC 需要关注以下内容。

（1）战略规划。集团在建设之初就需要明确共享服务中心建设的战略规划和职能定位，清楚认识到建设共享服务中心的动因、目标、规划、实施方案等问题，即明确建设共享服务中心的原因是什么，要解决何种问题，如何开展，要达到何种目标等。在信息技术的推动下，企业数字化转型在不断推进，管理层必须将共享服务中心建设纳入企业数字化转型的整体战略中，明确共享服务中心在企业数字化转型中的职能定位，并在集团及下属分子公司层面统一认识，使其深刻认识到共享服务中心建设与企业集团实际管理情况的匹配关系。在规划设计上，应根据企业实际情况设定短期、中期、长期建设目标，拟定每一阶段的具体建设方案，并按照方案要求推进项目进度，确保建设阶段的连续性和建设过程的可控性。

明确共享服务中心建设的未来蓝图，不仅有利于管理层、相关部门和相关人员对未来的运营模式有一个清晰的理解，而且可以打消相关人员的疑虑，提前为角色转换做好准备，提高他们对项目的配合度和为将来工作任务的交接扫除障碍。

（2）高层的支持与变革决心。建设共享服务中心是一项“一把手”工程，需要在建设初期取得高层的支持，以确保得到企业人力资源管理变革的战略支持以及经费支持。

决策者还需要有充分的变革勇气和决心。例如，在人力资源流程优化过程中，对于没有增值的规章、制度、流程、习惯，要着眼于最佳的解决方案，而不要顾及人员、关系和权力的影响。同时要本着抓大放小、相信员工和管理团队的原则，尽量减少管理成本。

企业决策层的支持不应只停留在形式上，而是必须落地。除了在公司的政策、组织、人员和工作上给予足够的支持外，对于跨部门的协调和人力资源部门难以解决的问题，要明确原则、及时拍板并限期解决。

（3）分步实施。建设共享服务中心的过程与其他项目类似，一般会经历评估、设计、构造、部署、改善与提高等阶段。共享服务中心的建设并不是一蹴而就的，需要按部就班稳步推进。图 7－8 是某公司 HRSSC 的分阶段建设目标。

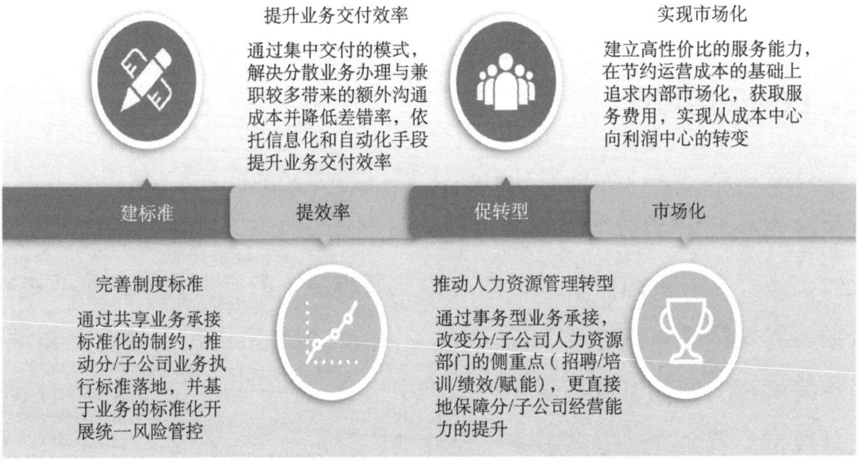

图 7－8　某公司 HRSSC 的分阶段建设目标

在建设共享服务中心之前要进行分析与评估。不是所有企业都适合建立共享服务中心，在实施之前，企业需要对搭建共享服务中心的必要性与可行性进行分析与评估，例如：对主要的分／子公司进行实地调研；自下而上全面真实记录各项业务在服务端（共享服务中心）和客户端（企业集团成员单位）的流程；在详细设计阶段应自上而下充分讨论，并进行流程合理性、有效性的综合评估等。在此基础上，才能最终确定是否建立集团的共享服务中心。一旦确定实施 HRSSC 项目，就要坚定地推进该项目的进程。

在实施前期，还需要制定和落实详细的沟通计划，沟通还需要考虑到所有利益相关者。在沟通中，除了强调建立共享服务中心是集团的整体战略外，还要尽量打消沟通对象的疑虑和解决他们的后顾之忧，争取他们的支持和配合。

搭建 HRSSC 是一个复杂的过程，不同的企业具有不同的起点（战略、业务、所处环境、人力资源基础条件等），通向 HRSSC 的路径也因企业而异。但这些路径的本质都是对传统人力资源组织的变革，它们之间必然存在相似的环节，比如设计新组织、基于新组织的要求进行人员配置等。

二、数据风险管理

数据安全已经成为信息社会中人们日益关注的问题。2021 年 9 月 1 日我国第一部有关数据安全的专门法律《中华人民共和国数据安全法》正式实施。人力资源信息系统中有企业所有员工的个人信息，包括机密数据。其安全性直接影响到企业的信誉和发展。系统稳定性十分重要，企业将所有的管理事务都落实到系统中运行后，一旦系统出现运行故障或是报错，就会导致很多事务出现停滞，对企业来说往往容易造成较大损失。同时系统的安全性也十分重要，数据信息是企业的机密资料，如果有数据泄露 / 丢失，不仅要花费较多的时间重新录入，还可能会威胁到企业的生存，所以安全性是必须保证的。如果人力资源信息系统的安全性与稳定性得不到保证，企业将随时面临巨大的经济损失。当下，保证数据的安全性已成为企业社会责任感的体现，因此，企业在享受科技发展带来的便利性的同时一定要慎重考虑数据的安全性问题，不仅要完善内部系统的风险管控体系，更要确保移动设备、第三方软件以及网络的使用都具备安全性认证，把数据的应用风险降到最低。

1. 信息安全风险

随着互联网和云计算技术的日益普及，人力资源信息系统的安全隐患日益突出。人力资源信息系统的安全隐患主要包括信息泄露和信息毁损两种（刘凤瑜等，2020）：（1）信息泄露。随着网络、云计算技术的应用，电脑只要能接入网络就有可能遭到攻击，一个很小的数据漏洞就有可能造成灾难性的后果。对于人力资源管理来说，人力资源信息系统存在的安全隐患会导致员工信息泄露，使员工对企业失去信任，进而挫伤员工的积极性，甚至会造成企业重大财产损失和人员流失。（2）信息毁损。系统的缺陷、设备故障或竞争者的蓄意攻击都有可能造成数据丢失或文件被篡改，轻则导致企业将花费大量人力、财力进行清理和恢复，重则会造成系统瘫痪，无法恢复。

随着人力资源部门向其生态系统添加了更多技术平台并与第三方提供商实现了更多集成，数据安全问题和隐私威胁问题可能会越来越严重。研究和咨询公司 Gartner 发现，由于构建人力资源信息系统是为了与许多第三方服务（例如领英）集成，因此这些集成可以通过“错误配置”使组织面临风险，从而导致意外数据泄露。

2. HR 数据的安全性设计及预防

为了避免这些信息安全风险，企业在设计和选择系统时就需要对系统安全性进行全方位的考察，选择成熟度高、性能优异的系统。企业在设计人力资源信息系统时，必须充分考虑系统的安全性，在系统的每个环节都要设置安全程序，添加安全保护措施，不仅不能出现安全缺陷，而且要在系统安全性方面加大设计力度，尽量将数据安全隐患消灭在萌芽之中。使用系统时，企业一定要对系统备份有清晰的流程和严格的管控措施，对用户权限有严格的设置和认证，以保证信息的安全。

如果企业要购买人力资源信息系统而非自己设计，在系统选型之初一定要充分考虑是否能提供相应的安全保护措施，根据业务需要，系统是否能够提供不同的安全级别分类和操作权限设置等，这些都是系统安全性的根本保证（刘凤瑜等，2020）。例如，系统是否能够提供完善的身份验证及权限设置功能，是否设置了安全加密和口令保护措施，是否为使用者设置了有效的数字证书以及清晰的文件日志记录等。企业还需要确保供应商拥有强大的售后服务能力，以保证系统能够长期稳定运行。

公司天然具有保护员工数据安全的使命，只有得到员工的授权才可使用相关数据。企业人力资源信息系统在使用和管理员工数据时要严格遵循企业内部制度、流程以及相关法律法规。具体来说，人力资源管理者在处理员工数据时要注意以下几个方面（刘凤瑜等，2020）：（1）数据收集。人力资源管理者在收集数据的过程中要遵守标准流程和规则，以减少数据录入过程中出现的错误。（2）数据访问。针对数据访问要严格控制访问权限，授予和收回权限时需要有专人管理，确保权限和职责相符，以避免出现无关人员访问数据的风险。（3）数据共享。数据共享建立在遵循保密性原则的基础之上。提供数据报告前需确认报告内容，删除不必要和不能共享的数据，确保数据接收者是能够合法持有该数据且对数据有需求的业务相关者，并在数据文件中设置对应权限，以确保数据的安全性。（4）数据存储。人力资源信息系统的数据仓库是数据存储的介质。为了避免数据扩散，人力资源管理者在有数据需求的时候应该使用企业的访问工具在系统中访问和存储信息，而不是把副本下载到本地数据载体。（5）数据审计。定期进行数据审计是非常必要的管理手段，可以起到规范从业者操守以及清理问题数据的作用。

通常，企业对人力数据安全的管理包括：（1）利用数据库安全风险评估、敏感数据分级分类、敏感数据访问分析等技术手段，通过数据梳理，了解企业的核心数据资产在哪里、谁在用。（2）利用业务访问安全、数据运维安全、开发测试安全、数据分发安全、数据存储安全等技术手段，通过数据访问控制，实现敏感数据在不同使用场景中的安全。（3）利用数据访问行为合规、异常数据风险发现、数据安全状况测试等技术手段，通过对数据使用的定期稽核，了解数据使用的合规性与安全状况。

人力资源部门应确保供应商拥有最佳实践的数据安全性和隐私协议，同时还要对外部服务组织加以控制，以确认他们遵守应有的操作规范，从而确保数据安全，保护隐私等。

三、人员流动风险

HRSSC 在发展的初始阶段往往以规模化、标准化的人力资源事务处理为主，使用业务量大、流水线式的操作流程，且内容过于简单。在这种服务定位下，会造成基础作业人员的数量过于庞大，岗位更加细分。员工找不到自己存在的意义，怕被外包和被机器人取代，充满不安全感。此外，HRSSC 在整个三支柱体系中的职责划分导致 HRSSC 员工会被人力资源其他模块轻视，同时，也不能真正接触、了解业务一线。而 HRSSC 员工不能了解运营全貌，不能站在一定高度上提升共享服务中心的运营效率，将难以为更高层级的人力资源职能提供所需要的信息服务。HRSSC 中一些岗位的员工可能会面临相对单调的工作方式和要求并不算低的技能之间的矛盾，这给员工的持续发展和学习带来了很大的挑战。这些不可避免的难题将导致员工满意度下降，进而导致这类员工的高流失率。因此，人员稳定性一直是 HRSSC 的痛点。不过，正如前文所提到的，由于智能化技术的应用，HRSSC 的战略定位正在发生变化，这些操作岗位变得越来越少，问题也逐渐得到了缓解。

企业通常采取下列几种方法应对：（1）在招聘阶段进行有效筛选，除了考察候选人是否具备岗位说明书所规定的特定技能外，还要考察候选人的性格特质，选用那些性格沉稳、喜欢从事程序化工作的人，做到人与岗的匹配。（2）实行定期的工作轮换制，员工按流程、业务单元、区域等分组进行轮换，既在一定程度上丰富了工作内容，又能扩大工作人员的专业知识面，有助于培养人力资源通才；鼓励员工主动参与业务项目，以及加强和业务主管的交流。（3）建立前台工作人员的职业晋升通道。不仅要建立前台到后台的职业通道，还要把握 HRSSC 与三支柱中另外两个支柱之间的联系，建立前台—后台—业务伙伴—专家中心之间的晋升通道，促进三支柱体系内部的人员流动，丰富前台员工的职业选择。（4）增加共享服务曝光度，例如使用推文、视频号、公众号等营销手段，鼓励自编、自导、自演，鼓励共享服务多出镜；加强共享服务的品牌建设，例如视觉识别、周边产品、员工关怀；增加与员工的互动，如社区、论坛等。（5）运用自动化技术减少重复工作。

也有一些公司进行了其他方式的探索。例如，在传统的通过内外部发展的模式下，宜信公司另辟蹊径开启保留人才的新方法，即通过服务分层稳固团队。服务分层是基于 HRSSC 的能力素质模型，将企业核心的 HRSSC 能力项留在北京总部，而将重复性较高的工作、重复答疑咨询的能力项工作转移到其他地域，例如员工数据基础处理。通过远程团队在异地与北京团队协作，结构稳定了，人员离职率也降低了。此后，宜信公司北京共享服务中心的成员更加聚焦在内部沟通、事件处理、服务管理等工作，工作内容的转变使得团队有了进一步发展的空间，离职率也保持在一个较好的水平。最终通过服务分层，增强了核心成员对于 HRSSC 工作的价值认可，从根本上增强了团队的稳定性。

综合案例

世茂集团 HRSSC 的运营实践[①]

① 非常感谢世茂集团助理总裁兼人力行政管理中心负责人刘明广、原世茂集团人力资源共享服务中心负责人刘冬扬在调研过程中提供的资料和大力支持。感谢南京大学人力资源专业硕士研究生王慧美对调研资料进行了初步整理。

世茂集团（简称世茂）是一家国际化、综合性的大型投资集团。经过 30 多年的发展，集团布局全国 100 多个核心发展城市，投资项目 400 多个，涉及地产、商业、物管、酒店、主题娱乐、文化、金融、教育、健康、高科技等产业领域，形成了多元化业务并举的“可持续发展生态圈”。

HRSSC 发展的基本情况

组织规模的扩大和业务需求的增加，对公司人力资源管理的角色分工与组织结构提出了新的要求。在此背景下，世茂 HRSSC 于 2013 年建立，集团总部的 HRCOE、HRBP、HRSSC 形成了三驾马车并驾齐驱的局面。经过 8 年的打磨，HRSSC 由信息化、移动化逐步转向数字化阶段，渐趋成熟并不断深耕。

根据地产行业流量大、地点多、法人多、业务多元、模式多样、快速增长的特性，HRSSC 的使命是最高效率、最低风险、最优体验，打造行业一流的共享服务平台，驱动组织效能提升。图 1 简要总结了世茂 HRSSC 的发展历程与规划。

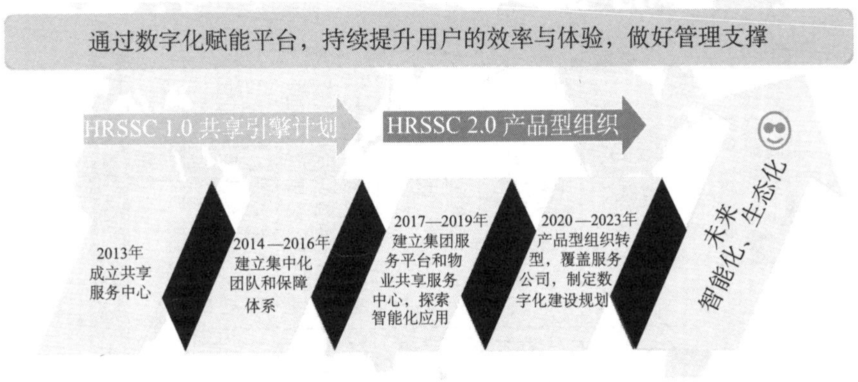

附图 1　世茂 HRSSC 的发展历程与规划

HRSSC 的业务设计及演变

一、HRSSC1.0——共享引擎计划

随着世茂的快速发展，为了与公司发展战略相契合，管理必须从粗放型转变为系统性体系化。集团 HRSSC 于 2013 年成立，于 2014 年启动共享引擎计划，目标是：针对员工、HR、管理者三类用户尝试打造一个易于使用（简单快速、界面友好、智能有趣）、易于运行（简化流程、管控体系、全面协作）及易于成功（高效执行、驱动变革、价值创新）的共享服务平台，驱动组织效能提升。

因此，公司致力于打造简单快速、界面友好、智能有趣的平台以方便员工使用，通过简化流程、管控体系和全面协作使得 HR 在 HRSSC 的工作更易于运行，并通过高效执行、变革驱动和价值创新帮助组织取得成功。通过建立共享服务中心，并逐步推进建立集中化团队和保障体系，拓展 HR 服务，持续提升用户体验，做好管理支撑。图 2 显示，在这一阶段的四年里，

世茂集团
共享服务中心

	2013年 683亿元	2014年 707.8亿元	2015年 670.5亿元	2016年 681.2亿元
公司重点	业绩快速增长，SAP“双塔1000”项目上线	快速扩张，销售额冲击1 000亿元，孵化新业务	去库存，保障回款与利润，廉政审查	去库存，实现有质量的增长，多元化发展
HR战略	变革转型，引进人才	绩效改革(MP3)，梯队建设(4G成长)和人才储备(社招、校招)	组织精简，能力转型	提升组织效能，促进文化落地，提高人才完备率
HR期望	精简流程，减少工作量，补全系统数据	信息系统建设，提供全国基础服务，集中化数据管理	精简区域工作，加强合规审查，提高数据运用效率	提高团队成员的能力，加强内部管控及风险数据监控，拓展服务支持
HRSSC的目标	SAP系统逻辑检查，基础事件流程学习	建立流程系统，提供全国范围的社保服务，建立总部集中化团队	工作集中化，进行工作协调培训，建立内部审核机制	加强合规管理，提高运作效率，提供招聘支持服务

关注客户　创新驱动　团队协作　简单互信　追求卓越　关爱员工

图 2　初创阶段世茂 HRSSC 目标的演变

随着公司的发展，HRSSC 建设的目标也逐步升级。

1. 业务范围

通过这一阶段的建设，HRSSC 覆盖的业务范围主要包括员工个人服务、全国沟通服务、数据处理服务、招聘基础服务、培训基础服务和解决方案服务。具体如表 1 所示。

表 1　世茂 HRSSC1.0 阶段的业务范围

员工个人服务	全国沟通服务	数据处理服务	招聘基础服务	培训基础服务	解决方案服务
● 入离职办理 ● 商业保险与福利报销 ● 社保 / 公积金办理 ● 员工证明 ● 证件与落户办理 ● 劳动合同与档案管理 ● 12 万元个税申报 ● 全面薪酬交流单	● 集团员工通知 / 提醒 ● 员工咨询服务 ● Lync HR 文档管理 ● HR 表单管理 ● 员工关怀	● 组织结构数据管理 ● 员工信息数据管理 ● 工资处理及发放 ● 个税申报 ● 考勤数据管理 ● HR 报告支持 ● 实习生管理 ● 风险数据监控	● 预入职引导 ● 猎头合同管理与付款 ● 招聘数据服务	● 培训数据服务 ● HR 季度培训	● HR-IT 系统支持 ● 集团廉政审计支持 ● 服务产品化 ● 员工活动 ● 员工健康 ● 供应商管理 ● HR 项目设计与支持

2. 共享引擎计划的推进流程

自 2014 年提出共享引擎计划，共享服务中心的建设经历了流程标准化、交付集中化、保障体系化、服务全面化四个阶段，如图 3 所示。

（1）2014 年——流程标准化：让全国的 HR 使用相同的工具、流程执行基础事务。

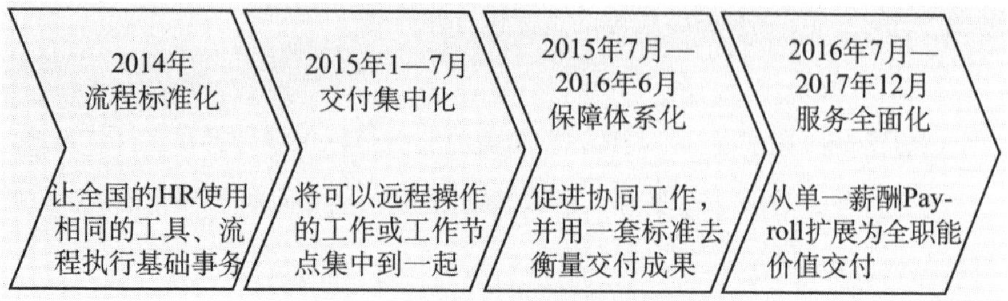

图 3　HR 共享引擎计划的推进流程

第一步，进行 HR 事件流程梳理，包括入职、试用期转正、劳动合同续签、跨法人公司调动、法人公司内部调动 / 晋升、员工外派、新增兼岗、储备类型到期变更、离职等，确立 9 项 HR 事件 SAP 改进，改进 31 份表单，定义 79 个必填字段，切分入离职流程步骤，定制工具包，定制 12 份数据导入模板。

第二步，上线共享服务中心系统，上线 9 项标准化流程，上线 19 项 HR 工作功能，自动生成文档，自动提醒邮件，工作量下降约 25%。

第三步，实现社保外包，支持 40 座城市，实现成本下降 26%、工作量下降 6%。

（2）2015 年 1—7 月——交付集中化：将可以远程操作的工作或工作节点集中到一起。

第一步，Payroll 服务集中交付，定制 Payroll Schedule & Checklist，系统计算报错率从 5.6% 下降至 0.3%。集团统一请款支付，集中了全集团 115 家法人公司的报税工作，节约工作时间约 450 小时。

第二步，实现入职集中化，增加入职电话欢迎和提醒，集中操作与审核入职数据，统一入职宣导材料。

第三步，建立电子档案室，快速查阅个人信息、组织信息、薪酬发放信息等，各种纸质档案集中保管并扫描，支持集团廉政审计需求。

第四步，上线实习生管理模块，共包括 6 项流程化功能，涵盖实习生入离续转、实习生考勤、实习生工资、实习生信息查询等功能，通过流程标准化、系统自动生成文档、实习生自助、集团统一处理工资、共享信息查询、转正无缝衔接等实现实习生管理效率提升。

第五步，实现福利自助报销，例如私车公用资格申请与查询、私车公用自助报销、异地补贴自助报销（外籍员工或异地工作），通过流程可视化，减少 HR 代报销的工作量（见图 4）。

（3）2015 年 7 月—2016 年 6 月——保障体系化：促进协同工作，并用一套标准去衡量交付成果。

第一步，进行 HR 季度培训，包括共享服务中心专业培训，HRBP 对接培训，形成应知应会培训课件。

第二步，上线权限管控，包括权限申请审批，权限半年审查，2016 年 3 月关闭区域 SAP 数据维护权限。

第三步，进行月度质量审计，针对集团内各区域的服务状况细化数据考核、流程考核、满意度评价。

第四步，进行 APP 考勤，覆盖全国所有办公地点，支持集团对于 CD 打卡的管理要求，进行后台异常监控。

（4）2016 年 7 月—2017 年 12 月——服务全面化：从单一薪酬 Payroll 扩展为全职能价值交付。

新增招聘基础服务，计划新增培训基础支持服务、移动端服务、智能提醒和推送服务、HRBP 助理服务、员工服务热线、大数据支持。

3. HR 系统的全景图与共享服务中心交付模式服务

在此阶段，世茂 HR 系统针对三类用户设计了三类工作界面（见图 5），为员工、经理、HR 打造了一站式交付平台（见图 6）。HR 界面基于 SAP 系统设立了招聘系统、数据收集和 HR 事件流程梳理等功能模块，通过数据交互助力绩效系统和人才盘点系统。HR 端积累了大量关于员工选用育留的数据，将这部分数据传输到经理界面，由经理负责审批。员工界面主要是指员工自助平台、在线培训系统、世茂人 APP、Lync 通讯录，以及与其他体外系统联系的查询项目，如商业保险查询、关爱福利、年度体检等项目。

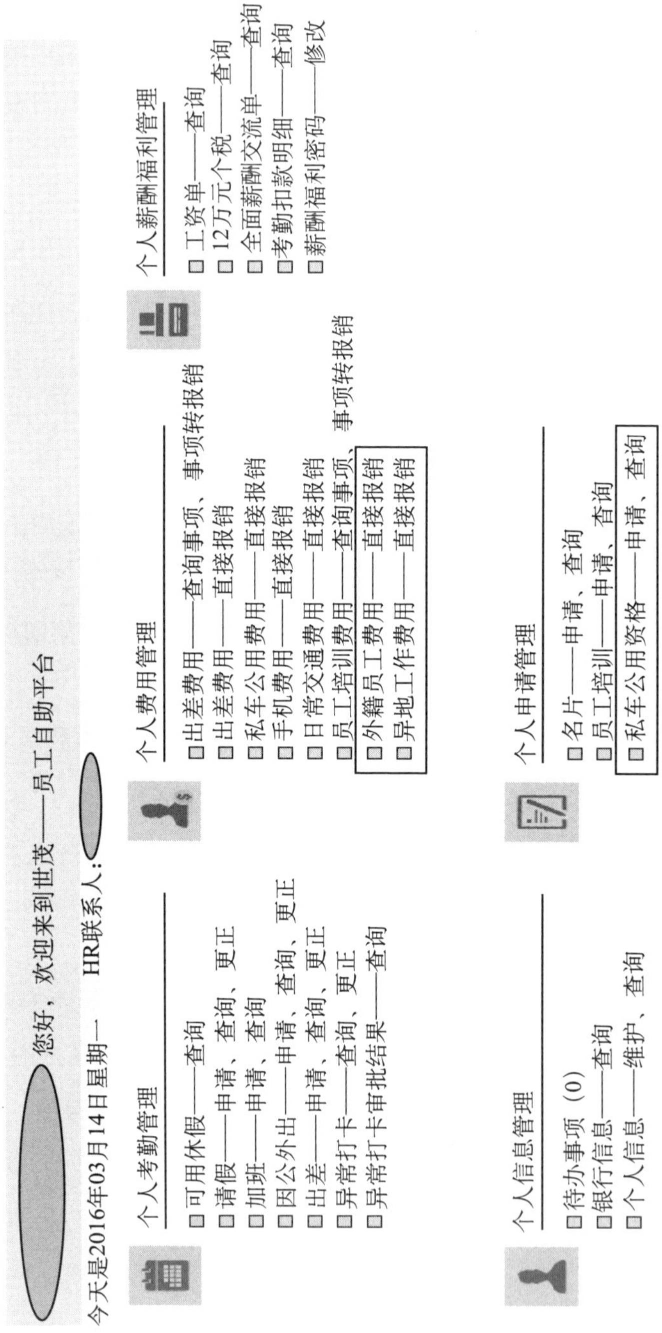

图 4　世茂——员工自助平台截图（2016 年）

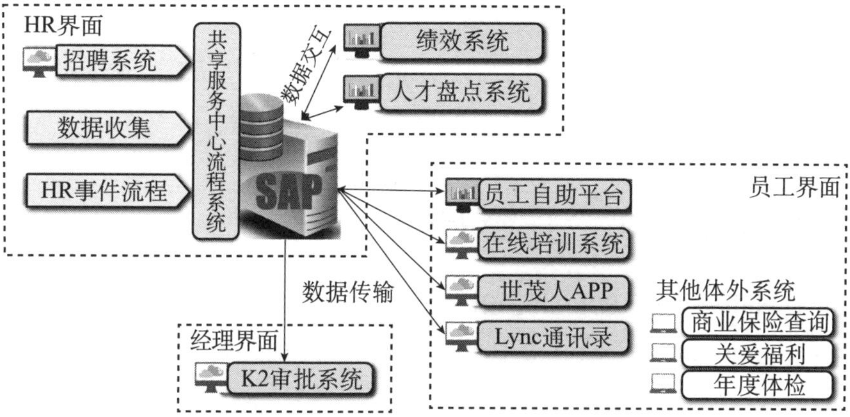

图 5　世茂 HR 系统的全景图（2015 年）

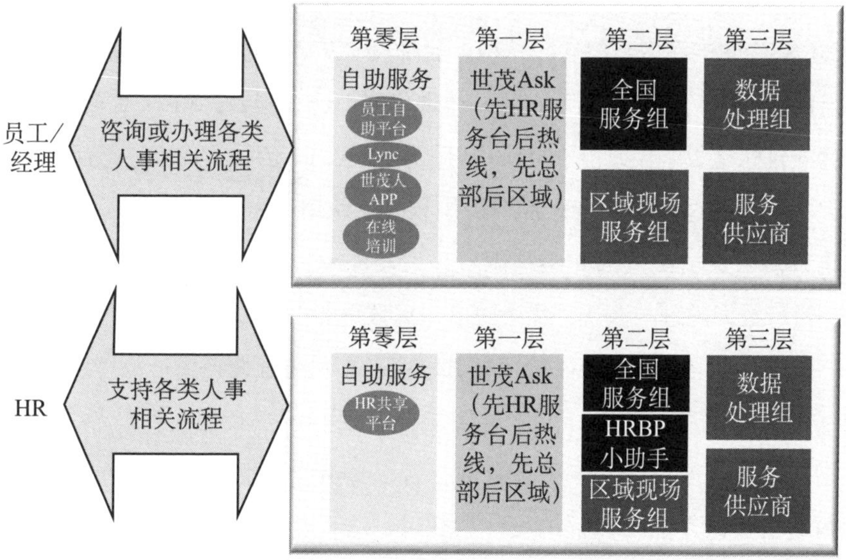

图 6　为员工、经理、HR 打造的一站式交付平台（2015 年）

4. 共享服务中心的发展与挑战

在这个阶段，世茂正处于多元化发展转型时期，人员管理也变得多样。基于 SAP 共享服务系统的流程改造和数据积累，HR 的工作水平和管理观念将有质的提升。而 HR 的转型要求 HR 更加聚焦于业务价值输出，将剥离更多的流程类工作交由共享服务中心高效执行。特别是新兴信息技术的发展，驱动了人力资源管理的新变革趋势，从而更加强调人力资源管理的流程、连接、大数据。在这些背景下，HRSSC 需要不断提升自己。

二、HRSSC2.0——产品型组织

1. HRSSC2.0 的目标定位

从 2020 年开始，世茂着手向产品型组织转型，将 HRRSC 的功能覆盖到服务公司，进行数字化建设规划，从而迈向 HRSSC2.0 阶段。新阶段承接了 1.0 阶段对效率、风险控制和体验三个核心的把控，更加强调服务管理、问题识别、项目管理和数据导向能力，顺应数字化、智能化趋势，着手 HRSSC 向产品型组织迭代转型。此阶段 HRSSC 的目标是通过产品运营，打造赋能组织，培养产品型人才，体现价值创造。例如，HRSSC 确定 2021 年度的目标是数字化赋能、持续提升服务承载力。因此，成立了数字化专项研究小组，通过数据分析，发现组织和人才管理问题，重点关注审批效率、人均效能、人员配置的冗余与闲置、人员流动、工作时长等，借助现有数据，进行数据整理与清洗，最大限度挖掘数据的价值，实现数字化赋能。

与 1.0 阶段不同，2.0 阶段的共享服务平台更强调打造产品型组织，以产品线来搭建服务团队，原本的团队经理同时承担管理人和产品的职责，转型为产品经理。以入职产品为例，若以打造产品型组织为目标，产品经理需要负责该产品全流程的设计、交付、培训与用户反馈。从录用审批流程开始，便需要参与进来，直至候选人正式入职、完成信息录入，这形成了一个端到端的闭环流程。另外，产品经理还需要定期对产品的效率与用户体验进行评估，基于发现的问题，对流程进行持续迭代与优化，完善 SOP 与产品知识管理，对产品交付的人员进行培训与考核，确保交付质量与用户满意度。①

---

① HR 智享会. 共享服务中心团队人员能力发展调研报告，2021.

在原来的共享服务中心，90% 的员工在做基础的服务执行工作。数字化转型后，共享服务中心不再是提供简单的服务，实际上已经在交付产品，将服务产品化。从这个角度来看，原来的一些专家角色此时正是推动变革的主力军。尽管数字化进程在加快以及运用了许多新技术，但流程重塑、产品线的搭建，都是要由人去完成的，即使是再智能的工具，都需要由人去设计和研发。

2. 世茂人力资源数字化建设的全景图

世茂人力资源数字化建设的全景图如图 7 所示，主要包括用户体验平台、HR 数据中台、HR 核心系统三大部分。

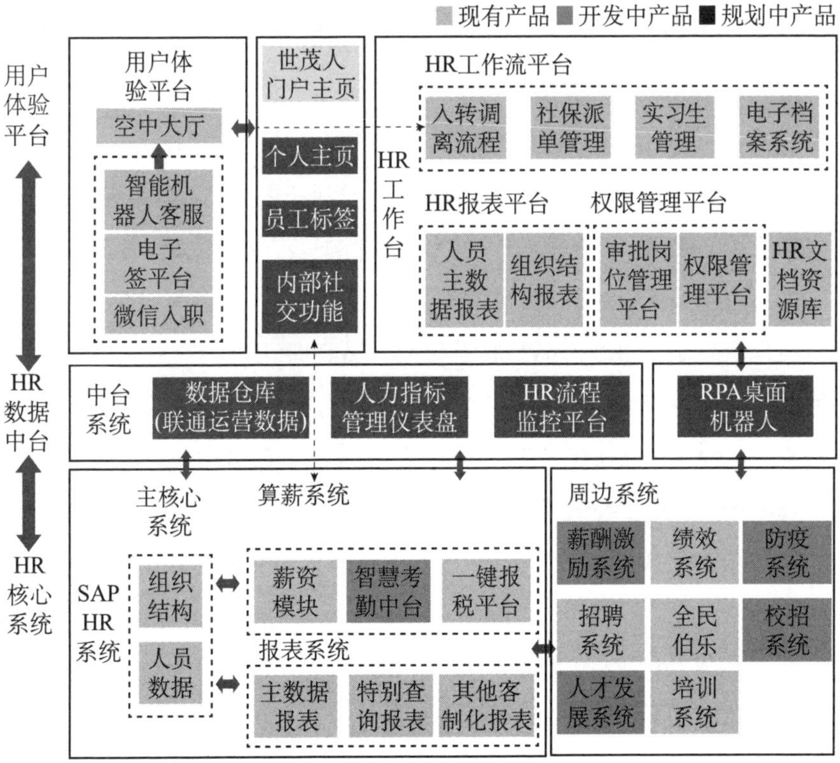

图 7　世茂人力资源数字化建设的全景图（截至 2021 年 9 月）

用户体验平台主要包括两大工作台：一是空中大厅，包含智能机器人客服、电子签平台、微信入职等功能支撑。二是 HR 工作台，其中，HR 工作流平台涵盖了入转调离流程、社保派单管理、实习生管理、电子档案系统等基础职能模块内容；HR 报表平台负责分析数据并生成人员主数据报表、组织结构报表；权限管理平台又包含审批岗位管理平台和权限管理平台。

HR 数据中台正在建设中，初期已上线了离职监控看板，可结合职能维度对各地区、城市、片区、项目的员工的离职率进行预警与统计分析；规划中包括数据仓库（联通运营数据）、人力指标管理仪表盘、HR 流程监控平台、RPA 桌面机器人。

HR 核心系统包括主核心系统、算薪系统、报表系统、周边系统。主核心系统主要分析处理组织结构、人员数据；算薪系统包括薪资模块、智慧考勤中台和一键报税平台；报表系统包括主数据报表、特别查询报表及其他客制化报表；周边系统包括薪酬激励系统、绩效系统、防疫系统、招聘系统、全民伯乐、校招系统、人才发展系统、培训系统等，大部分是以 SaaS 平台作为补充，但是必须与 HR 核心系统打通才能进行数据交互与结果存储。

基于数字化建设，世茂 HRSSC2.0 阶段的运营全景图如图 8 所示。为了确保产品与业务流程的制定、优化、迭代顺利进行，世茂 HRSSC 平台采用产品经理负责制，每个产品都有专属的产品经理、SOP 和 SLA，产品经理依据 PDCA 管理模式对产品进行全生命周期（产品设计—产品交付—用户培训—用户反馈—产品迭代）管理。以产品线来设计服务流程、进行服务交付与持续的产品迭代，秉承“通过数字化服务平台，持续提升用户的效率与体验，从而做好管理支撑”的使命，为员工、经理和 HR 三大用户提供一站式服务模式（见图 9）。其中，服务的分层交付包括以下层级：第零层主要包括员工自助平台，电子签、微信入职、智能机器人；第一层体现为共享服务中心集团总部集中化服务平台；第二层是共享服务中心现场服务团队；第三层是共享服务中心集团总部产品管理团队。

世茂 HRSSC 内部已经将原来基于服务端的流程改造成产品线。例如，个税是一条产品线，对应会有个税产品专家角色，这个岗位的人员需要对个税产品线的规划、实施、迭代负责，HRSSC 的新人培训都由个税产品专家独立负责。产品专家的任职资格强调了产品专家需具备数据意识和分析能力。

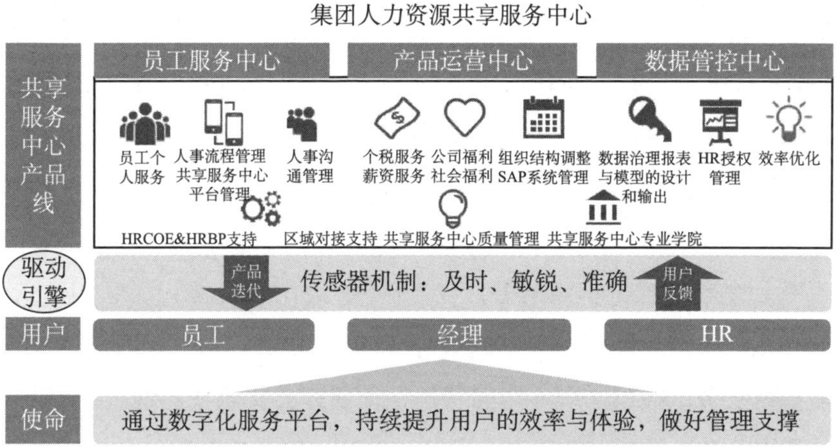

图 8　世茂 HRSSC2.0 阶段的运营全景图

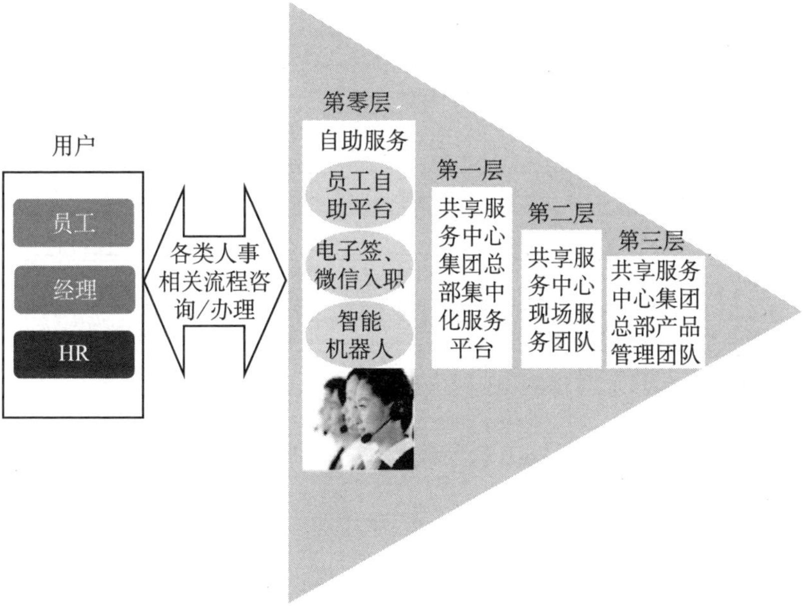

图 9　世茂 HRSSC2.0 阶段的一站式服务模式

3. 世贸 HRSSC 的服务产品全景图

世茂 HRSSC 主要采用基于 SAP 系统研发的 HR 流程与任务管理系统，SAP 是主数据系统和数据存储终端；同时外接 SaaS 平台，主要涵盖企业微信（空中服务大厅）、一键报税系统、智能问答机器人、电子签平台、HR 数据平台。传统的呼叫中心也进行了转型，从 400 电话变为 IM 对话或者采用智能问答机器人的形式。呼叫中心处理的问题主要是基于知识库的标准问答，非标准问题会被记录下来，线下找到解决方案后再由呼叫中心进行回复。

平台共有 10 个产品线业务，包含 60 多个子产品。图 10 是 HRSSC 的服务产品全景图，涵盖了入、转、调、离、考勤管理、社保 / 公积金缴纳、薪酬福利发放、档案管理、合同管理、证明开具、热线咨询、个税申报、商业保险服务、员工入职培训宣导等各种基础事务性工作，也包括数据管理、系统管理、HR 内部协同、统计分析与管理报告等信息化、数字化支持工作。

用户体验侧			产品交付侧			信息系统侧		内部协同侧	
员工体验服务	HR流程服务	员工关系	算薪与个税服务	福利管理	假勤与SAP管理	HR系统管理	数据与报表服务	HRSSC质量管理	HR内部协同
HR服务在线	入职集中化服务	制度指引管理	薪资计算及发放	社会保险服务管理	考勤系统与中台管理	HR系统平台管理	HR授权表管理	HRSSC季度内审	HR文档管理
客服机器人小S	电子签平台服务	关爱基金	激励奖金计算与发放	商业保险服务	排班管理	HR报表平台	HR数据报表服务	HR年度内审	HR沟通管理
空中大厅	劳动合同续签办理	外包管理	晋升调薪及奖金支持	公司福利服务	假期管理	审批岗位管理平台	HR内控数据支持	HRSSC供应商管理	高管服务支持
员工个人档案管理	调动第一天	员工关系小课堂	年度全面薪酬交流单	社保派单管理平台	出勤管理	权限申请管理平台	组织结构与人员匹配	SOP管理	COE猎头费付款服务
落户与证件办理	入离职手续办理	HR知乎	月度个税服务	年度体检服务支持	SAP组织结构管理	HR数据中台	HR预算管理工具	HRSSC专业赋能	HRSSC解决方案支持
证明信服务	劳动合同管理		个税年度汇算清缴	稳岗津贴申请管理	SAP HR权限管理	调薪奖金系统	HR模型设计与开发		
新手宝妈	实习生流程管理		年度退税	残保金减免项目			HR数据健康度监控		
员工满意度调研									
共享服务中心品牌推广									

图 10　世茂 HRSSC 的服务产品全景图（2020 年）

员工可以通过 PC 端的员工自助平台或移动端企业微信的空中大厅，查询或提交服务需求，特殊需求（如社保缴纳地变更等）需要人工判断与沟通。世茂在持续更新和完善自助端与移动端服务。通过这些产品，世茂 HRSSC 建成了员工职业生涯的全流程服务场景（见图 11），覆盖了从入职到离职退休的全流程，时刻关注员工体验。从员工招募开始，就有全民伯乐系统挖掘潜在人才。到录用入职环节，有微信入职和电子签平台的技术加持，协助新员工成为世茂人。新员工入职后，员工自助平台、空中大厅、人力行政平台、智能客服小 S 给员工提供日常人事服务；电子签技术支持员工进行工作调动、劳动合同续签，节省员工的时间和合同流程。在员工试用期，共享服务中心提醒上级与 HRBP 及时开启试用期带教和转正评估，让员工快速融入并充满转正仪式感。绩效管理系统会提醒上级定期对员工的工作表现进行绩效评定，进而通过“世茂人”网站采取多种手段对员工进行激励，让员工获得晋升调薪的仪式感。员工还可以在世茂研修院进行培训进修以获得持续成长。劳动合同到期后，无论员工选择续签还是离职，HRSSC 都给予员工充分的仪式感。

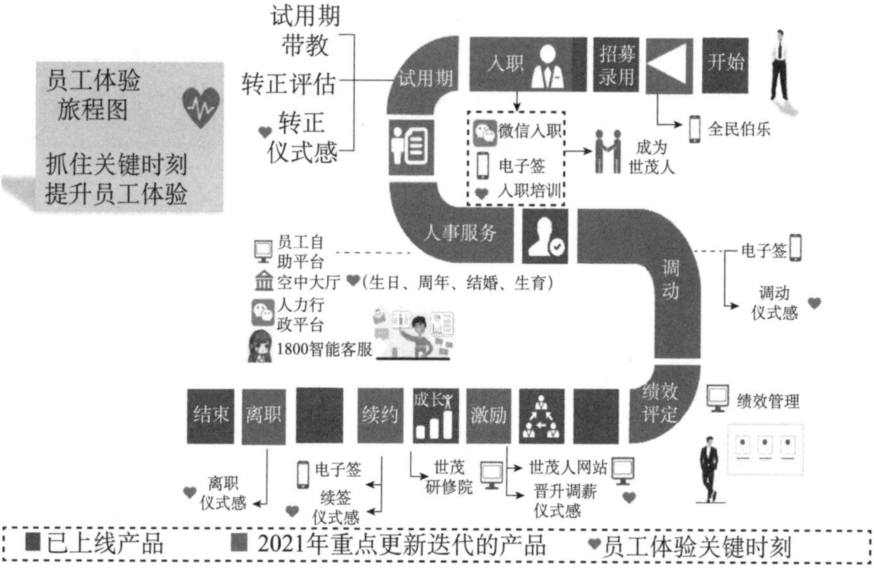

图 11　世茂 HRSSC 员工职业生涯全流程服务场景（2021 年）

HRSSC 通过将服务端口逐步由 PC 端拓展至企业微信、智能提醒和推送服务等手段实现了“易于使用”；通过支持 HR 多模块（招募、发展、绩效）业务发展、提供落地服务或系统支持、智能客服小 S 等途径实现了“易于运行”；通过员工服务热线、物业公司共享服务中心的搭建、大数据的支持逐渐形成 HR 人才大数据，实现“易于成功”。

4. 服务场景与数字化产品实践

在 2.0 阶段，人工智能技术的引入、呼叫系统的更新、新技术与新流程的高效结合，都使得 HRSSC 持续提升了用户的效率与体验，更好地进行了管理支撑，开发了众多数字化应用场景。HR 共享服务平台的产品设计采用以下流程：场景重现（站在用户角度思考场景触发的源头和需求）；用户调查（验证需求与场景）；产品设计（找出与用户交互的触点，并进行流程设计）；用户回访（即时满意度调查 + 抽取样本回访，了解用户的反馈）；产品迭代（针对用户的反馈，完善产品设计，迭代新版本）。

（1）空中大厅让 HR 服务随手可及。世茂如今处于高速发展阶段，一体两翼的业务模式使得业务体量快速增长，也促使 HRSSC 找准自己的定位，快速完成服务的数字化转型，让员工聚焦业务，为管理层决策提供数据分析视角，充分体现 HRSSC 的价值。

传统的线下服务大厅已经无法适应业务的高速发展，世茂 HRSSC 踏上了数字化转型的征程，在实践中创新出了空中大厅的服务模式，将传统的线下服务大厅转为线上的空中大厅（见图 12）。身处 100 多个城市、400 多个项目的员工，只需通过企业微信下单，便可以进行考勤打卡、员工证明、出差申请、因公外出、加班申请、员工用车、酒

图 12　空中大厅的手机页面

店预订、年度体检与 EAP 服务等人力 / 行政的各项服务，从而兼顾服务效率与用户体验。

（2）数字化入职之旅。候选人接受录用之后，便开启了世茂的数字化入职之旅。无论身处何地，候选人都将收到总部 HRSSC 入职小伙伴的欢迎电话，通过企业微信，候选人可轻松提交入职材料。引入 OCR 技术，系统会自动识别身份证、银行卡等信息，无须手动输入，在实现了人性化的同时也提升了准确性；入职信息在微信端提交后将由专人审核，数据时时传入 SAP 系统，并自动创建员工电子档案。入职当天，员工只需携带本人身份证和上家公司的离职证明便可前往世茂各城市的办公点报道，通过手机端刷脸实名认证，5 分钟之内便可自助完成合同签署。

在入职环节，HRSSC 实现了数字化无接触服务，仅保留了第一天的现场入职宣导环节，HR 小伙伴面对面帮助新员工快速融入新环境，完成情感链接。

（3）人工智能考勤开启用户新体验。目前，“智慧人脸考勤”管理系统让每位世茂员工都能体验高效、准确、便捷的上下班打卡情境，其灵活、准确、不受地点限制等优点，在提高员工体验的同时，也减少了考勤负责人的数据维护和统计工作，极大提高了工作效率。时薪制的实习生也可以根据上下班时间完成线上打卡，无须填报纸质考勤记录，实现了灵活且精准的付薪。目前智慧考勤也可以在因公外出场景中运用。

（4）薪税一体化的创新实践。2019 年个税新政的实施，让世茂 HRSSC 面临痛点：全集团 400 多个法人实体分布在 100 多个城市，报税工作量大且无法集中管理个税申报；新政异常复杂，员工很难清晰了解个税缴纳情况，HR 如何解释也是一个很大的挑战；再加上工作的复杂性，导致 HRSSC 未来的个税操作工作量增加了 3 倍。这就变相催促 HRSSC 的产品经理进行创新探索，即如何在不增加人手的情况下，通过新技术应用与新流程设计的结合，实现个税产品高质量、高效率交付。回顾整个过程，世茂 HRSSC 实现了以下创新：

在产品运营端，对全员进行个税新政推广。通过线上培训系统做了全员直播宣讲会，由内部税务专家向全员普及新政及其影响，HRSSC 热线也随时为大家答疑解惑。新政实施后的第一个月，全集团近 50% 的员工完成了个税专项申报。

在业务流程端，外接 SaaS 平台。SAP 业务端口在升级的同时，通过外接 SaaS 平台，实现与税务局系统打通，400 多个法人实体可以实时获取员工专项信息，还可以通过平台进行月度个税一键集中申报，最终将月度 HRSSC 个税操作控制在 5 个工作日，效率提升了 70%。

在员工体验端，新增自助薪税查询功能。员工除了在线查询工资单，还可以在线清楚查询个税累计详情，在跨公司调动的场景中，员工可以分段查看个税累计缴纳的情况，便于次年的汇算清缴。

（5）数字化让决策更精准。为了让 HR 数据发挥价值，为业务决策提供数据支持，近年来世茂 HRSSC 在数据分析方面不断探索与尝试。2017 年，世茂 HRSSC 通过对过往 4 年与员工选用育留全生命周期相关的 80 多万条数据进行全样本分析，给管理层出具了一份涵盖招聘、薪酬体系及人才发展等方面的全方位数据分析报告，对集团推出的人才晋升和激励方面的精准决策起到了关键作用。之后，世茂通过对 300 万条人力资源管理数据进行全样本分析，建立了 10 余类数据结构，对 HR 运营管理、最优招聘渠道、职业周期规律、新老员工薪酬平衡、人员离职关键因素等场景进行了智能化分析，提高了预测竞争力。同时，通过建立人才发展与推荐测评工具、人力资源预算编制模型、人力资源组织效能模型，并不断迭代完善，提高了预测能力。

世茂 HRSSC 数据团队还定制开发了一款适合大型集团公司的预算编制工具，通过模型的标准化设置，HR 年度预算编制工作从 200 多名 HR 历时 1 个月，缩减到了 10 多名 HR 一周内完成所有预算数据的编制。结合业务实际需求，HRSSC 还可以提供定制化的数据分析与模型开发，希望数据能够真正流动起来，发挥应有的价值。

世茂 HRSSC 数据团队不仅能为大家出报表、做模型，还通过世茂研修院开设数据分析的实战培训，赋能世茂 HR 成为具备数据分析思维和能力的 HR。

（6）新手宝妈。主要是在三个时间点服务于新手妈妈。第一个时间点是员工请产检假后，HRSSC 通过邮件的形式，让员工了解到孕产期公司的相关政策及享受方式（见图 13）。第二个时间点是员工生育后 2 周，通过企业微信的形式，提醒员工及时为宝宝投保。第三个时间点是在员工归来上班时，面对面送上生育贺礼，祝贺员工归来。此产品从被动到主动，提升了员工的感受度。

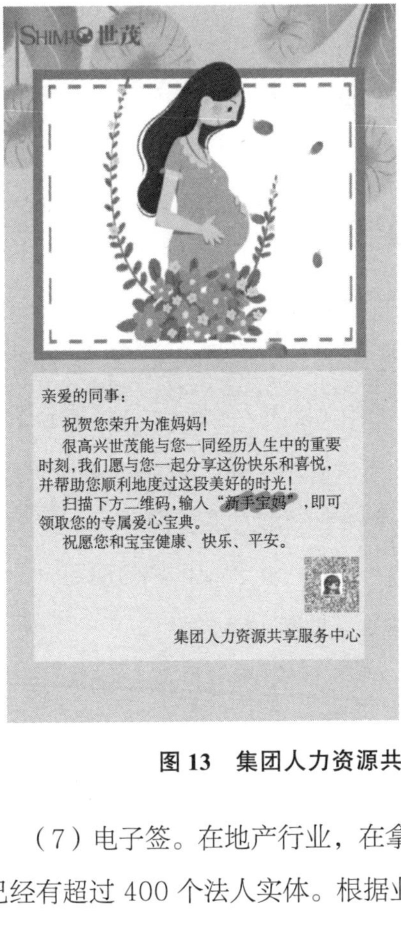

亲爱的同事：

恭喜您正式晋升为宝妈！友情提醒您，宝宝可以享受公司的连带人商业保险，投保时间为宝宝出生后一个月内，请及时为宝宝注册投保，以免错过投保期哦！投保路径：企微—工作台—企业文化—世茂 · 福励或点击此处直接投保。如有问题可联系 HR服务在线180−××××−1800咨询。

集团人力资源共享服务中心

图 13　集团人力资源共享服务中心给新手宝妈的信

（7）电子签。在地产行业，在拿地后就需要在当地成立公司，当前集团已经有超过 400 个法人实体。根据业务特性，人员的内部调动非常频繁，因此有大量的合同签署工作。合同签署的流程节点包括 HR 与员工沟通、员工在合同上签字、用印流程、合同交付员工、合同寄送至指定地点进行扫描留档，整个流转流程耗时较长，导致一线 HR 至少在 60 天后才能在线查看相关文档。电子签平台节省了显性的时间成本、纸张成本，对于隐形的沟通成本、人力成本，也实现了降本增效的目的，得到了管理层的认可。作为地产行业首家全流程、全周期劳动合同电子签约管理者，项目上线后，签署纸质文件数量减少了约 70%，全年节约人工约 3 000 小时，HR 内部效率提升了 70%。员工平均 5 分钟完成签署。2019 年底的用户满意度调查显示，员工对电子签约的服务满意度为 100%。

HRSSC 的组织设计

一、HRSSC1.0 阶段的团队结构与分工

世茂 HRSSC 自 2013 年建立以来不断完善团队分工，2014—2016 年的组织结构主要包括三个团队：（1）数据处理组（全国集中）；（2）质量管理与沟通组（全国集中）；（3）现场 HR 服务组（集团 / 区域）。相应的分工分别是：（1）数据处理组集中进行全国业务系统数据管理、Payroll 管理和 HR 报告管理；（2）质量管理与沟通组处理全国业务的月度质量考核、员工咨询服务与 HR 沟通业务；（3）现场 HR 服务组进行集团或区域的现场服务管理，为 HRBP 提供日常支持并进行档案管理（见图 14）。

通过对工作单元的不断整合完善，到 2016 年新的世茂 HRSSC 包含：（1）全国服务组——现场 HR 服务（集团 / 区域）；（2）全国服务组——HR 业务支持（BP&COE）；（3）数据处理组（全国集中）；（4）卓越运营组（全国集中）。整合后的 HRSSC 将员工咨询服务、现场服务管理、档案管理等事务性工作集合到现场 HR 服务组；将员工关怀、员工敬业度服务、HRBP

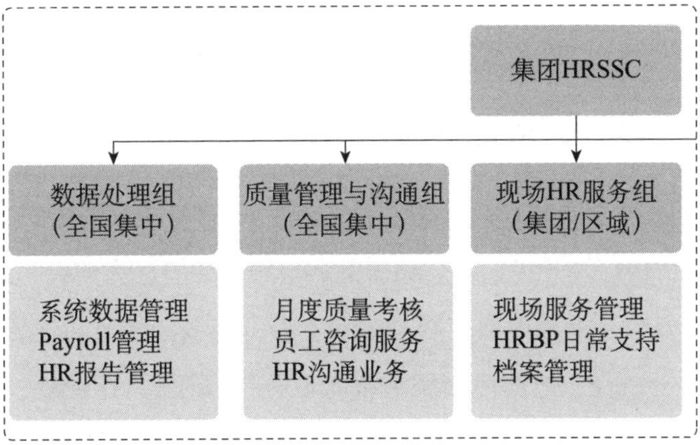

图 14　2014—2016 年世茂 HRSSC 的组织结构与分工

支持、HRSSC 项目支持、招聘和培训等基础服务集合到 HR 业务支持组；将系统数据管理、Payroll 管理、福利管理、HR 报告等数据业务集中到数据处理组；而卓越运营组将推动 HRSSC 打造更有质感的服务产品，推动 HRSSC 向产品型组织转型，实现服务质量管控、产品管理、供应商管理、HR 沟通、HR 项目解决方案等服务提升方案的解决（见图 15）。

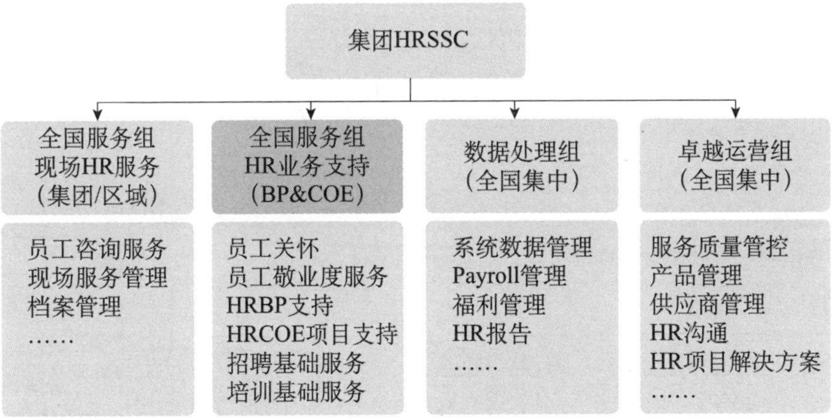

图 15　新的世茂 HRSSC 团队配置及分工

优化后的组织结构突出了卓越运营组推动 HRSSC 打造更有质感的服务产品，新增的 HR 业务支持为 HRBP 及 HRCOE 提供对接支持，同时为 HR

其他职能输出人才做准备。

二、HRSSC2.0 阶段的团队结构与分工

迈向 2.0 阶段的共享服务中心并没有完全颠覆原有的组织结构，而是对原有组织结构进行升级迭代。原来的共享服务中心分为前台和后台服务团队，共享服务中心处理的事务都是细节。为了让各个细节的流转更为高效，世茂选择最短路径，把前后台服务模式改为产品团队服务模式，将集团的 HRSSC 分为三个中心 ：员工服务中心、产品运营中心及数据管控中心（见图 8），并梳理迭代了现有的服务产品，分为 10 个一级产品和 64 个二级产品。例如，对于社保这一产品，过去的服务界面是，入职前为前台团队管理，入职后是后台团队负责，多人多环节与供应商进行工作交互，效率不高。推出“社保公积金服务产品”后，由产品运营中心进行服务全流程管理及供应商管理，明确了内部工作界面，提升了效率，且保障了服务质量。

世茂 HRSSC 平台分为员工服务中心、数据管控中心、产品运营中心三大模块，分别对应前台（服务）、中台（数据）和后台（运营）（见图 16）。其中，员工服务中心（前台），包括员工个人服务、人事流程管理和共享服务平台管理、人事沟通管理、HRCOE 与 HRBP 支持和区域对接支持；数据管

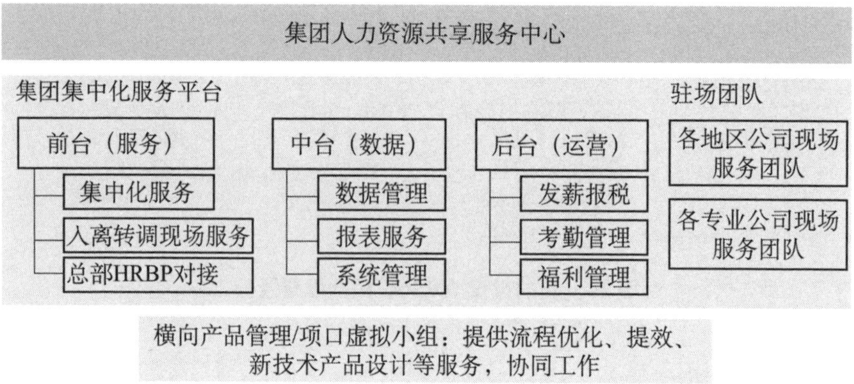

图 16　世茂 HRSSC 的组织结构图

控中心（中台）主要负责数据抓取与分析，包括数据治理，报表与模型设计和输出、HR 授权管理和效率优化，通过 SAP 系统收集 HR 全周期数据，根据 HRCOE 需求进行分析，为招聘、人才发展、薪酬等提供决策依据；产品运营中心（后台）负责运营，包含个税服务、薪资服务、公司福利与社会福利、组织结构调整和 SAP 系统管理、共享服务中心质量管理和共享服务中心专业学院运营。除了纵向划分这三个模块，世茂 HRSSC 的横向项目小组提供流程优化、提效、新技术产品设计等服务，与纵向模块协同工作。HRSSC 在用户需求的驱动和运营过程中不断与用户交互，根据用户反馈进行产品迭代，通过数字化服务平台持续提升用户的效率与体验，做好管理支撑。

HRSSC 的人员管理

一、HRSSC 的人员配置

经过不断发展，截至 2020 年 12 月世茂共享服务平台的集中化服务范围已经覆盖旗下地产、酒店、文化、服务等多个领域。共享服务中心总部集中化团队共 17 人，支持员工数量 23 000 人；总部团队的人服比超过 1∶1 300。为了保证共享服务中心管理的稳定有效，区域公司 / 专业公司共享服务中心团队原则上按照 1∶400 配置专岗人员。预期很快会服务员工超过 30 000 人，总部团队人服比接近 1∶1 800。图 17 显示了 HRSSC 每个业务板块中常见的岗位设置。例如，员工服务中心、数据管控中心、产品交付中心和服务公司共享服务团队都配置了专员、主管、副经理、高级经理等不同职级岗位，地产区域共享服务团队配置了专员、主管、副经理、经理。

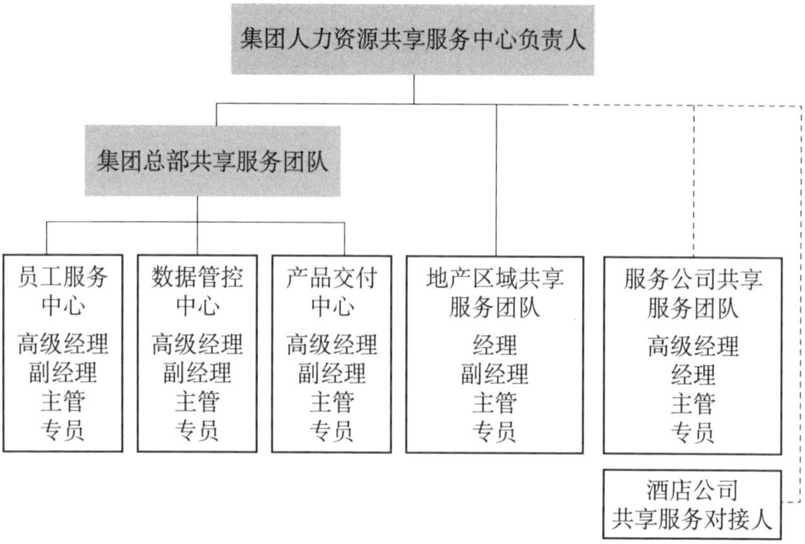

图 17　世茂 HRSSC 的组织结构图

不同职级岗位的职责和能力要求也有相应的差异。例如，地产区域共享服务团队中专员服务岗位的职责主要包括：（1）执行并跟进所负责区域的员工事件（入离调转）操作，做好文档管理；（2）按照集团共享服务中心的统一要求，规范操作 SAP 系统，处理并维护区域各类员工数据；（3）支持区域及项目 HRBP 完成各类员工事件需求和人事及费用数据服务分析工作；（4）支持区域及项目的考勤管理，统筹月度考勤，解答员工疑问；（5）与集团共享服务中心数据运维组合作完成月度 Payroll 工作并做好相关记录，确保工资及时准确发放；（6）与集团共享服务中心同步，协调社保供应商服务，完成社保福利操作；（7）与集团共享服务中心数据运维组合作完成公司福利相关操作（例如福利宣传、数据确认、请款等）；（8）为区域员工提供员工个人服务（例如证明信、居住证、落户办理等）；（9）负责所在区域公司的内外部年检与审计支持；（10）负责集团共享服务中心及区域上级主管交办的其他与人力资源服务相关的支持工作。

二、HRSSC 的职业发展路径与能力素质要求

1. 职业发展路径

共享服务中心的核心人员来自传统 HR 团队、人力资源服务乙方服务转型。在过去，相对而言大部分共享服务中心的岗位晋升机会较为有限，世茂也面临类似的挑战——一位员工入职 2 ~ 3 年后，若没有合适的晋升或发展机会，就有流失的风险。共享服务中心人员的保留是长久以来企业一直关注的问题。为此，世茂也长期致力于为员工打造多元的职业发展路径（见图 18）。一条是专家路线：共享服务中心专员—初级产品专家（产品主管）—资深产品专家（产品经理）；另一条是管理路线，资深产品专家也可以成长为小组负责人—团队负责人—共享服务中心负责人。此外，还可以横向跨通道在 HR 组织内找到职业发展的下一个阶梯。已有多名共享服务中心小伙伴完成了职业的蜕变，成功晋升为专业公司 HRSSC 负责人、区域 HRCOE、总部 HRBP 等。

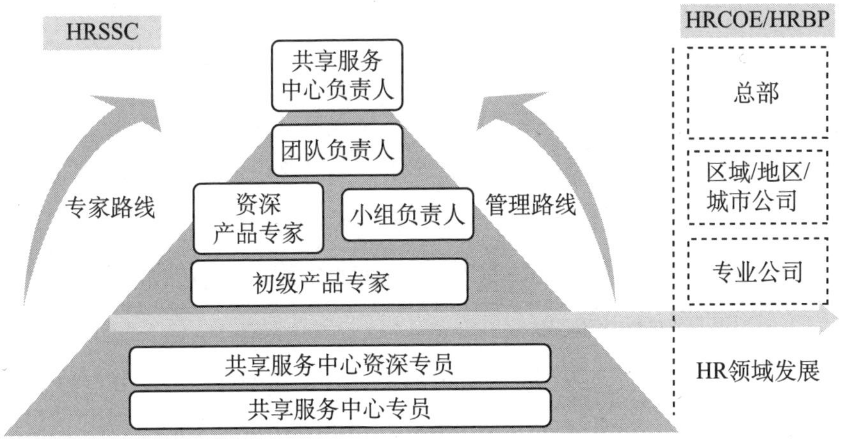

图 18　世茂 HRSSC 的职业发展路径

在引入专家路线后，员工流失问题得到较大程度的缓解。有潜力的员工在经历了 1 年的成长后，可以选择往专家路线发展，经过 3 ~ 5 年的沉

淀，成长为一名资深产品专家，其具备的能力和接受的历练足以支持其转型至人力资源的其他领域或者在共享领域深耕。这不仅延长了共享服务中心人员的职业发展周期，也为员工的个人发展提供了更多的可能性。2020年集团内部成功认证了 6 名初级产品专家（产品主管）。

2. 能力素质要求

传统的共享服务人员的岗位职责是在运营层面的，特别强调的能力包括沟通能力、执行能力，员工具备一定的实践和项目管理经验，可以切实地执行相关工作任务即可。而新组织结构下的共享服务人员需要更加注重全流程的产品管理能力和创新能力；要有用户意识与效率优化的概念；要具备主动性，主动寻求改变和获取信息。

目前世茂 HRSSC 的层级岗位主要设置了基层岗位与中层岗位。基层岗位包括共享服务中心专员、共享服务中心主管、共享服务中心副经理，负责子产品的设计及交付，需要掌握一定的 HR 知识和专业技能。中层岗位是共享服务中心高级经理，也是核心岗位，负责产品线及人员管理，需要具备 HR 业务知识、共享服务中心专业知识、资源协调及客户管理能力，这也对员工的胜任素质提出了更高的要求。基于员工服务、产品运营、数据管控的共享服务平台模式，产品管理能力、项目管理能力成为新型的 HR 能力要求。员工更需要具备用户意识、风控意识、质量意识以及数据分析、复盘创新和团队写作等能力和素质。在知识技能方面，更强调员工的信息技术水平和运营管理能力，应具备 HRSSC 全流程实施经验。表 2 给出了共享服务产品专家路线的能力素质模型。

在世茂的 HRSSC 内部，数据分析能力具体体现在产品研发的过程中。来自用户的数据是最具说服力的，因此，在产品运营端，从用户需求调查、产品流程设计、产品推广到后续用户沟通和反馈的整个过程，一定要用数据来“说话”，帮助 HRSSC 的员工更深刻地理解业务场景。

表 2 共享服务中心产品专家路线的能力素质模型

任职资格		专家 1（初级）		专家 2（资深）	
		关键词概述	衡量标准	关键词概述	衡量标准
基本条件	学历	大学本科及以上		大学本科及以上	
	绩效成绩	近两次考核成绩及格以上		近两次考核成绩及格以上	
	任职年限	共享服务中心团队任职年限 > 1 年且有半年以上负责二级产品的运营经验		共享服务中心团队任职年限 > 3 年且初级产品专家胜任 1 年或以上	
知识技能	专业知识	二级产品的业务知识	熟练掌握	一级产品的业务知识	熟练掌握
	公司制度	二级产品相关公司制度	熟练掌握	一级产品相关公司制度	熟练掌握
能力素质	产品管理	基于场景的产品梳理设计、SOP 更新迭代	在产品经理指导下完成	基于场景的产品流程设计、SOP 更新迭代	独立操作
	项目管理	产品相关流程优化项目，持续提升产品服务效率	提出优化建议，设计优化方案，在产品经理的指导下能建立基本的行动方法以确保项目的实施，决定项目实施步骤的有限顺序，确保达到预期效果，项目文档完整	产品相关流程优化项目，持续提升产品服务效率	在实操中发现问题，独立设计优化方案，能确立行动方法来确保项目的实施，有良好的时间管理能力，能制定合理的项目规划和实施方案，资源分配高效、合理，项目效果优异，项目文档完整
	质量意识	关注产品和服务质量	主动关注产品交付质量，在产品经理的指导下，有效地使用资源和方法改善产品和服务质量，质量状况持续改善	关注产品和服务质量	主动关注产品交付质量，不断有效地使用资源和方法改善产品和服务质量，质量状况持续改善

续表

任职资格		专家1（初级）		专家2（资深）	
		关键词概述	衡量标准	关键词概述	衡量标准
能力素质	用户意识	关注用户需求与满意度，并能持续改进	主动对内外部用户提供服务与帮助，关注服务态度及用户反馈	关注用户需求与满意度，并能持续改进	根据用户反馈，主动挖掘用户需求，积极思考如何更好地为内外部用户提供服务与帮助，尽可能提高内外部用户的满意度
	风控意识	关注风控，识别风险事件	寻找产品服务交付中可能出现的问题，并及时反馈给产品经理，通过客观合理的分析协助解决问题	关注风控，预警风险事件	发现问题的意识较强，能够监督产品服务交付的过程，观察力较强，能够及时指出问题并结合相关政策法规预警风险事件，提出改进建议并追踪实施效果
	数据分析	具备初级数据分析能力	通过世茂 HRSSC 初级数据分析考试	具备中级数据分析能力	通过世茂 HRSSC 中级数据分析考试
	复盘创新	产品定期复盘与创新建设	半年一次，对所负责的产品进行复盘，从而提出创新想法，在产品经理的指导下实施，以提高工作效率和产品、服务的性能	产品定期复盘与创新建议	半年一次，对所负责的产品进行复盘，从而提出创新想法并与团队协作落地实施，以提高工作效率和产品、服务的性能
	团队协作	具备良好的协作意识	为保证团队目标的高效实施，提高团队的运营效率，与地区公司 / 专业公司保持良好的团队协作	具备团队协作的精神	基于全局利益解决问题，帮助地区公司 / 专业公司一起解决问题，获取同事的信任和支持
组织贡献	知识管理	产品标准文档的建立与定期更新	产品标准文档的建立与定期更新（产品 SOP、checkin、知识库、考题库）；知识点培训与考试机制	产品标准文档的建立与管理	产品标准文档的建立与定期更新（产品 SOP、checkin、知识库、考题库）；知识点培训与考试机制

续表

任职资格		专家1（初级）		专家2（资深）	
		关键词概述	衡量标准	关键词概述	衡量标准
组织贡献	案例输出	案例库积累与分享	总结产品在服务交付中出现的问题，在产品经理的指导下，组织用户培训与分享	案例库积累与分享	主动定期总结产品在服务交付过程中出现的问题，组织用户培训与分享

三、人员能力的培养

1. 人才培养

为了更好地帮助新人在试用期融入公司，HRSSC 制定了详细的融入计划。每个阶段都有明确的时间节点与负责人，包括明确共享服务中心专员的工作内容和清单、帮助新人制定清晰可操作的考核目标、加入共享服务中心伙伴计划、介绍世茂的公司文化和区域分布、介绍世茂共享服务中心的发展历史和愿景使命、了解相关政策、进行 HR/ 财务 / 行政 / 信息技术方面的培训、介绍 HR 系统及权限分配与操作分工、了解共享服务中心的具体工作和相关流程、交接工作、了解 / 阅读绩效考核、世茂 HRSCC 工作流程考核、基本技能培训，最终进行试用期间的工作总结和评价，完成转正述职与评估。

员工入职后会进行岗前培训，包括 1 ～ 2 周的线上学习、2 ～ 3 天的总部现场带教，1 ～ 2 月的远程贴身带教；让员工迅速了解每个产品相应的 SOP 操作手册，实现线上化管理（具体课程见表 3）。开设 HRSSC 产品专家训练营，初级班与进阶班轮岗锻炼，外部对标学习，以提高能力。HRSSC 产品培训和 HR 空中课堂互为补充，使员工持续做好 HR 专业知识与经验积累，夯实能力，促进个人发展。目前世茂首先重视的是思维模式的转变，给 HRSSC 人员灌输产品化运营思维，不仅仅是提供一个闭环的服务，还要从产品研发、运营、推广等维度持续改进，进行全面的产品管理。在这样的模式下，推动 HRSSC 人员去了解其他 HR 职能模块的工作内容，同时贴近业务需求，考虑用户感受。

表 3 共享服务中心员工的内部培训课程目录（2020 版）

章节	内容
第 1 章	共享服务中心运营总体介绍
1.1	人力资源共享服务中心运营总体介绍
第 2 章	共享服务中心具体功能介绍
2.1	人力资源共享服务中心系统全景介绍
2.2	共享服务平台功能介绍
2.3	权限管理介绍
2.4.1	员工电子档案查询
2.4.2	HR 文档资源库
2.4.3	HR 业务报表查询
第 3 章	HR 业务流程管理
3.1	前台流程概览介绍
3.2.1	岗位新建
3.2.2	录用审批
3.2.3	入职（新）
3.3.1	带教计划设定
3.3.2	试用期转正
3.4	劳动合同续签
3.5.1	法人内部调动 & 跨法人公司调动
3.5.2	正式工及第三方员工互转
3.6	离职（新）

续表

章节	内容
3.7.1	特殊调薪晋升
3.7.2	岗位名称变更 & 直线上级变更流程
3.8.1	实习生入职
3.8.2	实习生续签
3.8.3	实习生离职
3.8.4	实习生考勤
3.8.5	实习生工资
3.8.6	实习生信息报表
3.9.1	电子签合同管理全景图及 HR 分工
3.9.2	区域新增企业实名认证
3.9.3	集团新增企业授权配置
3.9.4	电子签流程操作说明
3.9.5	电子合同签署及查看
3.10.1	档案管理概览
3.10.2	区域移交档案
3.10.3	集团移交档案
3.10.4	电子档案上传
3.10.5	档案健康度
3.10.6	档案借阅
第 4 章	员工个人服务
4.1	员工证明信服务
4.2	人力资源专用章使用及管理
4.3	党组织关系转移（仅上海地区）

续表

章节	内容
4.4	居住证办理（仅上海地区）
4.5	应届生落户（仅上海地区）
4.6	员工关系礼金规定及报销
第 5 章	薪酬服务
5.1	薪酬服务概览
5.2.1	月度薪资流程
5.2.2	工资发放人员类型分类
5.2.3	薪资数据收集及提交要求
5.2.4	工资核算逻辑——税前工资
5.2.5	工资核算逻辑——税后工资
5.3.1	员工考勤管理办法讲解
5.3.2	工作排班计划、考勤规则
5.3.3	加班申请及调休
5.3.4	员工日常考勤问答示例
5.4.1	打卡点设置（含各考勤系统关联）
5.4.2	SAP 对应考勤字段及报表导出
5.5.1	世茂集团员工假期管理办法讲解
5.5.2	薪资中假期核算逻辑
5.5.3	年度假期额度
5.6.1	年度调薪流程及核对要求
5.6.2	年度奖金流程及核对要求
5.7.1	工资单

续表

章节	内容
5.7.2	个税——专项附加抵扣明细
5.7.3	全面薪酬交流单
第 6 章	个税服务
6.1	个税服务概览
6.2.1	月度个税流程
6.2.2	专项附加信息
6.2.3	场景分析——入职离职
6.2.4	场景分析——调动互转
6.2.5	年度奖金等个税计算逻辑
6.3.1	汇算清缴概念
6.3.2	汇算清缴场景
第 7 章	公司福利
7.1	公司福利概览
7.2.1	交通补贴管理办法讲解
7.2.2	车辆补贴管理办法讲解
7.2.3	私车公用资质审核及报销流程
7.2.4	季度额度报销 SOP 及日常维护数据收集模板——私车
7.3.1	员工异地调动管理办法讲解
7.3.2	异地补贴季度额度报销 SOP
7.3.3	异地补贴报销及审核流程
7.3.4	异地补贴到期安置流程
7.4.1	商业保险月度商保报增减

续表

章节	内容
7.4.2	商业保险年度投保和宣传
7.4.3	商业保险年度请款及报销
7.5	中秋 / 春节董事长礼金请款及发放
7.6.1	年度体检费付款
7.6.2	年度体检常见问题解答
7.7	员工优惠购房
第 8 章	社会福利
8.1	社会福利服务概览
8.2.1	社保公积金操作规则
8.2.2	单立户开设管理与指引
8.2.3	异地社保缴纳风险及变更流程
8.2.4	工伤案例及申报流程
8.2.5	社保账单字段说明
8.2.6	社保公积金核查——人员信息
8.2.7	社保公积金核查——社保公积金福利
8.2.8	社保公积金核查——社保确认及汇总
8.2.9	社保公积金请款及付款
8.2.10	调基规则
8.2.11	调基流程
8.3	稳岗津贴申报流程介绍
8.4	残保金减免流程介绍
第 9 章	SAP 系统管理

续表

章节	内容
9.1	SAP 系统概览
9.2	SAP HR System 基础逻辑
9.3.1	常用功能介绍（人员及组织查看）
9.3.2	常用报表查询
第 10 章	组织结构调整
10.1	组织结构调整概览
10.2.1	新项目搭建流程
10.2.2	年度组织结构调整
10.2.3	组织岗位对应表
10.2.4	组织结构管理
10.3	岗位类特殊变更需求
10.4.1	年度晋升数据维护流程及注意事项
10.4.2	晋升职级岗位及福利信息核对
第 11 章	HR 数据治理
11.1.1	数据健康度考核总览
11.1.2	数据健康度考核细则
11.1.3	主数据准确性详解（仅 Demo）
11.2	数据安全管理
第 12 章	HR 授权
12.1.1	授权表结构
12.1.2	人力资源分级授权编制原则
12.1.3	海峡特区授权表编制原则

续表

章节	内容
12.2	K2 审批系统介绍
第 13 章	报表与模型
13.1	月度主数据报告

为了帮助共享服务中心的成员更加得心应手地完成工作，公司还制定了共享服务中心新人能力提升计划，包括六项任务及其实现的时间节点。明确共享服务中心组织结构、对区域共享服务中心同事工作清单进行调研，了解其工作内容和工作量，帮助区域梳理当前工作，完成共享服务中心工作交接，与区域综合管理负责人沟通并明确区域共享服务中心专员管理模式（与区域综合管理负责人就之后共享服务中心专员的管理模式进行沟通，达成一致），进行年度工作计划设定并通过过程赋能，帮助新人快速融入，达成工作目标。

2. 产品专家的培养

为了更好地培养符合产品型组织的人才，世茂内部也上线了共享服务中心专业学堂。该学院隶属于世茂研修院，是偏向培养专业技能的内部专业学院，为企业内部共享服务中心的从业人员提供专业类与技能类（例如新人岗位技能培训、人事政策培训、HR 数据分析与应用、共享服务中心案例分享等）培训平台。图 19 概括了共享服务中心专业学堂的培养环节。

世茂 HRSSC2.0 致力于打造产品型组织，其中产品专家成为共享服务中心非常重要的岗位角色，因此需要根据产品专家的能力模型培养更多的内部人才。为此，世茂 HRSSC 打造了产品专家训练营。在产品专家训练营进行课程设计分享，从产品维度、项目维度、学习维度、客户维度等进行 360 度训战结合，打造共享服务中心专属能力模型，并设置中期述职 + 结营答辩，评估合格后进行内部认证，颁发共享服务中心产品负责人任命书。从培训的方式上看，包括项目实战、课程学习和视野开拓三个方面，如图 20 所示。

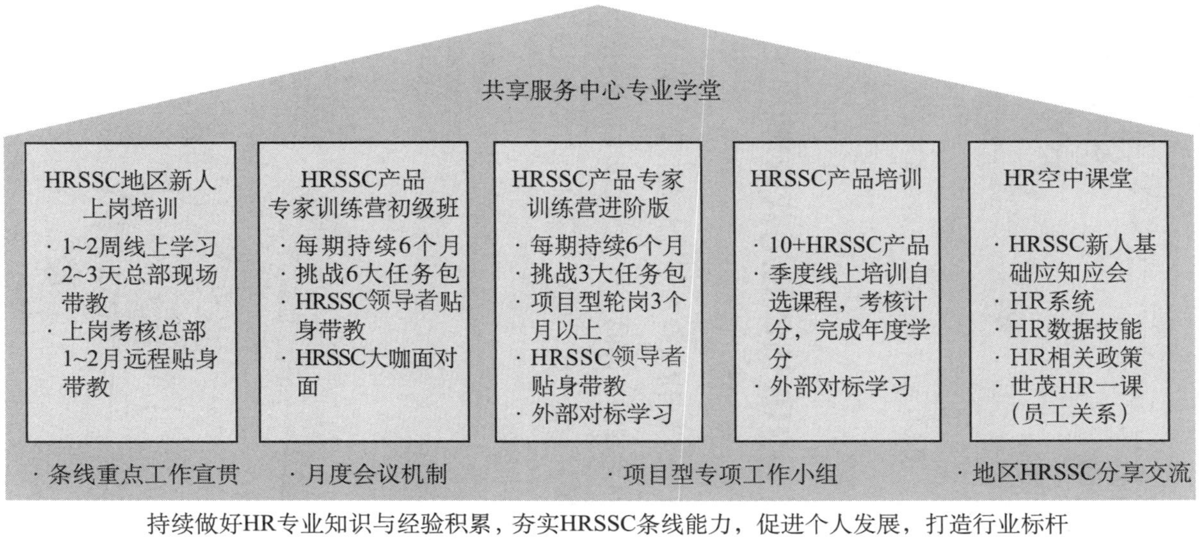

图 19　世茂 HRSSC 专业学堂

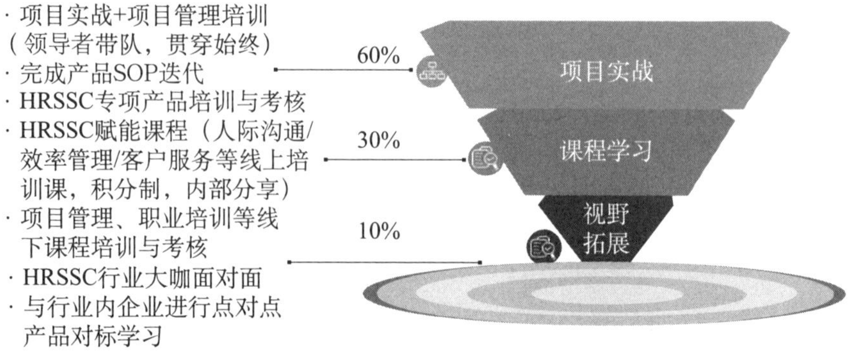

图 20　世茂 HRSSC 产品专家训练营

HRSSC 的运营管理

从管控流程上，世茂 HRSSC 的运营管理可以分为事前规范、事中控制、事后检查和日常管理四个方面。从管控手段上，公司基于产品手册、服务水平协议、月度关键指标考核、内审与风控机制等手段实现共享服务中心的运营管理，如图 21 所示。

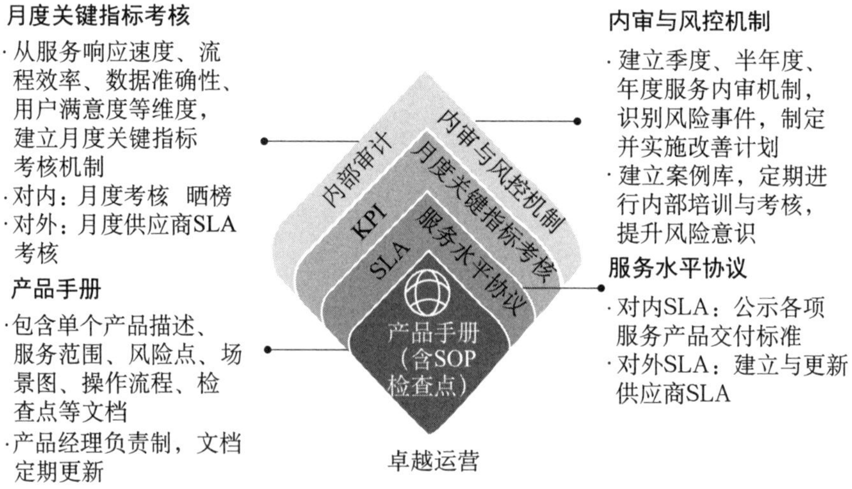

图 21　世茂 HRSSC 运营管理的四个工具

一、共享服务的运营管理流程

1. 事前规范

要对数据与日常操作进行规范，形成 HR 事件指引和 SOP 示意图，并进行季度专业培训。比如，对每个月的薪酬发放流程进行标准化，如表 4 所示。

表 4　2015 年 4 月薪酬发放流程　　发薪日：2015-05-08

日期	截止时点	流程	备注
4 月 28 日	12：00	区域确认社保账单，汇总金额发至 FESCO	时间点、汇总金额与账单一致
4 月 28 日	15：00	区域完成社保公积金请款	
4 月 29 日	12：00	区域完成 4 月入离调转流程，提交考勤数据和本月薪资数据	
4 月 29 日	15：00	总部完成数据处理，如有问题返回区域修正	
4 月 29 日	17：00	总部完成数据导入和维护	
4 月 30 日	12：00	区域线下考勤数据提交完成	
4 月 30 日	16：00	线下考勤数据导入完成	
5 月 4 日	13：00	薪资第一次计算—反馈错误日志—各区进行薪资检查	11：00 后提供的数据将在第二版工资明细中体现
5 月 5 日	15：00	薪资第二次计算—反馈错误日志—各区进行薪资检查	12：00 后提供的数据将在最后一版工资明细中体现
5 月 6 日	15：00	薪资最后一次计算—各区确认当月薪资结果	12：00 后提供的数据将不作修改，如有修改将在次月工资中发放
5 月 6 日	15：00	区域确认社保公积金付款完成	
5 月 7 日	11：00	薪资过账—薪资发放审批—退出工资核算	
5 月 8 日	10：00	银行报盘—薪资发放	
5 月 8 日	12：00	完成商业保险加减保通知	

续表

日期	截止时点	流程	备注
5 月 8 日	15：00	银行报盘—退款反馈	
5 月 15 日		完成个人所得税申报	
本月备忘			

2. 事中控制

在数据与日常操作中，通过共享服务中心流程系统、运用数据复核等保证准确性，并进行集中维护。例如，在薪酬发放中，基于 SAP 计算逻辑，设定薪酬发放的检查表（见表 5），集中银行报盘。

表 5　每月薪酬发放过程的检查表（样例）

检查点	检查点描述	检查人	检查人确认	日期	备注
薪酬发放准备	☐ 非 Lync 考勤数据导入	区域			
	☐ 时间评估	总部			
	☐ 时间评估报错结果清理	总部 / 区域			
	☐ 当月入职 / 离职 / 调动 / 试用期转正员工在共享服务中心系统操作完成	总部 / 区域			
	☐ 经常性支付 & 额外性支付 & 特殊信息模板通过数据收集提交 （有公积金免税上限的项目，将超出免税上限的部分填写在工资项 6107 税基调整中）	总部 / 区域			
	☐ 集团统一导入佣金数据（同区域确认 ZZ 员工的佣金是否发放，检查是否有早于 2015 年 3 月的回算）	总部			

续表

检查点	检查点描述	检查人	检查人确认	日期	备注
薪酬发放检查	□ 社保公积金账单检查确认	总部 / 区域			
	□ 人头数：本月人数 = 上月人数 + 本月新进人数 - 上月离职人数 - 上月离职补发人数 + 本月离职补发人数	区域			
	□ 工资范围检查：ZA/ZG（建议报表分 ZA 和 ZG 导出，检查人头数是否正确）	区域			
	□ 交通津贴 / 私车公用检查：一个员工当月有且仅有一条记录（E 级别员工以及司机无交通补贴 / 离职员工车贴）	总部			
	□ 考勤扣款 / 回算检查	总部 / 区域			
	□ 薪资报表和导入数据对比（检查离职补发），注意加班费重复发放	总部 / 区域			
	□ 全集团佣金发放检查：导入数据和薪资报表数据对比	总部			
	□ 检查税前金额（工资为 0/ 工资为负 / 低于当地最低工资标准），处理异常数据	总部 / 区域			
	□ 社保公积金数据核对	区域			
	□ 检查个税：有公积金免税上限的项目，需要核对是否与报税系统计算金额一致	区域			
	□ 检查个税：免税额和计税逻辑	总部			
	□ 检查薪资报表逻辑：报表逻辑 / 个税	总部			
	□ 检查离职补偿金和离职补偿金税	总部 / 区域			
	□ 检查成本中心是否缺失	总部			

续表

检查点	检查点描述	检查人	检查人确认	日期	备注
薪酬发放检查	□ 检查当月操作的调薪人员相关数据（工资、其他津补贴、私车和异地）	总部			
	□ 检查当月系统配置变更数据	总部			
薪酬发放完成	□ 薪资过账 / 审批申请	总部			
	□ 银行报盘（入职员工及变更银行账号核查）/ 薪资发放	总部			
	□ 商业保险报增减	总部			
	□ 社保公积金等其他费用请款 / 付款	区域			
	□ 个税请款 / 申报	总部 / 区域			
其他	□ SAP 奖金导入和核查	总部			

复核人 ________　　　　制表人 ________

3. 事后检查

世茂 HRSSC 的事后检查主要包括：（1）月度审计：从数据审核、节点效率和员工满意度进行核查，对各区域公司或各模块的核查结果进行排名并公示结果。（2）月度主数据报告：每月将主数据报告发送至区域，工资变动汇总发给 HRCOE 报备。（3）年度核查：由总部团队执行一年 2 次核查系统数据和权限，1 次电子档案检查。共享服务中心还于 2016 年建立风险数据报告和人员备份机制。

4. 团队日常管理

除了上述事前规范、事中控制和事后检查之外，HRSSC 还通过团队的日常管理来实现对共享服务质量的运营管控。图 22 显示了团队管理与沟通的基本模式。通过具有更高专业水平的 HRSSC 专家、具有综合管理能力的 HRSSC 业务多面手的密切协作，基于 HR 服务产品管理、项目管理以及流程设计与质量管控，实现服务交付。在日常管理中以工作周报、月度例会、定期分享、现场辅导和年度绩效考评等沟通机制来实现对 HR 共享服务的日常管理。

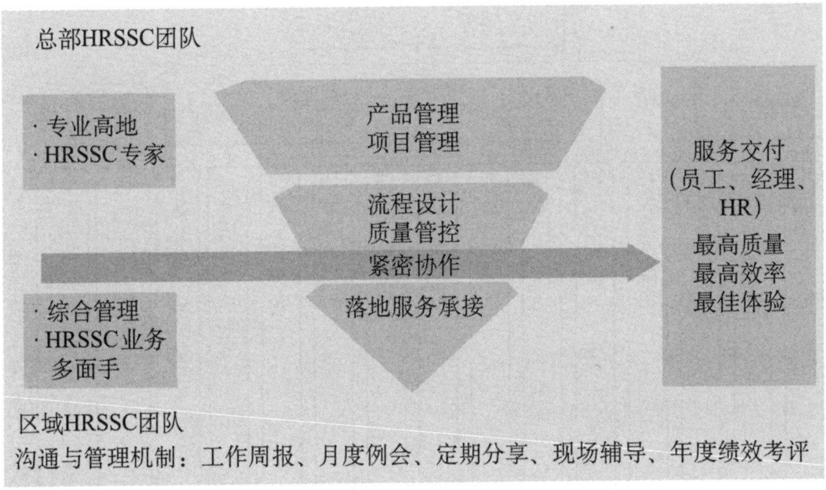

图 22　世茂 HRSSC 的团队管理与沟通界面

二、运营管理的主要工具

1. 关键指标考核和质量审计

世茂对 HRSSC 的绩效考核、各部门与关键岗位的考核主要采用 OKR 与 KPI 相结合的措施，围绕 HRSSC 整体目标，分解各小组的重点工作，以周报形式跟踪完成情况，及时推进工作进程，促进结果达成。为了进一步维系 HRSSC 内部运营的效果，公司还会举办月度质量管理例会，发现问题，形成待办清单，按进度解决。对于普遍问题，形成案例，在 HRSSC 条线内分享。

在共享服务中心内部设置关键指标，从服务响应速度、流程效率、数据准确性、用户满意度等维度设置考核指标，从而提升数据准确性、操作准确性并关注用户反馈，以加强共享服务的改进。2015 年本项工作试运行，逐步实现了常规化指标监控，核查各区域的数据审计达标情况、Payroll 节点效率、用户满意度。最后形成的关键指标如图 23 所示，计分规则如表 6 所示。表 7 说明了员工满意度的调查情况。

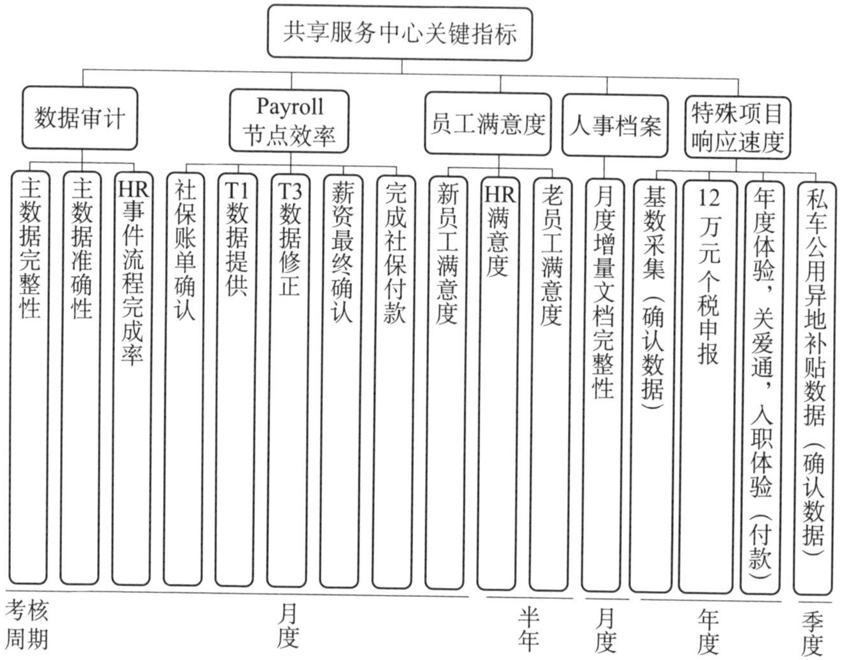

图 23　不同周期下世茂 HRSSC 的关键指标

表 6　世茂 HRSSC 关键指标的具体计分规则和标准线

HRSSC 关键指标	计分规则	奖星线	合格线
数据审计	完整性 =100 - 不合格数量 准确性 =100 - 不合格数量 完成率 = 完成数量 / 总数量 ×100 总分 = 完整性 ×30%+ 准确性 ×30%+ 及时性 ×40%	100	95
Payroll 节点效率	Payroll 节点效率 = 合格节点数量 / 节点数量 ×100	100	80
员工满意度	每题 1 ～ 4 分，总分 = 平均分 ×25，满分 100 分	95	90

续表

HRSSC 关键指标	计分规则	奖星线	合格线
人事档案	集团实收数量 / 应交数量 ×100	100	95
特殊项目响应速度	是否在时间节点前完成	完成	完成

表 7 员工满意度问卷调查

<table>
<tr><th></th><th>问卷名称</th><th>问卷内容</th><th>是否列入共享服务中心关键指标</th><th>问卷发送对象</th><th>问卷发送时间</th></tr>
<tr><td rowspan="6">员工满意度调查体系（网络调查）</td><td rowspan="2">新员工满意度调查（第 1 部分）</td><td>HR 入职手续办理</td><td>√</td><td rowspan="2">入职 1 个月内的员工</td><td rowspan="2">每月一次</td></tr>
<tr><td>行政与 IT 手续办理</td><td></td></tr>
<tr><td>新员工满意度调查（第 2 部分）</td><td>入职后 HR 服务</td><td></td><td>入职 3 个月内的员工</td><td>每月一次</td></tr>
<tr><td rowspan="3">HR 满意度</td><td>共享服务中心的系统与工具</td><td>√</td><td rowspan="3">所有 HRBP</td><td rowspan="3">6 月 /12 月</td></tr>
<tr><td>共享服务中心的日常服务</td><td>√</td></tr>
<tr><td>期望与建议</td><td>√</td></tr>
</table>

在考核期间，共享服务中心每月第二周生成共享服务中心关键指标核查报告，通过对关键绩效指标完成情况进行质量审计，确保运营可以持续改进。质量审计主要是对数据审计、Payroll 节点效率、员工满意度按各部门、条块以及月份进行完成情况的对比分析和趋势分析，发现改进点，制定重点工作计划。

例如，2016 年 3 月质量审计的整体情况表现为：（1）在数据审计上，总体情况良好，82% 的区域达到了合格线，18% 的区域达到奖星线；（2）在 Payroll 节点效率上，总分达标，82% 的区域达到了合格线，18% 的区域达到奖星线；（3）在客户满意度上，总分优异，90% 的区域达到了合格线，82%

的区域达到了奖星线；（4）人事档案为 2016 年新增指标，总体情况有待提高，9% 的区域达到了奖星线。

再如，根据之前质量审计中的趋势，某年确定了第三季度每个月的大事和第四季度重点工作计划。其中 7 月大事包括：正式启动各区域共享服务中心月度 KPI 考核，扫尾及内部移交 HR 服务整合项目，变革入职体检供应商，启动异地补贴自助流程并修正私车公用自助功能，推广新的 Payroll 数据收集方式等。8 月大事包括：新设立员工满意度指标并试运行，完成第二次 HR 内部季度培训与考核，制定并推广日常档案管理规范，完成第三方维保人员转正式员工，启动月度员工健康管理邮件贴士等。9 月大事包括：首次实施员工满意度调查，启动年度体检和中秋关爱通，支付中秋关爱通费用，设立和推广背景调查报告回收机制，启动在职员工档案清查与补漏，优化共享服务中心系统流程节点和文档更新等。第四季度重点工作包括：推广现场服务改进，上线 APP 考勤功能，启动员工关爱项目，提升月度考核指标。

2. 服务水平协议

目前世茂 HRSSC 服务水平协议签订主要涉及两方面。

（1）内部 SLA。集团 HRSSC 为下属业务板块（如服务公司）提供 HRSSC 服务，制定 SLA，约定服务内容及落地服务标准。将 SLA 大部分配置在系统流程上，月度通过关键指标考核进行 SLA 执行质量的监控。每年根据服务效能的提升，迭代 SLA，持续提高内部服务效率。表 8 是 HRSSC 内部服务水平协议（样例）。

表 8　HRSSC 内部服务水平协议（样例）

服务产品	服务内容	响应时间
HR 在线咨询	通过 HR 热线、邮箱、APP 等渠道解答员工、HR 关于人事方面的问题	服务时间：工作日 9：00—17：30
		即时响应：Lync 在线 & 微信在线 & 400 热线电话
		4 小时内响应：邮件咨询

续表

服务产品	服务内容	响应时间
入职	HR 服务团队集中操作线上入职（员工入职通知、信息录入、员工信息在线核查以及入职邮件的发送）	入职发起后 1 个工作日内完成入职通知、信息录入
		项目人事入职办理（入职流程第 5 步）提交后，1 个工作日内完成入职流程
合同管理	电子签上线后，对员工以及实习生的合同、相关文档进行在线签署及远程集中管理	即时响应
		持续跟进至完成
实习生管理	集中进行实习生考勤确认、薪资计算及发放	每月 13 日前
人事档案管理	员工纸质档案收集、核查、移交供应商及电子档案上传系统	每月 20 日前地区公司移交上月档案
	档案费用统一支付	每月 30 日集团共享服务中心将隔月电子档案上传至系统
证明信	开具员工证明信	标准证明信办理时间为 1 个工作日，特殊证明信办理时间为 2 ～ 3 个工作日
薪资发放	集团集中薪资核算，地区公司复核确认，集团统一发放	每月 1 ～ 7 日薪资核算
		每月 8 日工资发放（遇节假日往前调整）
个税申报	集团集中申报月度工资 / 奖金中产生的个税	每月在政府规定时间的前 1 个工作日完成申报
社保公积金管理	根据员工入离职材料，供应商按月度为员工办理社保、公积金的缴存 / 停缴手续	每月在政府规定的时间内完成
商业保险服务	集团集中月度报增减	每月 12 日左右完成（根据供应商月度时间表）
	集团集中年度商业保险申报	年度保费在每年 8 月底前完成支付（每年根据福利项目时间表调整）

续表

服务产品	服务内容	响应时间
HR 报表服务	基础数据报表	4 小时内响应
	统计分析报表	2 个工作日内完成
	数据模型报表	模型需按复杂度评估交付时间
HR 制度表单管理	统一编写 HR 制度编号	1 个工作日内完成
	发起“制度发布”流程（如需）	
	按要求使用集团人力行政管理中心公共邮箱发送通知（如需）	
	归档至 HR 文档资源库内	
HR 公共邮箱管理	对集团人力行政管理中心公共邮箱统一管理，对经过相关审批的人力行政条线的邮件进行统一发布	1 个工作日内完成

（2）外部 SLA。可以在与外部提供 HR 相关服务的供应商签订年度合同的同时签署 SLA，约定每项服务产品的服务内容、标准及违约措施。这旨在通过过程管理，传递企业内部 HRSSC 的服务标准，与供应商紧密协作，共同提升服务质量，关注问题解决速度及用户满意度。表 9 是外部供应商服务水平协议（样例）。

表 9　外部供应商服务水平协议（样例）

服务项目	服务内容概要	具体服务内容及响应时间	违约措施
社保公积金服务	收取参保材料，办理用工、社保、公积金新增手续	乙方需在收到派单后的 3 个工作日内，主动联系员工收取员工参保材料，每月按政府规定的节点及时为新员工办理用工、社保、公积金，根据甲方公司的要求可以多次办理新增手续	节点前收到的派单未及时加保的，扣除当月服务费；做错的，扣除服务费并承担甲方公司由此产生的损失（如有）

续表

服务项目	服务内容概要	具体服务内容及响应时间	违约措施
社保公积金服务	办理退工手续，办理社保、公积金的停保手续	根据甲方公司提供的员工离职材料（如需），实时为离职员工办理退工手续，办理社保、公积金的停保手续	节点前收到的派单未及时减保的，扣除当月服务费并承担甲方公司由此产生的损失（如有）
	按照参保地政策，依法为甲方公司员工缴纳社保、公积金	依法为员工办理国家规定的各项社会保险缴纳、账户管理、查询等	因乙方原因导致公积金到达个人账户延迟的，按公积金付款总额，按年息 10% 按天扣除乙方延迟付款赔偿
	参保地基数管理，办理年度基数申报	1. 依法每年为员工调整社保和公积金基数 2. 基数采集需提前至少 5 个工作日发送邮件至甲方公司指定对接人	因乙方原因造成基数调整错误的，扣除当月服务费并承担甲方公司由此产生的损失（如有）
	根据甲方公司需求，反馈招退工、社保、公积金办理进度	1. 根据甲方公司需求，每周提供社保、公积金办理进度反馈报告给 HR 对接人，并催促员工提交所需材料，原则上在入职 2 个月内必须完成缴纳；对于员工本人不配合提交材料的情况，乙方有责任提醒 HR 协同催促办理 2. 每月账单期间提供全员招退工、缴纳状态报告，对于新入职未缴纳的情况需予以说明（如有）	因乙方原因造成员工入职超过 2 个月未完成录用和社保及公积金缴纳的，乙方需承担因未及时办理社保导致的工伤损失（如有）

续表

服务项目	服务内容概要	具体服务内容及响应时间	违约措施
社保公积金服务	根据甲方公司需求，提供社保账单及明细	1. 根据甲方公司沟通的月度账单时间表提供账单及明细 2. 账单格式按与甲方公司约定的要求交付 3. 需确保账单质量	1. 当月账单晚于账单时间表1个工作日以上的，甲方公司可扣减一定比例的服务费 2. 当月账单出现因乙方原因导致的错误，甲方公司可扣减一定比例的服务费，若账单中存在5处以上错误，扣减该户当月服务费的5%
	如需进行年度社保、公积金审计，协助甲方公司提供材料	如甲方公司有年度社保、公积金审计需求，需支持提供相关材料	
	提供人事咨询服务	1. 员工社保、公积金、落户等政策咨询 2. 员工特殊需求跟进及反馈（如户口转移、养老保险转移等） 3. 其他人事政策相关咨询 4. 客服需要在1个工作日内响应，3个工作日内完成咨询	
个税服务	月度个税数据申报	1. 按甲方公司的时间要求申报：总部个税申报完成时间为12日中午；其余公司每月13日完成申报 2. 遵守甲方公司的数据安全性规范：在甲方公司指定电脑上完成月度报税，并下载保存申报明细和扣款截屏；数字证书避免快递寄送 3. 金额复核：甲方公司确认金额与税务系统金额一致后，才可点击付款 4. 半年度回顾甲方公司及财务顾问个税申报流程	1. 因乙方原因导致个税申报有误，必须在1个工作日内在线上处理个税更正，如无法更正，产生的费用由乙方退还员工，且甲方公司可以要求扣除员工所属公司或所属地区当月全部或部分服务费（根据情节轻重和影响范围而定） 2. 如有数据泄露，免除当月全集团个税服务费

续表

服务项目	服务内容概要	具体服务内容及响应时间	违约措施
个税服务	月度申报结果反馈给甲方公司	1. 申报明细和扣款截屏按甲方公司的指定存档要求进行存放 2. 数字证书最迟到期前 1 个月，反馈给区域续费 3. 如遇突发情况需要区域协助或申报时报错，须告知总部后，再决定如何解决	
	根据甲方公司的要求，完成 6 项附加信息采集及维护	1. 月度通过个税平台下载员工 6 项抵扣相关信息，原则上每月 1 日汇总后反馈给甲方公司（特殊月份需要提前） 2. 协助上传员工提交的电子版信息	逾期未提供或上传，造成员工当月个税未及时抵扣，扣除该员工所属公司当月服务费
	个税新政咨询解答	协助甲方公司解答个税新政推出后员工或 HR 的咨询	
	根据甲方公司要求，提供年度 12 万元个税申报支持	税务局领取或提供资料（如需）	
特殊工时办理	根据甲方公司需求，为甲方公司代理特殊工时申请	根据甲方公司需求，在约定时间内，为甲方公司代办特殊工时申请	
代发工资代报个税	根据甲方公司需求，为甲方公司的项目公司代发工资、代报个税（从乙方代发）	1. 根据甲方公司要求，月度为员工进行工资代发 2. 根据甲方公司要求，月度为甲方公司员工完成个税申报 3. 如有区域项目咨询工资代发业务，须先与集团沟通	如因乙方原因导致员工工资未及时到账，甲方公司可扣除当月服务费，并承担相关法律责任

HRSSC 的内部市场化实践

2018 年物业公司筹备独立上市，HR 急需转型。集团 HRSSC 提供内部咨询，为物业公司 HR 团队制定了 3 年规划（见图 24），助力物业公司完成 HRSSC 组织从 0 到 1 的搭建，并输出一名团队骨干，统筹物业公司 HRSSC 工作，完成其 HRSSC 组织的自运营。2020 年 HRSSC 与世茂服务公司（上市后的物业公司）签订内部服务水平协议，按服务覆盖人数与服务内容约定付费，成功将集团 HRSSC 集中化服务拓展到新的上市公司，实现内部市场化。对世茂服务公司而言，集团 HRSSC 平台的集约化效应实现了管理成本的降低，保障了基础服务的稳定性。到 2022 年 12 月，集团 HRSSC 覆盖的物业公司员工总人数将超过 15 000 人。

一、经验输出：内部咨询帮助物业公司搭建共享服务中心

1. 建设目标

通过 SAP 系统优化，实现 100% 线上 Payroll 核算，形成可靠、稳定的 HR 数据库；服务千人千面，通过上线批量入职功能（面向物业公司[①]一线的高流动率岗位）及总部 / 区域 / 项目 HR 工作界面梳理，使项目 HR 的日常流程操作更加简单、快速；帮助区域、项目 HR 实现工作流程标准化；通过 Payroll 整合项目，实现总部工资集中核算与代发，为项目 HR 减轻负担，在提升数据准确率的同时提升 HR 整体工作效能。

① 2020 年上市后更名为“世茂服务”。

备注：各区域工作量集中到总部后台，区域人员减少，总部后台集中化服务人数将会增加，2019年增加1人（总计3人），2020年增加3~6人（根据集中化的程度而定）。

图 24　物业公司共享服务中心三年发展全景图（2018—2020 年）

2. 推进进度

服务整合项目建设的周期为一年，如图 25 所示。从 2018 年 1 月开始，启动 SAP 优化项目，启动区域 HRSSC、项目 HR 工作内容梳理项目。4 月，实现 SAP 系统优化上线，批量入职新功能上线，HR 信息系统优化项目落地成功。6 月，实现 100% SAP 线上算薪，项目 HRSSC 工作清单、培训及人员备份机制建立，共享服务中心工作整合项目落地。7 月，Payroll 整合项目启动。10 月，实现区域 HRSSC、项目 HR 工作流程标准化。12 月，Payroll 整合项目完成，Payroll 运营转移至集团共享服务中心运营团队，薪资运营集中化项目全面落地。到 2018 年底，服务物业公司约 8 500 名员工，服务全集团 12 000 余名员工，已经实现共享服务中心服务全覆盖。

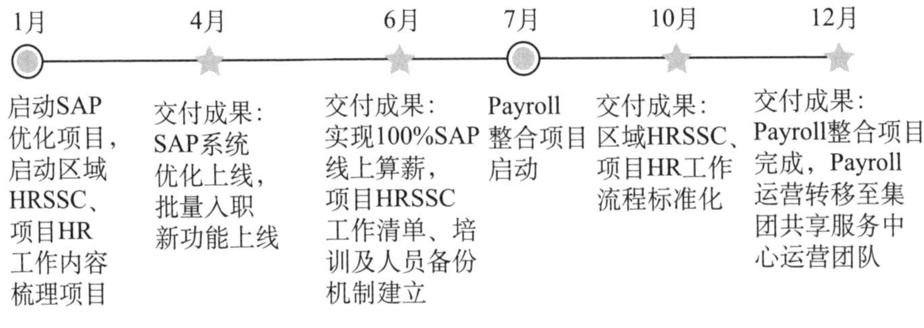

图 25　2018 年物业公司共享服务平台落地计划

3. 物业公司共享服务中心运营效率

总体看来，HRSSC 显著提高了物业公司的人力运行效率，体现在：

（1）薪资核算及发放提效。物业公司总部集中算薪，工资发放从上百个银行 U 盾精简到对接 1 家银行集中代发，算薪准确率达 95%；工资单线上自助查看，每月咨询量耗时从 10 小时降至 2 小时；薪资核算效率提升超过 60%，对于区域薪资核算工作，7 月前平均为 18 天，10 月平均为 7 天。

（2）考勤优化提效。规范和完善物业公司排班管理流程，推出线下排班优化工具，考勤优化提效明显。人员效能提升 30%，对于区域加班调休总时长，1～7月平均为294小时，8～11月平均为203小时，下降超过30%。

（3）人力运营成本节省。通过运用稳岗补贴申请、残保金项目等国家政策，公司节省了人力成本，2018年实际节省90万元。

二、平台拓展：承接物业公司 HRSSC 服务

物业公司人力资源共享整合项目的初衷是提升集团 HRSSC 产品的交付效率与服务质量，打通世茂地产与物业的人力资源共享服务通道，助力物业总部 HRSSC 转型，成为内部市场化优秀实践案例。

集团承接物业公司共享服务中心的“薪资管理、考勤管理、个税申报、社保福利”等日常运营服务，物业公司共享团队从日常事务中解脱，更聚焦于业务，关注人力资源相关管理工作。从2020年5月起筹备，确定项目计划、服务范围、收费模式、工作界面划分，并签订合作意向书，逐步进行人员落位和材料整理，7月进行薪资、考勤交接，8月进行个税福利交接，9月完成交接由集团独立操作，11月物业总部 HRSSC 转型成功。

1. 服务产品的范围

经过改革，取消了物业总部 HRSSC 原来作为集团 HRSSC 政策传递和内部沟通协调的枢纽地位，改革后总部 HRSSC 负责日常共享服务与系统运营，区域 HRSSC 负责信息的收集与汇总。表10显示了物业公司区域 HR 共享服务的产品目录。

表10　HR 共享服务的产品目录

产品类型	产品名称	服务产品描述
必选服务产品	员工个人服务	1800 HR 服务热线
		入职集中化
		档案集中化
		社保缴纳相关服务

续表

产品类型	产品名称	服务产品描述
必选服务产品	薪资福利服务	公司福利集中操作
		薪资集中核算及发放——正式工
		薪资集中核算及发放——第三方
		薪资集中核算及发放——实习生
		个税集中化申报
		全面薪酬交流单
	数据处理服务	SAP 数据维护
		SAP 组织结构维护
		考勤数据管理
	HR 系统及报表服务	月度主数据报表
		离职数据分析报告
		人力资源月报
	EAP 世茂心关爱	心关爱热线咨询；线上活动
	区域 HRSSC 现场服务	每个区域至少一名 HRSSC 专员，负责现场服务事宜
可选服务产品	区域 HRSSC 现场服务	每个区域至少一名 HRSSC 专员，负责现场服务事宜，区域可以根据实际业务需求增加；结合 HRSSC 薪资框架，由区域自行定薪，费用由区域承担
	区域 HRSSC 服务产品	根据区域需求，集团 HRSSC 可试点承接 HR 其他模块工作的辅助类工作，例如培训辅助类工作（课程安排、培训签到等），由区域 HRSSC 现场服务人员承接
	EAP 世茂心关爱	沙龙、讲座，参考 EAP 合同约定的价格，费用由区域承担

续表

产品类型	产品名称	服务产品描述
增值服务产品（免费）	共享服务中心专业学院培训课程	业务技能、Excel 培训、服务意识和沟通培训
		区域共享服务中心驻场带教
	HR 系统及报表服务	总部系统报表组按区域需求交付
	HRSSC 内审	HR 各项流程操作合规性审计
	外部实践分享	组织参观 HRSSC 企业、行业交流等活动

2. 服务协议的内容

集团 HRSSC 与物业公司签订了内部服务水平协议，规定了服务的目标、期限、范围、终止时间及其他条款。服务水平协议包括服务转移完成率（100%）、薪资计算准确率（100%）、薪资发放及时性（100%）、个税申报准确率（100%）等内容。服务范围如表 11 所示，服务费用如表 12 所示。

表 11　集团 HRSSC 与物业公司内部服务水平协议的服务范围

第一部分　服务产品	
一级服务产品	二级服务产品
薪酬服务	薪酬管理（计算、请款、发放）
	半年度晋升 + 半年度 / 年度调薪
考勤管理	考勤管理
	假期额度维护
个税服务	月度个税申报
	年度汇算清缴
公司福利	商业保险申报

续表

社会福利	（上海地区）社保管理 + 公积金管理
组织结构调整	新增组织建立
	岗位 K2 角色维护
SAP 系统管理	日常数据维护
第二部分　增值服务产品（免费）	
产品名称（一级服务产品）	产品名称（二级服务产品）
共享服务中心专业学院	业务技能、Excel 培训、服务意识和沟通培训
外部实践分享	组织参观 HRSSC 企业、行业交流等活动

表 12　集团 HRSSC 与物业公司内部服务水平协议的服务费用

服务费	价格（元）	服务人数	备注
物业总部集中化服务	×× 元 / 年	×× 人	全年打包费用，季度付款
其他	待定	/	超出服务产品目录的服务，甲乙双方协商一致后，另行收取

主要参考文献

1. 陈虎，孙彦丛 . 财务共享服务 . 北京：中国财政经济出版社，2014.

2. 刘凤瑜，等 . 人力资源服务与数字化转型 . 北京：人民邮电出版社，2020.

3. 马海刚，彭剑锋，西楠 .HR+ 三支柱：人力资源管理转型升级与实践创新 . 北京：中国人民大学出版社，2017.

4. 张正堂 .HR 三支柱转型：人力资源管理的新逻辑 . 北京：机械工业出版社，2018.

5. 张正堂，宋锟泰，等 . 人力资源共享服务（职业基础、初级）. 北京：高等教育出版社，2021.

6. 郭允晰 . 辉瑞中国人力资源业务伙伴职能发展战略研究 . 北京：对外经济贸易大学，2015.

7. 梁淑巍 .DHL 公司人力资源共享服务中心建立研究 . 长春：吉林大学，2012.

8. 林明泉 . 跨国公司人力资源共享服务中心构建研究 . 上海：上海外国语大学，2014.

9. 宋晓波 .HRBP 人力资源管理新模式案例研究 . 广州：广东工业大学，2012.

10. 德勤 . 2020 年中国地区人力资源共享服务调研报告，2020.

11. HR 智享会，上上签 . 共享服务中心团队人员能力发展调研报告，2020.

12. HR 智享会，德勤 .“人力资源共享服务中心价值大奖”获奖案例集，2019.

13. Cai Z X.Research on management cost control based on financial

sharing model.Science Innovation，2017，5（6）：63－66.

14. Connell R.Learning to share. Journal of Business Strategy，1996，17（2）：55－58.

15. Denburgh E V，Denis C.Doing more with less.Electric Perspectives，2000，25（1）：44－55.

16. Donna K，Hirschfield R.The benefits of sharing. HR Focus，1996，73（9）：15－16.

17. Farndale E，Paauwe J，Hoeksema L.In-sourcing HR：shared service centers in the Netherlands.International Journal of Human Resource Management，2009，20（3）：544–556.

18. Forst L I.Shared services：a leg up on acquisition payoffs，mergers & acquisitions.The Dealer Makers Journal，2001，36（4）：26－30.

19. Gospel H，Sako M.The unbundling of corporate functions：the evolution of shared services and outsourcing in human resource management.Industrial and Corporate Change，2010，19（5）：1367－1396.

20. Hirschfield R.Shared services save big money.Datamation，1996，42（15）：76－78.

21. Jia S Q.Problems and solutions of financial management transformation under the establishment of financial shared service center. Open Journal of Social Sciences，2012，8（3）：89－93.

22. Kris A，Fahy M.Shared service centres：delivering value from more effective finance and business processes. The Journal of Finance，2001，43（3）：567－591.

23. Li L.On the influence of financial sharing center on enterprise financial management. Value Engineering，2020，6（7）：68－73.

24. Martin J F，Mark D.Shared service centres the Irish experience.

Accountancy Ireland，1999，31（4）：7－9.

25. Tim R. Tech report：shared services share where?. CFO，2000，16（10）：101－106.

26. Ulrich D.Human resource champions：the next agenda for adding value and delivering results.Boston：Harvard Business Review Press，1997.

27. Zeithaml V A，Berry L L，Parasuraman A.Communication and control process in the delivery of service quality.Journal of Marketing，1988，52（2）：35－48.

28. Deloille. 2021 global shared services and outscouring survey report，2021.

29. Aon Hewitt.Trends in global shared service center，2011.

图书在版编目（CIP）数据

HR 共享服务：整体架构与数智技术下的升级 / 张正堂，刘宁著 . -- 北京 ： 中国人民大学出版社，2022.6
ISBN 978-7-300-30597-4

Ⅰ. ① H… Ⅱ. ①张… ②刘… Ⅲ. ①企业管理－人力资源管理－研究 Ⅳ. ① F272.92

中国版本图书馆 CIP 数据核字（2022）第 082405 号

HR 共享服务：整体架构与数智技术下的升级
张正堂　刘　宁　著
HR Gongxiang Fuwu：Zhengti Jiagou yu Shuzhi Jishu Xia de Shengji

出版发行	中国人民大学出版社		
社　　址	北京中关村大街 31 号	**邮政编码**	100080
电　　话	010－62511242（总编室）		010－62511770（质管部）
	010－82501766（邮购部）		010－62514148（门市部）
	010－62515195（发行公司）		010－62515275（盗版举报）
网　　址	http://www.crup.com.cn		
经　　销	新华书店		
印　　刷	北京联兴盛业印刷股份有限公司		
规　　格	160 mm × 230 mm　16 开本	**版　　次**	2022 年 6 月第 1 版
印　　张	19.5 插页 2	**印　　次**	2022 年 6 月第 1 次印刷
字　　数	247 000	**定　　价**	69.00 元